庆祝市北中学建校110周年

创造人文生态的高中生活

上海市市北中学
实施国家新课程的初步探索

陈 军/主编

湖南大学出版社
·长沙·

图书在版编目（CIP）数据

创造人文生态的高中生活：上海市市北中学实施国家新课程的初步探索/陈军主编. —长沙：湖南大学出版社，2024.6
ISBN 978-7-5667-3461-7

Ⅰ. ①创…　Ⅱ. ①陈…　Ⅲ. ①高中—课程建设—研究—上海　Ⅳ. ①G632. 3

中国国家版本馆 CIP 数据核字（2024）第 044744 号

创造人文生态的高中生活
——上海市市北中学实施国家新课程的初步探索
CHUANGZAO RENWEN SHENGTAI DE GAOZHONG SHENGHUO
——SHANGHAI SHI SHIBEI ZHONGXUE SHISHI GUOJIA XINKECHENG DE CHUBU TANSUO

主　　编：陈　军
责任编辑：周文娟
印　　装：长沙市雅高彩印有限公司
开　　本：710 mm×1000 mm　1/16　　印　　张：19.5　字　　数：340 千字
版　　次：2024 年 6 月第 1 版　　　　　印　　次：2024 年 6 月第 1 次印刷
书　　号：ISBN 978-7-5667-3461-7
定　　价：66.00 元

出 版 人：李文邦
出版发行：湖南大学出版社
社　　址：湖南·长沙·岳麓山　　　　邮　　编：410082
电　　话：0731-88822559（营销部），88649149（编辑室），88821006（出版部）
传　　真：0731-88822264（总编室）
网　　址：http://press.hnu.edu.cn
电子邮箱：158854174@qq.com

编委会

序言

市北中学课程改革概述

在响应《普通高中课程方案（2017 年版 2020 年修订）》及《国务院办公厅关于新时代推进普通高中育人方式改革的指导意见（国办发〔2019〕29号）》指导精神的基础上，结合上海市教育委员会以及静安区教育局的相关工作指示，市北中学秉承百年教育传统与新时代孕育的"学友文化"育人理念，决定启动新课程、新教材（下文简称"双新"）示范校课程改革。此次改革旨在构建一个综合性的课程体系，不仅强调德育的时代性，加强学生综合素质的培养，扩大综合实践的途径，还致力于完善综合素质评价体系，以满足学生全面而个性化发展的需求。

下面详细介绍市北中学课程改革实施方案及过程。

一、背景分析与目标设立

市北中学课程改革大致分为三个阶段：

第一阶段（1999 年—2007 年）：创造适合学生的教育，上海市实验性示范性高中建设

1999 年，沈黎明同志任市北中学校长。沈校长从学校实际出发，提出"创造适合学生的教育"的办学理念，注重培养学生的自我可持续发展能力。2000 年，学校围绕"创造适合学生的教育，引导学生登上巨人的肩膀"这一办学目标，构建"课程与教学改革、学校文化建设、社会实践教育"三个工

作层面，内化办学理念，深化实验研究，探索现代学校模式，积极创建上海市实验性示范性高中。2005 年 2 月，学校成为首批"上海市实验性示范性高中"，继续创建适合学生自我可持续发展的教育，改革学校的整个教育服务体系，提高教育对学生自我可持续发展能力的适应性水平，以"两个高地"（人才资源、信息技术）、"三项改革"（德育、课程、课堂教学）、"一个保障"（探索建立现代学校制度）为主要操作点，实施"自我可持续发展"的办学理念，构建了上海一流、全国知名、富有现代特色的新型学校。

第二阶段（2007 年—2019 年）：培育学友文化，建设登攀书院，构建"一体两翼"式课程体系

2007 年 4 月，陈军同志任市北中学校长。陈校长大力弘扬百年办学传统，遵循"在继承的基础上追求发展，在发展的过程中光大传统"的基本思路，进一步深化"创造适合学生的教育"的办学理念，在原有基础上进一步研究和树立"因材施教，全面育人"的教育观，继承历任校长的人文教育思想，提出以"学友"为主题词的校园文化建设工作计划，注重用丰富多彩的校园文化培养学生个性，通过"铸师魂、炼师能、养师风"系列活动促进教师专业发展，形成了别具一格的"学友文化"特色。学校注重以课题项目引领发展，参与上海市教委教研室"课程领导力"课题和上海市高中学生创新素养培育实验项目研究，取得了重要成果。学校还以百年校庆为契机，立足"双新"，以登攀书院建设为抓手，形成了以人文修养提升、科学思维优化、审美人格养成为主要内容的，兼顾全面发展与个性发展的，层次多、选择空间大的"一体两翼"式课程体系。2017 年 1 月 5 日，《人民日报》专题刊登《上海市市北中学践行"学友文化"——点燃学生头脑的"火把"》。之后，为使"学友文化"进一步落实在日常生活中，秉承"生活教育"理念，陈军校长又提出了"创造人文生态的高中生活"的工作思路，致力于"做"，使学生社团课程进一步发展。2019 年 11 月出版的《半月谈》杂志"家国巨变 70 年"专刊在《教育楷模系列》栏目，以"创造人文生态的高中生活"为题，报道了市北中学办学成果——"学友文化"建设的思考与实践。

第三阶段（2020 年至今）：实现"双新"课程与学术性高中的目标

在以上两个阶段的基础上，陈军校长领衔的课程改革团队提出了"双新"

课程改革，即第三阶段的整体思路。市北中学的第三阶段课程改革致力于实现"双新"课程和学术性高中的目标，依据国家的"双新"课程改革要求和静安区学术性高中建设的总体目标进行推进。改革的核心在于：

完善课程体系 持续优化"一体两翼"式课程体系，确保课堂教学的转型，同时加强学生主体地位的强化以及核心素养的培养。

贯彻教育理念 课程建设严格遵循"立德树人"和"科技创新"的国家战略，同时注重中华优秀传统文化的弘扬和自然科技类课程建设的强化，实现人文艺体学科与自然科技学科的协调发展。

建设学术性高中 通过分阶段、螺旋式上升的方式推进学科学术建设，以培养学生的学科好奇心、学术规范意识、专注执着的态度和理想志趣为目标，构建具有学术性的教学和评价方式，推进学校学术价值引领、课程学术化进程以及学校可持续发展的战略目标。

追求教育公平 致力于在"学习动机支持"下的"差异的公平"，提供适宜的高中教育，为学生进入高等教育阶段和为国家输送优秀人才奠定基础。

学科融通发展 开展语言文学、自然科学、社会体验、体育健身、艺术审美等五大系列学科的融通发展，促进各学科间的良性互动。

探索校际合作 结合学校的教育教学资源，探索校际的融通协作和共建，促进育人机制的创新。

通过系列改革措施，市北中学旨在构建一个高质量、具有人文生态特色的学术性高中环境，不仅能提升学生的学术水平，也为他们的全面发展和未来奠定坚实基础。

二、具体措施

1. 沉浸体验式教研："深入班级，体验班风"听课评课主题教研活动

2007 年起，市北中学实施"深入班级，体验班风"听课评课主题教研活动，历经十七年的持续发展，该活动已成为促进教学方法创新和教师团队共同提升教学质量的重要平台。"活动的核心在于全校教师轮流开设公开课，每两年轮一次，突破学科界限。这一过程不仅包括听课，还包括深入班级、体验班风和学风，再进行深入研讨，共同探讨教学的得失。

长期的实践证明，该活动有效地为教师提供了一个教学研讨的平台，培养

了教师进行群体交流反思的习惯，形成了一种持续的教学改进机制。通过开展听课评课活动，教师的视角不再局限于自己的学科，而是从教学的普遍规律出发，促进了学习、认识的自我提升，加强了教师对教学研究的参与感和研究意识。此外，活动不仅聚焦于教师的教学方法，还重视学生的学习过程，与"双新"课改加强学生学习主体地位的理念相符。

随着时间的推移，"深入班级，体验班风"听课评课主题教研活动不断迭代更新，其功能和效果得到了进一步的加强。在当前"双新"时代背景下，活动的主题更加聚焦于提升学生学习的主体地位和核心素养。2023 学年的研讨主题特别关注在"教学考一致性"的目标下，对教学内容进行校本化重构，精心策划与市北中学学情相符的教学内容，设计适合学生发展的学习活动，采用恰当的教学方法，达到"双新"课程的教育目标。以地理学科的一节课为例：

时间：2024 年 3 月 7 日（星期四）

学科：地理

教师：贾诗琦

班级：高二（8）班

课题：石油与能源安全

简要教学过程：

活动 1：拟人化地提炼总结石油作为战略性资源的特点以及与国家能源安全的关系。

活动 2：通过角色扮演的方式分组讨论主要石油输出国将制定怎样的对华石油政策。

活动 3：讨论如何根据国情制定我国的国家能源安全战略。

主要研讨成果：

课程形式的设计非常适合高二（8）班这样的班级气氛活跃、课堂开放、学生配合度很高的集体。为保证此形式在其他班级也能成功，需要对学生活动尤其是小组讨论进行组织管理，制定相应的讨论规则并加强对参与教师的指导。

课程内容选取精准，涉及地理、政治、数学、化学等多学科。教师应思维开阔，并进行跨学科集体备课。课后可将课题布置为长期作业，充分利用课程的跨学科与学术研究素养培育的价值。

课程目标要与课程教学相匹配，对目标达成情况进行课堂评估及作业评估。

成果发布平台："深入班级，体验班风"听课评课专题研讨大会、市北中学微信公众号、市北中学教学资源库。

2. 大概念、大单元视角下素养导向的学习活动研究、设计与实施

大概念、大单元教学是一种基于学科核心素养的教学理念，它强调以大概念为统领，以大单元为组织形式，将学科知识、技能和情感态度有机整合，帮助学生构建系统的学科知识体系，提升学科核心素养。大概念、大单元理念下的学习活动研究、设计提升了教师的学术站位，使教师进一步认识了学科教学本质，促进了教师的专业成长，同时也促进了学科间的融合与互动，为学生提供了更为丰富和立体的学习体验。以下是我们的具体措施：

（1）理论学习与实践研修

·组织教师集中学习大概念、大单元教学理念，包括基本内涵、设计原则、实施策略等。

·邀请专家学者进行专题讲座，深入解读理论精髓，答疑解惑。

·教研和备课时开展主题研讨交流活动，分享学习心得，探讨教学实践中的困惑和挑战。

·精选不同学科的优秀教学案例，进行深入分析，探究如何将大概念、大单元教学理念融入教学实践。

（2）活动设计与实施

以教研组为单位，围绕学科核心素养，设计学习活动。全校十二个教研组均设计了符合学科特点与"双新"理念的学习活动，并在课堂教学中实施、反思、改进。这些学习活动以教研组实施策略与案例的形式在本书中呈现，体现了以下特点：

·以大概念为统领，以大单元为组织形式，构建系统的知识体系。

·关注学生的学习过程和学习体验，激发学生的学习兴趣。

·促进学生的学科核心素养发展，培养学生的思维能力、实践能力和创新

能力。

3. 校本课程重整与优化

对照国家课程标准，对现有校本课程进行重整与优化，确保课程内容既符合国家要求，又贴近学生实际。我们做了以下工作：

（1）以"双新"标准对已有的校本课程进行评估

由学术委员会牵头，成员包括各科教研组长、骨干教师和学生代表，开展校本课程重整优化工作。在"双新"理念指导下深入探讨校本课程的功能，明确课程目标、内容和要求。通过调研，了解学生实际情况，了解学生的需求、兴趣和学情，找出已有校本课程存在的不足，提出修改意见，确保校本课程内容既符合国家要求，又贴近学生实际。

邀请专家学者对校本课程修改意见进行评审，确保课程质量；广泛征求教师、学生和家长的意见，增强课程的适用性。

评选出一批精品校本课程，由教研组组织对教师进行培训，保证课程常年正常开设。

（2）继续开展均衡多样的学生社团活动

开展丰富多彩的社团活动，鼓励学生根据个人兴趣进行参与。市北中学现有学生社团 55 个，涵盖人文、艺术、体育、科技、社会实践等领域，为学生提供了多样化的选择，做到了每个学生至少参加一个社团，每周都有固定的社团活动时间，每学期都进行优秀社团的评选与展示，每年均有新的社团创立。社团由学生自主管理，让学生"自培、自管、自锻"，让学生的组织能力和领导力等获得全面提升。

（3）分层教学与学友课堂

实施分层教学策略，通过学友课堂为不同层次的学生提供适宜的学习路径，满足各自的学习需求。2022 年，上海市实行新的中考招生政策，在满足社会对优质教育资源均衡公平分配要求的同时，也对高中的教育教学提出了新的要求。学校的生源结构发生较大的变化，学生的学业水平、学习能力的差距拉大，这就要求学校要适应这一新情况，及时调整教学策略，进一步实行分层教学。市北中学在登攀书院平台上实施的学友课堂取得了较好的效果，其要点如下：

·以最近发展区理论作为指导：教学应面向学生的最近发展区，为学生提供必要的帮助和支持，引导他们进入最近发展区；教学应注重学生的个体差异，根据学生的实际发展水平和学习需求进行教学；教学应注重调动学生的主动性和积极性，鼓励学生积极探索和学习。

·制定分层教学目标：为不同层次的学生制定不同的教学目标，确保每个学生能获得自我发展。

·提供分层教学作业：根据不同层次学生的学习需求，提供分层作业，既包括基础性内容，也包括拓展性内容。

·安排课外活动时间开展学友课堂：

以班级为单位，由班主任牵头，使教师与学生确立学友导师关系。不同层次的学生结成学友小组，为每个学生制订个性化学习计划，根据学生的学习需求和兴趣爱好，提供有针对性的学习指导。

在学友课堂，多名教师可同时进入同一教室或同一其他学习场所。教师了解学生的学情，查验分层教学目标是否实现，教师与不同层次的学生开展交流研讨，对学生进行作业辅导。学生之间通过小组合作的方式共同学习、取长补短。

通过分层教学与学友课堂的实施，学校构建了一个更加灵活、更加包容的教学体系，促进每个学生基于自己的学习水平得到更大的发展。与传统的个别辅导相比，学友课堂更全面、更具指向性、更有机制保障，更能促进教师之间、师生之间、学生之间的良性互动，更易实现"学习动机支持下"的"差异的公平"。

（4）跨学科融合课程探索

跨学科融合课程旨在通过打破传统学科间的界限，促进知识的整合应用，以激发学生的创新思维，提高解决问题的能力。下面是我们进行跨学科融合课程探索的具体措施：

首先，选定一个能覆盖多个学科的课题，如"长江诗话"，它不仅关联文学，还与政治、历史、地理、艺术、生命科学、物理、化学等学科相结合。接着，组建一个跨学科教师团队，鼓励成员们共同设计课程和学习活动，如文学分析、地理探索和艺术创作等，以确保活动的多元性和丰富性，市北中学曾依托此课题举办过"歌唱母亲河"国际合唱节及征文活动。在实施阶段，教师作为指导者，引导学生主动探索，采用合作学习的方式，从多学科角度整合知识，提出解决方案。项目结束后，通过评估和收集反馈进行调整优化，并通过成果展示活动，让学生展示他们的研究成果，同时也在校内外分享经验，鼓励更多的教师参与跨学科教学的探索。这样的探索不仅丰富了学校教育内容，也为学生提供了一个开放的学习环境，培养他们面对未来社会所需的综合素养和能力。

（5）初高中一体化课程建设

加强与周边初中、小学的校际合作，实现课程的纵向一体化，为学生尤其是资优生提供无缝衔接的学习体验。如，市北中学与周边初中、小学合作开设了针对资优生的一体化贯通数学课程、面向所有学生的航空航天体验课程。

我们发现初高中一体化课程在加强知识连贯性、提高学习效率、减轻各学段学习负担以及加强学术和职业规划等多个方面具有独特优势。

从知识体系的连贯性来看，一体化课程能够确保资优生在学习的不同阶段接触到衔接紧密的知识体系，并能够提供深层次的学习内容以满足他们的探索需求。

在学习效率方面，一体化课程不仅能使资优生提前学习更高阶段的知识，而且能为他们提供个性化学习路径，促进他们以较合适的方法学习。

此外，通过合理分配各学段的学习任务，一体化课程还能够帮助资优生减轻学习压力，避免重复和无效学习。一体化课程中的学术和职业规划指导，为资优生提早找到学术兴趣、积累专业知识奠定坚实基础，使他们在未来教育发展和就业选择上更加从容。

（6）与境外学校合作，开发课程

为了提升教育的国际化水平，培养学生的全球视野与国际竞争力，我们积极寻求与教育理念相契合、在特定领域展现独特魅力的学校建立国际合作伙伴关系。我们荣幸地与德国维尔茨堡德特豪斯文法学校等多所学校建立了深度的国际合作，通过一系列丰富多样的合作形式，包括学生互访、教师交流、联合研究项目、在线合作课程等，展开了富有成效的交流与合作。

通过这些精心设计的文化交流活动和课程，我们不仅帮助学生深入了解不同的文化背景，也鼓励他们尊重多元的文化和价值观，从而促进国际的理解与尊重，这不仅为学生打开了一扇了解世界的窗口，也为他们走向国际舞台奠定了坚实的基础。

4. 学术性高中建设

学术性高中建设旨在培养教师与学生的研究能力、创新精神和学术素养。学校的首要任务是建立与学术研究相配套的支持制度，为教师和学生提供学术探索与研究的资源和平台，促进学术氛围的形成。以下是我们的一些做法：

（1）开发设立以研究为导向的课程及学习模块

·引导学生研究必修课程中衍生的研究性学术课题。必修课程是学校课程的基础，也是研究性课题的重要来源。研究性课题直接源自学生在必修课程学习过程中遇到的问题、主题或兴趣点，目的是深化学生对特定学科知识的理解和应用，同时培养他们的研究能力、批判性思维和创新能力。如语文学科开展了对李白的研究，出版了学生的研究成果《论李白》；又如数学教研组组织开展了数学小论文写作活动，其研究内容直接来自课堂，来自学生的作业，来自学生的兴趣点；再如政治教研组开展了时政评论活动，组织学生对时政热点进行分析研究。

·在选修课程中设立研究导向的课程。设立研究导向的选修课程旨在培养学生的研究兴趣、批判性思维、创新能力以及终身学习的习惯。通过这类课程的学习，学生不仅能够深入探索特定的学术主题，还能学习如何主动发现问题、收集和分析数据以及如何有效地呈现研究成果。这类课程的开设，鼓励学生从被动接受知识转变为主动探索知识，从而更好地应对未来的挑战。研究导向的课程通常涵盖跨学科的主题，让学生有机会将理论知识与实践相结合，学习如何在团队中协作，这对于他们未来的职业生涯和个人发展至关重要。此外，这类课程设计还能够激发学生的好奇心和探索精神，培养他们对学术研究的热爱。如有"古文的脉动""长江诗话""疑思问古文点读""文史哲经典选读""走向经济全球化的人类文明进程的历史探索""IYPT 青年物理学家学术竞赛""纳米材料的性质研究""看不见的生命——微生物苔藓植物孢子抗性的研究"等。

·开展学生独立研究项目。开展学生独立研究项目旨在满足学生个性化的学习需求，深化学生的学习体验。这种模式不仅能够让学生在学术上获得发展，还能够培养他们主动学习、积极探索的精神，从而促进他们个人能力的全面发展。通过独立或小组合作完成研究项目，学生能够学习到如何自主管理项目、如何协调团队合作以及如何有效分享自己的想法和研究成果。独立研究项目通常是学生兴趣之所在，学生自主选择研究课题，自己在校内或校外寻找导师。学校负责提供各类实验室和开放资源，支持学生在探索未知领域的过程中将理论知识转化为实践。市北中学近30%的课题是由学生自主确定并独立完成的，这不仅展现了学生的主动性和创造力，也体现了学校"创造人文生态的高中生活"的教育理念。

·与高校科研机构和企业进行合作。为了帮助学生进一步拓展学术视野、增强实践能力，市北中学积极探索与国内顶尖高校的深度合作。我们与上海交通大学航空航天学院紧密合作，共同开发了"飞行器制作与飞行"和"无人机制作与编程集群控制"两门课程，旨在通过实践教学，激发学生对航空航天领域的兴趣，培养其创新思维和工程实践能力。

此外，市北中学学生还有机会参与复旦大学、上海交通大学等国内知名高校组织举办的"高校科学营""英才计划"等科研项目，以及具有国际视野的"樱花科技计划项目"。这些项目不仅为学生提供了接触前沿科学研究的机会，还使他们有机会与来自不同背景的优秀学者和同龄人交流互动，从而在科研探索的道路上迈出坚实的一步。如2023年11月，学校2023年"英才计划"学员、高二（4）班的杨瑞祺同学，应日本科技局（JST）中日青年科技交流"樱花科技计划"项目邀请，赴日本访问著名学校、科研机构等，与日本青少年、科学家及研究人员进行科技交流。

（2）建立学术社区与活动平台

·举办学术讲座与论坛。定期邀请知名学者、研究人员、知名校友、行业专家、学生家长来校举办讲座和研讨会，为学生与教师提供与专家直接交流的机会。

·举办登攀书院读书会讲暨未来学者论坛、静安区教育学术季展示活动。如2024年1月18日，紧紧围绕"静安教育学术季·第八季"的主题"新样态·新常态·新状态——激活学生创造力"，从师生学术阅读和学生社团课程两方面展示市北中学"学友文化"建设的成果和学生个性成长的风采。

·创设学生学术刊物。在高中阶段，鼓励学生自主创办学术刊物不仅为学生提供了一个展示学术研究成果的平台，还促进了学生学术研究素养的多维提升。

研究能力：自主创办学术刊物的过程，要求学生参与选题、研究、撰写、修改、编辑、出版等环节，这种全方位的参与过程能有效培养学生的研究能力和学术写作技能等。

批判性思维：在编辑和审稿过程中，学生需要对提交的稿件进行评审，这要求他们不仅要有扎实的学科知识，还需要具备批判性思维能力，能够从多个角度审视和看待问题。

团队合作与领导力：创办和运营学术刊物，需要团队的协作。在这个过程中，学生有机会培养自己的团队合作能力和领导力，学习如何有效沟通、协调资源和解决问题。

学术诚信和责任感：学术刊物的创办和维护，要求学生严格遵守学术规范，从而培养学生的学术诚信观念和责任感。

目前，学生主办的刊物有《芳草地》《溯光》《短长亭》《简单》《悟理》《未来小说家》《青春诗集》等。这种经验对于学生未来的学术追求和职业发展都将产生深远的影响。

·开展学术调研之旅。组织学生开展学术调研和考察之旅，拓宽视野。

·开放实验室、创客空间、登攀书院等学习研讨场所。为学生提供必要的工具和资源，鼓励学生探索新思想、新技术和新方法。

·举办辩论赛。学校每年在高二年级举办辩论赛。辩论赛能够促进学生对实际问题进行深入的学术探索，锻炼他们的逻辑思维、口头表达和团队合作能力。比如，2023学年第二学期刚开学，由登攀书院主办、登攀书院文理学部承办、天下事辩论社协办的"登攀杯"校园辩论赛就开赛了，辩论赛采用国际赛制、结合高中生实际，力求竞技性与交流性并存，系列辩题均为师生原创，取材于流行话题、热点事件、学校文化等，为学生提供了一个充分展现自我、深入交流思想的平台，深受广大师生的好评。

·开展学术社团活动。市北中学开展的学术社团以学术研究为主要活动内容，支持学生根据个人兴趣特长来选择社团，以达到帮助学生树立学术自信、培养学术研究素养与学术研究能力、实现自我价值的目的。如论语研习社、我爱数学社、天下事研究社、宪法研习社、化学探究社、水云间词社等学术社团的开展取得了良好的效果。

·积极参加市、区教学行政管理部门开展的各级各类学术活动与竞赛。为贯彻落实学校"因材施教，全面育人"的教育理念，为学生提供丰富多元的成长平台，市北中学鼓励并支持学生积极参与各类学术活动与竞赛。2023学年，学生参与了56项学术活动与竞赛，涵盖了科技创新、学科竞赛、文化艺术等多个领域，这些活动不仅拓宽了学生的视野，也促进了他们的全面发展。

科技创新方面，学生参加了"明日科技之星""全国青少年科技创新大赛""宋庆龄少年儿童发明奖""青少年创新工作实践站"以及市、区青少年科学院"小研究员"等活动，这些活动激发了学生的科学探索精神和创新能力。

数理学科竞赛方面，学生参加了"全国高中数学联赛""全国中学生物理竞赛""中国化学奥林匹克竞赛""全国青少年信息学奥林匹克联赛"等国家级竞赛，"上海市中学生数学应用知识竞赛""上海市青少年应用化学与技能竞赛""青年物理学家学术竞赛""数学学术展评"等市级竞赛，展现了学生在各学科各领域的能力。

文化艺术与语言方面，学生参加了"上海市中学生古诗文阅读大赛""上海市中学生作文竞赛""'语文报杯·时代新人说'全国中学生征文大赛""全国中学生科普科幻作文大赛""上海市中小学生古典诗词创作大赛""上海市高中生英语竞赛""上海市高中学生科普英语竞赛""全国高中生历史剧本创作大赛""上海市实验性示范性高中青春歌会"等活动，提升了学生的文学素养和语言表达能力。

学校将继续致力于为学生提供更多这样的机会，以帮助他们在追求进步的同时，成为全面发展的人才。

（3）强化学术伦理与诚信教育

·加强制度建设。制定学术伦理与诚信教育规范，明确学术不端行为的界定和处理办法；建立健全学术监督机制，对学术活动进行监督。

·加强教育引导。在课程教学中融入学术伦理与诚信教育内容，帮助学生树立正确的学术价值观；开展学术伦理与诚信专题讲座、研讨会等活动，增强师生的学术伦理意识；利用校园媒体、网络平台等，宣传学术伦理与诚信知识，营造诚信的学术氛围。

·加强实践锻炼。在学术研究活动中，引导学生严格遵守学术规范，杜绝学术不端行为；在论文写作中，要求学生认真查阅文献，规范引用，避免抄袭剽窃；在学术交流中，鼓励学生诚实守信，尊重他人成果。

（4）实施个性化学术指导

实施学术导师制度，为每一个学生配备一位学术导师，提供个性化的学术指导和职业规划建议。

（5）评估与反馈学术情况

借助上海市高中综合评价体系，定期对学生的学术情况进行评估，并提供具体的反馈和改进建议，帮助学生明确研究目标，优化学术研究路径。

通过上述措施，学术性高中不仅能为学生提供丰富的学术资源和研究机会，还能培养他们的创新能力、批判性思维和学术素养，为未来的高等教育和职业发展奠定坚实基础。

三、实施成效

通过师生的共同努力，"双新"课程的实施取得了显著的成效，具体表现在以下几个方面：

1. "双新"理念深入人心，实现了在教育实践中的落地落实

"双新"理念的提出不仅仅是对课程内容的革新，更是一场教学方式的根本转变，即从传统以学科知识点为核心的教学模式，转向以培养学生核心素养为目标的现代教学模式。教师们积极拥抱"双新"理念，使教学行为更加目标明确，有效指导了教学的各个环节。近三年，学校共有 2 项市级、10 项区级"双新"课题立项，出版专著 3 本（套）；教师发表"双新"教学论文 100余篇。

2. 课堂教学模式发生了显著的变化

课堂上，学生的有效活动显著增多，教学更加注重以学生为中心，以培养

素养为导向，达到了显著的教学效果。这种变化促进了学生主动参与和深度学习，激发了学生的学习兴趣和创新思维。2023 年，市北中学开展了两次市级"双新"公开课教学研讨活动，分别为"'双前沿'课程的校本化开发与实施的路径"主题教学交流研讨活动和"活动促进深度思维　数字助力学习探究"——生物学课堂教学展示与研讨活动；开展了一次静安教育学术季区级活动，即"创造人文生态的高中生活——市北中学师生学术阅读暨学生社团课程展示"；开设了 60 余节校级"双新"课程研讨课，举办了两次校级专题研讨活动。

　　3. 课程逐渐完善，形成了一套较为成熟的课程体系

　　在"一体两翼"的框架下，学校形成了必修课程标准化、选修课程多样化、实践课程立体化的课程体系。这一体系既巩固了学生的基础知识，又拓宽了学生的视野，增强了学生的实践能力。下图为市北中学"一体两翼"式课程结构图：

　　4. 学生的全面发展取得了显著成果

　　2022 年，市北中学入选上海市"双新"项目示范校；2023 年，约有 80%的学生在高考中获得了上海市综合评价录取资格；2023 学年，学生共获得奖

项 345 项，如贾晨宇同学荣获第 38 届上海市青少年科技创新大赛一等奖、第 37 届全国青少年科技创新大赛二等奖；蒋子祥、徐庆川同学荣获 2023 年上海市青少年应用化学与技能竞赛一等奖；陈鋈家同学荣获第二届"语文报杯·时代新人说"全国中学生征文大赛一等奖；朱怡雯、季佳韵同学荣获 2023 年上海市高中生英语竞赛一等奖；陆紫涵同学荣获上海市第 13 届中小学生古典诗词创作活动一等奖；刘语凡同学荣获上海市第 30 届高中学生科普英语竞赛一等奖；虞上琦、薛轶凡同学荣获 2023 全国青少年信息学奥林匹克联赛二等奖；学生合唱团荣获 2023 上海市实验性示范性高中青春歌会一等奖、第四届上海（国际）童声合唱节高中组一等奖、"唱响五洲" 2024 第十届国际青少年艺术节金奖；等等。

这些成绩充分体现了"双新"课程在促进学生全面发展方面的显著作用。学生们不仅在学科知识的学习上取得了进步，还在创新思维、团队合作、解决问题等核心素养的培养上得到了显著提升。

四、存在问题

"双新"课程的实施，虽然取得了显著成效，但在推广和实施过程中也面临着挑战和难题：

1. 教师专业发展需求大

"双新"课程强调以学生为中心的教学方式和以核心素养为目标的教学目标的转变，对教师的教学理念、教学方法和专业能力都提出了更高要求。教师需要通过进一步的培训和实践来适应这种新的教学模式。

2. 资源和设施配备不足

实施"双新"课程往往需要更丰富的教学资源，如实验室、信息技术设备等。资源和设施的缺乏成为制约"双新"课程实施的重要因素。

3. 课程内容和结构调整难度大

"双新"课程要求在课程内容和结构上进行大幅度调整，以适应以学生为中心的教学模式和以核心素养为培养目标的转变。这种调整对学校的课程规划和教学安排等都提出了挑战。

4. 评价体系的转变

传统的以考试成绩为主的评价体系难以全面反映"双新"课程下学生的学习效果和素养发展的情况。因此，需要建立一套更加全面、科学的评价体系，这在理论和实践上都是挑战。

5. 家长和社会的认知差距

"双新"课程的推行也面临来自家长和社会的压力。如一些家长可能更加关注传统学科知识的学习和考试成绩，而不太容易接受新的教学理念和评价标准。

面对这些难题，学校需要采取多种措施，包括加强教师培训、丰富教学资源、优化课程结构和内容、创新评价机制等，以促进"双新"课程的有效实施和持续发展。

高兰葵

上海市市北中学副校长

前言

提出"创造人文生态的高中生活"，我有一些思考，也有几分理想。这里分开来简单地说一说。

讲到"生活"，首先要问一问"什么是生活"，我十分认同陶行知的思想，他说："有生命的东西，在一个环境里生生不已的就是生活。"所以他又说"是生活就是教育"；他甚至十分干脆地概括道："生活即教育。"这里要特别注意的是"是好生活就是好教育，是坏生活就是坏教育"。当然，我们向往的是"好生活"，是能够促进、熏陶学生健康成长的"生活"。

"人文生态"应该看作是"好生活"的基本特征。这里往简单处说，"人文"就是"人本的"，"生态"就是"多样的"。尊重学生的主体性需要；而要真正尊重每一个"主体"，就必然要尊重"多样化"。不要用一个模具来塑造"人"，不要用自己的好恶来铸造模具。

为什么要提"高中生活"呢？因为市北中学是一所"高中"，这是学段名称；其实，"高中"还有更加重要的成长特殊性，它是人生第二次诞生的关键时期。因此，要用儿童发展心理学的基本观点来研究高中学段的教育实践；要在全球公认的"儿童发展"的文化观念下来决定我们的价值选择。

至于"创造"，则是我们工作的重点和难点。我们在当下进行创造；同时，我们应该面向世界，面向未来，面向现代化。"创造"的主体是学生，教师是学生创造的支持者。如何"创造"？教学做合一。我们师生共同"创造"的成果，就是"创造的教育"。

因此，我把"创造人文生态的高中生活"看作是我校一切工作的主题。

每个学科都在为学校的工作作出贡献。在当前实施国家新课程、新教材的过程中，我校教师又有了新的认识和探索，本书编辑的内容，都是新认识、新探索而形成的新经验的描述。我为每一位教工的辛勤努力而骄傲！

作为校长，我"想"了很多，不免虚空，而我所敬佩的教工"做"了很多，青枝绿叶，生机勃勃。"做"有"做"的难处，自然有不足；"想"更有"想"的肤浅，自然有错误。不管怎样，不断进行反思和小结，总有利于培养虚心、精进的学习态度。

最后，我要感谢湖南大学出版社出版这本小书，同时敬请读者帮助与指正！

陈 军

2024 年 2 月 26 日

目次

教研组教学案例研究

语文教研组

数学教研组

英语教研组

教研组实施策略研究

守正与创新

——语文教研组实施国家新课程的实践探索

语文教研组　陶雨婷

自 2019 年 9 月高中政治、语文、历史三门学科率先使用统编教材以来，市北中学语文组以方仁工校长、陈军校长开创的语文教学传统为基础，在市北中学实施国家"双新"课程的实践探索和创建人文生态高中的过程中起到了模范带头作用。

一、让"双新"课程落实于三尺讲台

三尺讲台是传播知识的阵地，是孕育桃李的沃土。每一种教育理念的实践，每一场教育变革的推进，都必然要通过讲台的检验，"双新"课程也是如此。为此，语文组主要从以下三方面开展工作，力求让"双新"理念扎扎实实地落实到每一位教师的心中，落实于日常的每一节课。

（一）强化学习研究

《普通高中语文课程标准（2017 年版 2020 修订）》（以下简称《课程标准》）的施行对很多语文教师，特别是有一定教学经验的老教师来说，无疑是教育教学思想的一次大变革。只有快速转变观念才能把握先机，为此，语文组一方面派出组内骨干教师参加国家级、市级等示范培训，然后利用集体备课时间将学到的知识和理念向全组老师进行宣讲，并组织讨论，集思广益，在相互的切磋琢磨中加深对课程理念的解读和认识。另一方面邀请市区教研员、相关专家以及兄弟学校的同行来校做专门指导或交流，将我们的疑问、困惑提出来向专家、同行请教。俗话说"众人拾柴火焰高"，大家充分发扬市北中学的"学友文化"精神，在极短的时间内达到教育观念的转变。

除了加强理论学习、强化集体备课讨论外，语文组还鼓励老师们撰写关于"双新"课程的教育教学论文，如陶雨婷老师发表了《用"学习任务群"打开语文教学的新思路》《新课标背景下高中文言文教学"德智融合"的实践与思考》等教学论文；黄小婉老师申报了"新课标背景下的统编教材高中语文古诗词教学研究""统编高中语文'当代文化参与'学习任务群的教学研究与实践"两项区级研究课题；等等。老师们在撰写论文的过程中，既可以进一步思考如何将"双新"理念落实于课堂教学，也可将教学中的碎片化经验依据"双新"理念进行精炼提纯，做到理论与实践相结合，在有效提高课堂教学效率的同时，又助力教师(特别是中青年教师)自身的发展与成长，为语文组的可持续发展续航。

（二）课程体系建设

以《课程标准》为指导思想编辑而成的部编版高中语文教材，较以往的语文教材也有很大的变化：在课程容量上由以往的每个学期一本转变为必修两本、选择性必修三本；在课程设置上由以前的无差别语文课转变为包含必修、选择性必修以及选修三类课程。如何做好课程理念的转化，如何体现这三类课程的差异性，建设开放、多样、有序的语文课程体系，真正促进学生语文学习方式的转变，充分发挥语文课程的育人功能，是语文组需要着力解决的问题。

我们认为，必修课程应立足于共同基础，重视日常语文的积累，教学重点应放在培养学生基本的语言文字运用、思考表达、文学作品阅读与鉴赏以及文化传承、理解与创新等方面的素养上，同时也要考虑为选修课程打好基础，其教学应突出差异性和层次性，鼓励开展个性探究，充分激发学生的学习兴趣和潜能。选择性必修更加倾向于学习"面"的广度，选修应注重学习"点"的深度。为此，语文组要求组内全体教师，在认真学习《课程标准》的基础上，撰写能够体现"大单元""真实情境""学习任务群""核心素养"等"双新"课程关键词且能明显体现三类课程差别的教案，以满足学生对不同发展方向、不同发展水平语文素养的追求。

此外，为配合新教材的落地，语文组还组织老师们编写配套辅助教材。比如，统编教材每个学习任务群都会推荐大量的拓展阅读材料，其中一些阅读材料与课堂教学密切相关，因此，老师们将这些材料集中起来，编辑成《现代文补充阅读材料汇编》(高一、高二)两本书，既方便了课堂教学，又为学生提供了丰富的课外阅读材料，拓展了阅读量。又比如，"整本书阅读"是统编教材的亮点，也是难点。怎样将《红楼梦》这本"大书"推进下去，成了每位语文老师都要面对的课题，为此，我们集思广益编写了《〈红楼梦〉整本书阅读笔记》

一书，希望用这本书引导学生读《红楼梦》，读懂《红楼梦》，爱上《红楼梦》。统编教材的作文训练也有新的特色，为此，语文组也组织老师依照统编教材的脉络，编写了《积累·思考·表达　新教材高一语文必修课写作训练》一书，将散落于教材各个单元的写作知识和要求整理在一起，更具有系统性、体系化，更好地为教学服务。

（三）教学研讨交流

"孤芳自赏"不成春，只有"走出去、请进来"才能春色满园。为了开阔视野，拓展思路，语文组的老师们绝不放过任何一次外出学习的机会：市级教研活动，市北老师不管多远都会参加；兄弟学校的展示活动中也常常能看到市北老师的身影。"走出去"意味着一种开放的心态、好学的精神，有了这种精神，怎能不进步？

当然，市北中学的老师们也总是利用一切机会展示自己，这种"展示"不是求名逐利，而是将自己对于"双新"课程的理解与同行们讨教切磋，从而更快更好地提升自己的教学水平。比如2019年11月21日的区教研活动中，在统编教材刚刚使用两个半月后，陶雨婷、王蕾、张洛绮、韩立春四位老师围绕"语言情境下的自主学习设计及反思"这一主题分享了各自实施统编教材以来的案例设计。这些案例虽然不太成熟，却是勇敢迈出的第一步，体现了市北中学语文组永远是一个不惧变化、勇于开拓创新的集体。

之后，语文组接连不断地进行公开课的展示活动。比如2021年10月，语文组组织了"同课异构"教学研讨活动，黄小婉、张骏逸、杨等华三位老师以不同的形式设计必修上第七单元《我与地坛》一课，从不同角度诠释对"双新"课程的理解，课后的交流讨论又进行了思维的碰撞，加深了对教学内容以及《课程标准》的认识。即使在疫情期间，语文组也没有放松过教研活动。2022年3月31日，黄瑶老师作了题为"《过秦论》与《五代史伶官传序》比较阅读"的线上公开教学展示。这堂课在落实"双新"课程的同时，还探索了线上语文教学的有效性问题，受到了区语文学科专家、兄弟学校教师的好评。

2022年12月8日，语文组承担"静安教育学术季·第七季"交流活动，黄小婉、陶雨婷、杨等华、张骏逸、黄瑶、熊玥仪等六位中青年教师，围绕"古诗词教学"进行公开课教学，探索在"双新"背景下，如何有效落实教材附录部分——"古诗词诵读"的教学。这一探索立意巧、路径新，关注到课程改革以来从未有人涉足过的领域，并且将必修、选择性必修 5 册书的五个"古诗词诵读"专题打通，建构了一个完整有序的"古诗词诵读系列"：由"吟唱感受"到"细读赏析"再到"跨文化比较"，以谱曲演唱、编剧表演、多文本整合与比较等多种新颖的形式，探索"双新"背景下"古诗词诵读"教学的新形式，从而进一步调动学生学习古诗词的积极性，提升语文核心素养。

2023 年 3 月 23 日，教研组长王志斌老师在区教研活动中开设了题为"深化理性思考"的写作指导课；5 月 4 日，韩立春老师又代表市北中学语文组在区"推进'双新'教学研究"的活动中，开设了题为"化繁为简，由面到点，找寻点拨教学的支点——以《包身工》为例"的公开课。两堂课体现了在"后疫情时代"，语文组对"双新"课程的进一步理解。

二、让每位学生收获于市北校园

教育的最终归宿是学生的成长，"双新"课程的核心目标是让学生提升语文核心素养，教师的任何努力都应以学生的发展为旨归。市北中学的办学宗旨就是"创造适合学生的教育，引导学生登上巨人的肩膀"，语文组在这一思想的指引下，始终以学生为本，想方设法为学生提供发展的空间，搭建展示自己的舞台，让每一个学生在市北校园收获成长与幸福。

（一）深挖校本课程资源

市北中学有着丰厚的人文底蕴，也有着丰富的校本课程资源。"双新"课程也要求各个学校能因地制宜，充分利用已有的资源，开设适合本校学情的校本课程。因此，市北语文组开设了"疑思问——质疑思想与批判表达""古文的脉动""唐诗选读""宋词选读"等丰富多彩的研拓课程，开拓学生的视野。除此之外，语文组还利用自身的影响力，经常请一些专家为同学们开设讲座，比如请上海师范大学教授詹丹老师讲《红楼梦》《中文自修》主编王意如老师讲古诗词等，深受学生欢迎。

（二）创设个性化的社团

市北中学有几十个学生社团，就语文类而言，规模比较大、影响比较广的有"溯光"社、"水云间"词社、"芳草地"文学社、"北溪"小说社、诵讲写作社、广播社、辩论社等，深受学生的欢迎，也取得了了不起的成就，在社会上形成了良好的口碑。

"双新"课程开展以来，语文组老师领会贯彻课标精神，在搞好原有社团的基础上，提出"让学生自己创办社团"的主张，即只要学生有需要，我们就可以根据需要开设社团，哪怕只有一位学生，我们也会配备老师进行指导。在这一思想的指导下，"个性化社团"，如"我要飞"诗论社、"《论语》研学社"、"甘棠"说文解字社、"海上星辉"诗社如雨后春笋般涌现出来，越来越多的学生参与其中，乐在其中。

"让学生自己创办社团"本质上就是创造性地落实"双新"课改的精神，即尊重学生的主体地位，调动学生的主动性，创设真实情境，以"任务（群）"的形式引导学生实现由"要我参加"转为"我要参加"甚至是"我创办"的转变，真正发挥学生的主体性地位。

（三）搭建学生活动舞台

《课程标准》最突出的特点就是强调"学生活动"在课程学习中的重要性，因而，统编版教材每个学习任务（群）都配以相应的学生活动。学生活动确实能调动学生的积极性，但也因其存在费时费事的问题，很多学校望而却步。但市北语文组始终重视这些"学生活动"的落实，并且鼓励老师根据所教班级的实际情况创造性地开展学生活动。比如高一年级有现代诗创作活动，并为每一位学生出版了《青春诗集》，高一还有课本剧表演、短视频拍摄、古诗词吟诵比赛等活动。高二年级有"未来小说家"活动，鼓励学生进行小说创作，并择优编辑成书，此外还有辩论赛、演讲比赛、古诗词吟诵等活动。学生们在多样的活动中体会到参与感、成就感，找到能够展示自我的舞台，语文学习的兴趣得到很大的提升。

以上是"双新"课程改革四年来语文组所做的尝试与努力，在坚守优良传统的同时锐意进取、开拓创新，有成绩，也有遗憾；有经验，也有教训；有进步，也有困惑。

以梦为马，不负年华
——数学教研组实施国家新课程的探索

数学教研组　邹建兵

市北中学数学教研组是由二十一位成员组成的优秀集体，包括两名特级教师，两名正高级教师，四名静安区"学科带头人"，十二名高级教师。每位成员务实创新，在继承百年优秀传统的基础之上，大胆探索锐意进取，在教学工作中不断追求卓越，取得了优秀的成绩和丰硕的成果。

市北中学历经百年岁月，数学组更是几度风霜，几度辉煌。一个深刻的哲学命题"我是谁，从哪里来，到哪里去"常引发我们思考：市北中学数学组的优秀传统是什么？我们现在应该做什么？我们的发展方向又是什么？

首先，市北中学数学组长期坚持"以学生的发展为中心"作为一切教学活动的立足点，充分贯彻"学友文化"，以"学"作为师生的生活方式，包括师师为友、师生为友、"与自我为友"（自己反省自己）、"与自然为友"（向天地学习，向自然学习）、"与社会为友"（做社会进步的建设者，为社会服务）。数学教学有三个目标。首先是培养优秀的数学后备人才或数学工作者，这仅仅针对很小的一部分学生而言，仅仅是满足社会的一小部分需要。其次是培养现代化国家需要的大量理工人才、工程师、经济人才和管理人才等，因为数学是培养这些人才的基础，提高数学水平是其进一步发展的客观需要。最后，对于全体学生而言，数学独特的智育和德育功能可以使学生具备现代公民必需的数学知识和数学素养，具备严谨缜密的思维方式，批判与求真的科学价值取向，观察和发现及分析等创新能力。数学与学生的发展密切相关，每个学生都需要学好数学，所以我们坚持一个理念"每个学生都可以学好数学"。虽然学生之间存在个体差异，不可能让每个学生都达到一个绝对的高标准，但我们坚信基于每个学生的数学潜力，每个学生都可以学好数学。如何挖掘每个学生的最大数学潜力，使学生达到可以达到的最好水平，这是我们在教学中不断探索和追求的方向。

其次，在课堂教学中我们始终坚持两点——"效率优先"和"以数学思想方法为核心"。教学的主阵地在于课堂，而课堂的时间十分有限，我们一直思考如何提高课堂效率。最后，我们决定在课堂教学中贯彻社会学中的"二八定律"这个理念：每节课的教学基于80%的同学的需要去设计，坚持不搞偏题、难题和怪题，从而实现课堂效率的最大化；数学能否学好往往是由20%的核心知识决定的，如何突破重难点，我们在备课与教学中不断努力研究与实践。如果说"效率优先"是学生发展的现实考虑，那么"以数学思想方法为核心"进行有思想的数学教学则是基于学生的长远发展而为之的。数学教学的优秀传统在于"双基教学"，即强调基础知识的学习和基本技能的培养。因此，课堂教学不但要考虑知识学习，更要重视能力培养。知识容易获得但容易遗忘且适用范围有限，能力较难培养但更具持续性和广泛性，知识与能力并非对立，而是统一于数学思想方法。如何将数学知识、技能与思想方法有机结合，通过数学基本活动提升学生的数学核心素养，这是新课标的要求，也是市北中学每位数学教师的追求。

教育需要公平，但效率与公平存在矛盾，因为人的差异性是客观存在的，因此我们坚持"三线并进"的教学实践。对于数学资优生，我们以数学竞赛为引领，通过数学拓展活动等多种方式引导学生在数学的海洋中探索，激发学生展开自主性研究性学习。对于大部分学生，我们坚持以课堂为核心，努力培养一批高素质的市北中学数学中坚力量，稳定和提高其数学水平，提升其数学核心素养。对于学习较为困难者，我们与学生面谈分析问题成因，通过端正学习态度，矫正学习习惯，指导学习方法，增强学习信心，激发学习兴趣。利用作业进行面批面改，手拉手地进行个人指导，尽力达到让学生掌握基础知识的目的。同时在教师队伍中我们也坚持"三线并进"，发挥老教师的示范和中年教师的骨干作用，激发青年教师的冲劲，让老师们做到无私奉献，团结合作。我们齐全体成员之力，每周在备课活动中认真分析教材和学情，编写适合市北中学学生的校本教材，上好每一节课，为学生跳出题海并取得优秀的成绩打下坚实的基础。在教学过程中，树立三年一盘棋的高中数学教学的整体思想，将高中数学教学目标合理地分解于三个年级，以实现三个年级的"三线并进"。

为了推进教学工作，我们在教研组和备课组等各种活动中，以教材、学情、教法和教育管理四个方向的研究作为抓手。对教材的研究有利于厘清数学知识的脉络体系，掌握数学知识的发生发展过程，把握教学重难点和教学关键点。现代数学教学强调过程教学，强调数学思想方法的学习，只有充分理解和研究教材，才可能帮助学生形成系统的知识结构和科学的思维方式。高中学生在心理上处于叛逆期，关于如何与学生沟通交流，我们发现必须要充分研究学生心理状况。当互联网与现代生活的联系日益紧密时，互联网思维已影响了我们的行为方式和思维模式，我们发现今天的学生已经和昨天的学生差异很大。关于如何应对学生的变化，我们发现必须要努力研究以赶上学生的变化。教学方法是教材与学生的纽带，没有最好，只有更好。在坚持以学生为主体、以教师为主导的基本教学原则下，如何将教材中不同的知识结合学生的实际并采用最佳的具体的教学方法也是一个永恒的话题。在教学管理中，如何将高一、高二与高三教学有机结合，如何顺势而为地掌控好教学节奏和复习深度，如何提高备课组备课实际效果和教研组教研质量，提升教育管理水平也是我们一直探索和思考的课题。在实践过程中，我们借助"深入班级、体验班风"活动展开对教材教法和学情的研究，通过举办市级高三数学研讨会展开对考试评价和教学管理的研究，通过教研组活动和每周一次的备课组活动将各项研究落到实处，将研究成果转化为具体教学实践。

数学组秉承务实创新、奉献合作的工作作风，在新教材改革方面也做了大量有益的探索。首先，我校参与了复旦大学数学科学学院的"立德树人"基地建设，在李大元院士的指导下参与了上海新课程新教材的编写工作，撰写了高中必修第二册三角与三角函数部分的教材和教学参考资料；同时参与了上海市新教材的培训工作，介绍了教材编写指导思想，给出了对新教材的使用建议。同时在静安区的新教材教师培训中，也对新教材与以往教材进行了比较，学习了新课标下的新理念和新方法。其次，新课标从原来的"双基"拓展到以数学基础知识、基本技能、基本思想、基本活动经验为内容的"四基"，从而提高从数学角度发现和提出问题的能力、分析和解决问题的能力的"四能"。新课标强调通过数学活动，树立数学观念，形成数学文化。我们分别在市、区级层面开展了"HPM 下的立体几何中的距离"及"多变量问题探究"等多次公开课，通过数学史和数学探究活动研究新课标、新教材、新理念。在核心期刊上，发表了有关数学史、数学自主学习以及 Ti 计算器研究等方面的多篇学术论文。在区课题研究中，申报了"双新"背景下高中学生自学能力培养的实践研究等课题。这些研究与探索，不但展示了教师研究新课标新教材的水平，更带动形

成了数学组研究调查的学术风气。此外，为了将新教材的研究变为学生成长和发展的动力，我们积极组织编写了新课标下的校本教材，并结合教学实践，不断将其优化。同时开设了"新教材解读"等多门选修课，帮助学生了解新教材的探究性内容和活动性课程。

以梦为马，不负年华。对学生如是，对教师如是，对数学教研组亦是如此。市北中学数学组将继承市北百年优秀传统，加强对新课标、新教材、新理念的研究，不断提高自身教育教学水平，帮助学生登上"巨人的肩膀"。

立足"新课标，新教材"
探究"文化聚焦"板块教学策略

英语教研组　史海蓉

《普通高中英语课程标准（2017 年版 2020 年修订）》（以下简称《课标》）指出，英语学科核心素养主要包括语言能力、文化意识、思维品质和学习能力。

作为四大板块之一的文化意识是对中外文化的理解和对优秀文化的认同，是学生在全球化背景下表现出的跨文化认知、态度和行为取向。文化意识的培育有助于学生增强国家认同和家国情怀，坚定文化自信，树立人类命运共同体意识，学会做人做事，成长为有文明素养和社会责任感的人。

梅德明老师和王蔷老师对文化意识做了具体的解读：文化意识是学习者在语言的学习过程中，通过学习中外优秀人文和科学知识，深刻思考，理解其内涵，比较其异同，判断其价值，提取其精华，从而做到内化于心、外化于行，由此提升文化修养，构建积极的情感态度，选择正确的价值观。"内化于心"是指理解优秀文化及其精华，"外化于行"是指以优秀文化指导实践，做到知行合一。由此可见，文化意识的培养对教师的教和学生的学都提出了更高的要求。文化意识的培养是一项高阶要求，教师要努力将其有机融入语言学习和思维品质培养之中，充分挖掘语篇中的文化和育人价值，在活动中与学生共同探讨文化的内涵，丰富学生的文化体验，发展学生的文化鉴赏力。文化意识的高阶性，决定了指向文化意识培养的教学活动设计的复杂性、丰富性。

基于新教材（上教版）文化板块学习的基本特点，即"深刻思考，理解其内涵，比较其异同"，以及使用新教材的切身教学体验，我们发现在探究"文化聚焦"板块教学设计的过程中可以以美国著名认知教育心理学家奥苏贝尔提出的"有意义接受学习三种类型"中的"并列结合学习"（即当新知识与学生认知结构中的原有观念是并列或类比关系时，便产生并列结合学习）为理论依据，在教学活动设计中充分利用学生原有知识，使学习预期与所要学习的新知识之间通过进行有密切关联且层次递进的教学活动而产生千丝万缕的内部互动，为新知识的增长进行铺垫。在"文化聚焦"板块的教学活动设计中，教师需要运用学生已储备的知识进行类比，帮助学生理解新知识的原理，使新知识与原有知识间形成并列结合的关系，寻找新知识与原有知识的吻合性，或利用适切的教学活动使新知识与原有知识处于同一层次，达到新知识被原有的知识同化的目的，最终使学生能够利用已掌握的知识来理解新知识，并使自己的知识得到广泛迁移。

上教版高中英语新教材以单元模块方式，围绕贴合学生的学习生活、社会热点等主题展开，课程活动设计在主题语境上高度统一，模块与模块间各有侧重。其中"文化聚焦 cultural focus"板块提供了丰富的中外文化内容，有益于增强学生文化意识，增强文化比较能力，坚定中国文化自信，树立家国情怀及培养人类命运共同体的意识，将价值塑造、知识传授和能力培养三者融为有机整体。具体而言，"文化聚焦"教学内容由两部分构成：一是篇章文本，即基于丰富的中外文化内容，着力培养学生文化意识，有机地整合了价值塑造、知识传授和能力培养；二是视频材料，拓展学生学习文化的渠道，提升学生"看"英语的能力。

基于实际教学中教师普遍存在的针对"文化聚焦"板块的两个部分的教学困惑，我们在学校对 19 位英语教师采用问卷调查的方式进行了教学难点的收集，分析后发现难点主要集中在以下三方面：

（1）在教授"文化聚焦"板块的文本时所制定的教学目标、采用的教学策略、组织的课堂教学活动与阅读课并无差异，影响了该板块教学效果的达成；

（2）"文化聚焦"板块的课堂活动设计的难度及实际意义与学生能力匹配度不高，课堂设计内容的适切性不高；

（3）以文化输入为主要教学目标的视频观看的教学策略单一，对学生"看"的要求含糊，不能充分培养学生"看"的能力。

围绕以上三个教学难点，我们计划以备课组为单位，摸索"文化聚焦"板块实效性高、操作性强、易于推广的教学活动设计策略，并对教学效果好、易于操作的教学策略进行动态进阶式的循环更新：归纳小结—创新修订—实践反思—再归纳总结—再创新修订—在实践中反思。

具体落实的步骤：①根据单元模块的知识重点，对新教材（上教版）中"文化聚焦"教学内容进一步地进行分类、梳理；②对教师课堂教学逐步形成体现文化知识教授的具体化、可量化的观察参考标准及评价维度；③以新教材（上教版）7 册书（高一必修教材共 3 册，高二选、必修教材共 3 册，高三选、必修教材共 1 册）中"文化聚焦"板块内容为学习活动设计对象，充分利用教材资源及已有活动设计，结合本校学生英语学习的具体学情，进行分类、补充、改动、整合，集结成册，并不断进行动态更新、修订；④参与成员在三年活动设计过程中开展区级、校级"文化聚焦"主题的公开教学展示，每年每人至少 1 次；⑤参与成员开展区级层面"文化聚焦"板块主题的微讲座，汇报具体的做法、反馈及反思；⑥参与成员总结教学实践过程中的感悟，在不断深化相关理论学习的基础上总结反思，形成有质量的主题论文，并在区级及以上层级发表、交流；⑦以 What are the focuses of Cultural Focus 为教学研究及实践的重心，学习、研究、发现、梳理、归纳、总结、再实践"文化聚焦"板块的有效教学策略，提升学生文化内涵，促进学科核心素养的养成。

第二语言教学法主要流派代表人物拉多曾在《语言教学：科学的方法》中提出，我们不掌握文化背景就不可能教好语言。语言是文化的一部分，因此，不懂得文化的模式和准则，很难真正学到语言。美国著名应用语言学家弗赖斯也曾指出，讲述有关民族文化和生活绝不是语言课的附加成分，它是语言教学中不可缺少的部分。可见，英语教学缺失文化意识的培养将不利于发展学生英语学科核心素养。高中学段文化意识教学及适切教法的探究是极其重要且有意义的，并通过文化板块的有效教学充分发挥英语学科的育人价值，实现英语学科核心素养培育的目标。

基于 IYPT 实验的课程设计与实施

物理教研组　阚黎霞

一、研究背景及其意义

国际青年物理学家锦标赛(International Young Physicists' Tournament)简称IYPT，也称为"物理世界杯"。作为当前国际上最重要的高中物理团体对抗赛事之一，国际 IYPT 委员会每年都会向全世界提供 17 道独具特点的开放性赛题。这些赛题需要学生进行实验探究和理论分析，最后以汇报的形式呈现。

IYPT 最大的特点是实验的开放性，主要体现为设计实验方案的自主性，不同的学生设计的实验方案各不相同；实验的综合性强，由于研究的因素多，所以实验数量相对较多，需要学生能自学相关理论知识，需要学生自选材料，进行实验设计、过程控制、实验现象分析；口头表达能力强，要参加正反方的辩论；需要团队合作精神。

这些特点与最新物理课程标准提出的注重体现物理学科本质，培养学生物理学科核心素养(包括"物理观念""科学思维""科学探究""科学态度与责任"四个方面)有着高度的吻合性。

IYPT 实验在启发学生学习理论知识、激发学生学习物理兴趣、培养学生严谨的逻辑思维和创新的学习模式等方面有效地培养了学生核心素养。参加过IYPT 的同学、老师都有这样的感受，它是提升学生能力的综合载体。迎接一个课题就是迎接一次挑战，完成一次实验就是一次跨越，实验中那些灵光乍现的智慧会让师生们激动不已，难以忘怀，快乐满满。可以说做 IYPT 实验每天都有收获，这种感觉就是我们老师、学生在困难面前坚持不懈的动力。

二、研究内容和实验过程

近年来我校教学研究主要围绕"双新"开展主题活动，物理组选择的研究方向侧重于实验，即 IYPT 实验。多年的教学实践、学生成长经历让我们体会到物理学科、物理实验对学生能力的培养具有高效性与普适性。于是，我们从 2019 年以来连续多年在高一年级开设 IYPT 实验课程，高二开设研究型拓展课。经过多年的努力与教学尝试，尤其是带队参加上海市高二学术竞赛即 IYPT 比赛，目前我校物理组的老师基本上都有指导 IYPT 实验的经历，积累了一些经验和做法，提出了一些新的设想。

1. 完善硬件设施，积累 IYPT 课程硬件

我校一直重视物理实验，物理组老师也很重视学生动手能力的培养。早在 2013 年，我校就建立了"物理创新实验室"，还成立了配套的学生社团。社团自成立以来得到了学校的大力支持，采购了一些实验的基础设备，比如一体化机床、铣床、电钻、电锯等，召集热爱动手制造的同学们在活动课时间、课余时间共同探讨物理现象或物理规律，并动手操作(图 1)。自 2013 年至今，已经为 200 多位同学提供实验帮助，并于 2015 年被评为闸北区(现为静安区)明星社团。许多同学获得上海市实验竞赛一、二、三等奖，以及上海市明日科技之星等。

陈禹昕同学在用数控雕刻机

自制重力小车

共振小球

失重现象

自制水火箭

图 1

正是多年来在实验上的努力与坚持，尤其是学校在实验器材方面的不断投入，加上学生们在高一物理实验竞赛中屡屡获奖（图2），教师的信心受到了鼓舞，实验的热情得到了激发。

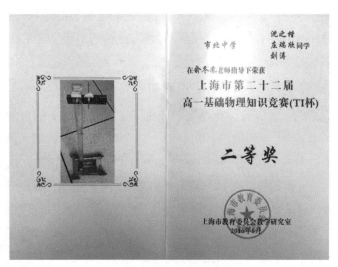

图2　高一物理实验团体赛

我校物理组在实验方面的积累是长期的，其中具有代表性的是施永华老师集多年研拓课经验编写的一本校本教材《DIY 趣味物理小实验》，集趣味性、互动性、可操作性于一体，通过 DIY 各式各样的妙趣横生的物理小实验，解答物理疑问，普及科学知识，提高同学们的动手操作能力，培养同学们学习物理的兴趣。比如手工杆秤、静电除尘、自制发动机等，这些小实验把理论转化为实验，做到理论与实验的统一，是物理教学的最高境界。还有一些小实验包含了大道理，神奇的非牛顿流体、无线充电、会拐弯的光等等，为学生打开未知的大门、开拓眼界，为满足学生好奇心创造可能。

学生根据原理设计实验装置，在实验过程中不断改进，突破难点，得到预期的结论，从而实现学习能力的提升。我们不求学生学会，但求学生思考；不求学生"对"，但求学生"做"。经过多年努力探索，我们在研究型课程开发过程中发现，开发实验课程是个非常好的选择与发展方向。当接触到 IYPT 实验之后，我们坚定地认为这就是我们想要的载体，它满足了我们对物理课程的需求，还获得了意想不到的收获，所以我们很快就把实验拓展课程转到"基于 IYPT 实验的课程设计与实施"这个课题研究上，用课题带动、促进我们的教学。

经过多年的努力与坚持，现在实验条件有了很大改观，2020 年市教委专门拨款五十万元，为我校建立 IYPT 实验室(图 3)。2022 年的高一学生已经进行了使用，实验室的布局合理，水电等设施配套齐全，其他设备也在不断补充完善，更适合同学们进行 IYPT 实验课程的开展。

图 3　学校新建成的 IYPT 实验室

2. IYPT 实验研究的进展

2018 年阚黎霞、肖振瀛两位老师带领 16 位学生进行 IYPT 实验课题的研究，从 17 个研究课题中挑选了 6 个：关于莫尔条纹的性质探究及在生活中的应用；牛顿摆；研究电晕放电推进转子运动的影响因素；雪糕棒的连锁反应研究报告；漏斗与球；循环摆。2019 年 7 月参加市里比赛获得三等奖。

2020 年阚黎霞、盛琪琦两位老师带领学生进行珠子动力学(顾逸尘、沈煜东、宋柯愉)、吉他弦共振(黄天宇、赵冬阳)、不可逆转的浮沉子、反弹胶囊、光须、保险丝(陆禹辰、王祎琪)等课题实验。2021 年 7 月团队参加市里比赛，获得一等奖。

2021 年 9 月开始，高一学生在尚宣廷老师的带领下进行了准备与实验，从 17 个研究的课题中挑选了 9 个，有圆柱形骰子、等势线、膜上球、橡皮筋上的球、永不沉没的圆盘、网球等。这期间由于疫情停止了几个月，随后在盛琪琦、阚黎霞老师的共同指导下，同学们对部分课题实验进行了重新设计与改进。2022 年 8 月我们培训了高二 5 名同学参加市里比赛，获得二等奖。

2022年9月高一的16位学生由盛琪琦老师带领，经过一个多学期的努力，初步完成了实验框架构建、实验方案设计、数据处理、实验结论等多个课题的研究。

3. 学生培训计划

高一学生由于学科知识的不完整，动手能力的欠缺，对于课题研究也非常的陌生，所以课程的设置较为注重基础。主要内容有：①教会学生使用电子天平、游标卡尺等各种测量仪器。②设计一些易于上手的小实验让学生参与制作。③教会学生使用 tracker 等软件分析数据。④对学生课题研究进行指导，如何写开题报告，如何开展研究，如何写结题报告，尤其是实验报告的要求，比如实验器材、实验目的、实验时间、软件的使用、实验数据记录、实验分工、实验结果分析、实验成果以及图片视频等方面的总结和撰写。⑤从历年的IYPT中精心挑选或者改编一些学科知识要求不高、实验操作相对简单、新颖有趣的题目，利用原有器材重新设计，使学生能够更有效地了解IYPT的实验过程，观看学术竞赛视频，体验IYPT实验的全过程。⑥每年国际组织在9月份都会发布新的课题，参与研修课的同学都自行挑选自己喜爱的题目进行研究，按照时间节点和要求完成课题。我们将学生的研究成果进行收集整理，印刷成册，并将学生的研究成果纳入上海市学生综合素质评价。⑦进行实验展示与挑选比赛队员。实验中期有实验研讨与展示，动手能力强、善于表达的同学就崭露头角、初见锋芒。⑧邀请高二同学参与。

4. 继续提升教师指导能力与水平

经过几年教学和参加市学术竞赛的磨炼，盛琪琦、尚宣廷、肖振瀛、阚黎霞、王开贤、俞冬胤、高兰葵等几位老师对于IYPT实验有了一定的了解和认识。但由于IYPT自身难度大、要求高，教师还是需要培训和提升的。所以在学校的支持下，每个比赛季我们都邀请高校教师定期指导。2021年和2022年学校请复旦大学负责实验的老师给我们指导，对一些问题进行解答，对较难实验的突破有较大的帮助。同时，我们也将根据实验的难度和要求，邀请不同领域的专家来指导，还有一些就是学校以前的毕业学生。为此学校还提供了必要的经费和资源，确保实验指导工作的顺利进行。为了让教师更好地了解IYPT实验的最新进展和技术，促进教师之间的交流和学习，我们建立教师交流平台，鼓励教师自我培训和教研组主题研讨，并定期组织教师交流等。为了让教师更好地了解 IYPT 实验的现场比赛情况，了解 IYPT 实验的难度和要求，提高自己的指导水平，我们组织教师外出观摩 IYPT 现场比赛。

5. 典型案例介绍

2019 年 IYPT 课题"飓风球"：Two steel balls that are joined together can be spun at incredibly high frequency by first spinning them by hand and then blowing on them through a tube, e. g. a drinking straw. Explain and investigate this phenomenon。起始时用手旋转，并用一根管子(如吸管)朝钢球吹气，那么连在一起的两个钢球就能以极高的频率旋转。解释并研究这一现象。

预实验分析：

通过对课题的分析，钢球的初动能是由手转动提供的，之后通过吹气，使钢球高频转动。若我们不进行吹气，钢球的旋转会慢慢停止，所以据此推测：吹气仅为钢球转动的体系提供维稳的能量，并不会对其旋转体系造成过大影响。

理论分析：

我们主要研究高频旋转的规律并进行论证。①钢球转动有两个转轴，一个是垂直的转轴，另一个是两球球心连线所在的直线，并且角速度相等。②两个钢球高频转动时，仅单球与桌面接触，转频降低后，变为两球接触。③在钢球稳定转动时，其质心位置不变。

通过理论分析并结合对圆周运动的知识猜想，得出可能存在的规律：$\sin \theta = kg(\omega^2 R)$。但是根据预实验，角速度越大，对应的 θ 越大，则 $\sin \theta$ 就越大，故猜想的等式应该还要修正，需要进行实验验证(图 4)。

实验过程与数据处理：

第一步通过量纲验证猜想的正确性。重力加速度 g 的单位为 m/s^2，角速度 ω 的单位为 rad/s，由于结果没有单位，半径 R 的单位为 m，所以 $\sin \theta$ 的单位与量纲一样，故需要修正的参数是常数。

第二步对猜想进行实验验证并修正。将慢速相机的帧率设置为 240 帧/s，并录像，之后使用软件，对小球的转动进行逐帧播放，记录钢球转动两周播放的帧数 n，通过如下公式推导出转动的角速度 $\omega = 2\pi \times$

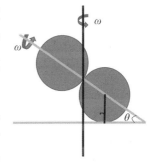

图 4　旋转小球截面图

$2×240÷n$。在钢球转动的过程中，使用手机闪光灯照射钢球，让球面中心位置有两个光点，之后通过手机内的水平仪测出较为准确的夹角值。通过对数据分析绘出图像，如图5、图6所示。

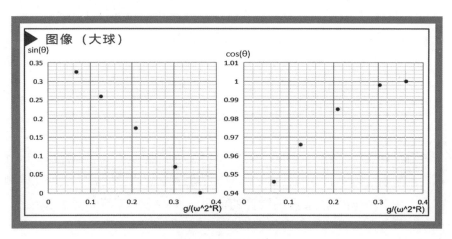

图5　数据图像（1）

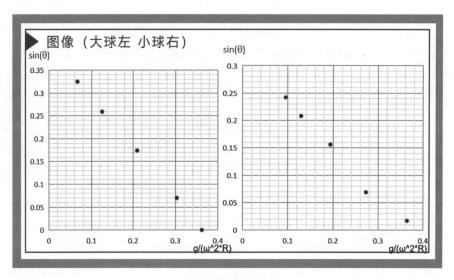

图6　数据图像（2）

结论：

分析数据发现和猜想基本一致，$\sin\theta = b - kg(\omega^2 R)$，并发现和 $\cos\theta$ 并不是一次函数关系，故用 $\sin\theta$ 作为变量更直观。

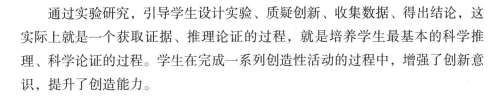

通过实验研究，引导学生设计实验、质疑创新、收集数据、得出结论，这实际上就是一个获取证据、推理论证的过程，就是培养学生最基本的科学推理、科学论证的过程。学生在完成一系列创造性活动的过程中，增强了创新意识，提升了创造能力。

三、物理组获奖介绍

2018 年至今，盛琪琦、尚宣廷两位老师分别荣获 2021 年度和 2022 年度优秀指导老师奖。

学生比赛获奖：2018 年上海市第四届中学生物理学术竞赛一等奖；2019 年上海市第五届中学生物理学术竞赛三等奖，队员为徐大力、薛文磊、廖力天、唐嘉颖、吴一凡；2021 年上海市第六届中学生物理学术竞赛一等奖，队员为秦王燕、彭佩玲、宋旨文、陆禹辰、李嘉文；2022 年上海市第七届中学生物理学术竞赛二等奖，队员为陈欣妍、倪熙城、高栩然、吕正灏、沈知宇。

参考文献

[1] 陈晨，陆建隆. 将 IYPT 实验融入中学物理教学的理论思考与实践探索[J]. 物理教师 2017，38(3)：22-26.

[2] 陈晨，陆建隆. IYPT 赛题解决中的多因素分析及对高中物理实验教学的启示[J]. 物理教师，2014，35(10)：93-96.

[3] 何湛枢. 基于核心素养的高中物理实验教学思考[J]. 科学咨询(科技·管理)，2019(2)：148.

基于学科核心素养的高中化学学习活动设计与实施

化学教研组　费嘉融

　　学习活动是学生在教师的指导下获取知识技能和方法的活动。学习活动的设计，即对学习活动任务的构思与计划。化学单元学习活动设计是为了达成单元目标，教师根据单元目标、单元的内容特点和学生认知基础、学习习惯，进行一系列以知识技能习得和过程方法体验为特征的学习活动设计。

一、研究背景与意义

　　区教研室召开了"基于核心素养的学习活动设计与实施"的动员报告，同时征集和评选有关专项行动有效实施的深度教研计划优秀案例。报告从项目提出的背景、教学中的若干学习问题、学习活动设计与实施项目要求三个方面进行了阐述，指出素养的形成需要遵循科学规律，坚持深度学习和实践。该项目提出的背景是学习本质的使然，也是核心素养发展的培养基质。对于教学中的学习问题，指出"学"和"习"认识存在顽固性偏颇，以及对"学习"意义的认知存在严重缺失，明确"学习活动设计"着力于学生发展的根本，强调学习活动设计要尊重认知规律，着眼素养发展的"思行合一"，主张通过问题的激发，进行任务引领。对于大单元学习结构，要进行深度提炼、凝练，还要注意一致性问题、发展性问题、典型性问题、辩证性问题和整体性问题。

　　单元学习活动是化学学科核心素养形成与发展的重要途径。学习活动中要有意识地将知识的学习与化学方法的培养、化学思维的形成、正确的学科价值观的建立融合在一起。教师要重视活动内容和过程的设计，帮助学生逐步形成社会发展需要的具有学科特质的关键能力和必备品格。

二、研究目标

化学单元学习活动是以探究实践活动为主的，凸显活动的体验性和实践性特征，关注学生在掌握知识技能与方法的同时，能否获得充分的过程体验。

化学组教师将结合新的课程标准，研究新教材，共同完成高中化学新教材必修一第一章"化学研究的天地"的基于学科核心素养的单元学习活动设计与实施的相关教学实践与深度教研，进一步强化教师对学科核心素养内涵和有关学习理念的深刻认识。

高中化学新教材包括必修 2 册共 7 章，选择性必修 3 册共 12 章。我们以教研组为单位，选取一个大章，再按知识体系和内容结构将大章分割成若干个单元，进行基于核心素养的单元学习活动设计，并在课堂进行教学实践与研究。

教学实践过程中若发现问题，会在下一个学期或者下一个学年，甚至是下一届学生中进行改进和优化调整。

教研组将此作为今后 2~3 年的一个重要的教研内容，做好单元学习活动设计的研修方案，进行教学实践的评价与反思，最后完成一系列化学单元教学的学习活动设计以及撰写教学实施的案例集。

三、研究的基础

之前，我们就已经按照以下模式完成了一系列新、老教材的基于学科核心素养的单元教学设计(图 1)，其中包含了单元学习活动规划，其所提供的活动素材可以用于单元学习活动的设计。

(1)以高中化学"酸碱滴定"为例进行的单元教学设计。"酸碱滴定"是上海科技出版社《化学》第 10 章"学习几种定量测定方法"中第 3 单元的内容，分 3 课时完成。

其中的单元学习活动规划是围绕解决酸碱滴定实验的两个关键问题展开的：准确判断酸碱是否恰好完全反应和准确测定参加反应的溶液的体积，以计算推导中和滴定原理及表达式，以 DIS 数字化实验、甲基橙变色实验和溶液 pH 的计算来理解酸碱滴定过程中溶液 pH 的变化，以推导指示剂选择的原则、仪器的选择作为基本活动线索，以学习酸碱滴定的原理、实验仪器和步骤、实验数据的处理与误差分析为主要知识线索，过程中同时以宏观辨识与微观探

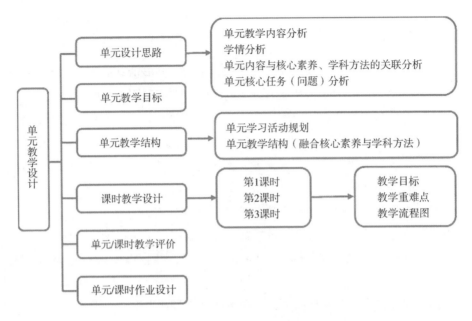

图1　基于化学学科核心素养的单元教学设计

析、实验探究、科学态度、模型认知为主要核心素养及认识思路和方式，将本单元分解为三个任务主题：任务一，测定酸碱滴定原理、探究滴定终点；任务二，中和滴定基本操作；任务三，学生实验，实验小结。

（2）以"离子反应"单元为例，其中的单元学习活动规划，是以"水溶液中的化学反应"为主题进行的设计。以"测测我们周围的水质""废水的处理""水质监控"为基本情境线索，贯穿学习电离、电解质和非电解质、强电解质和弱电解质、离子反应、离子检验等核心知识，以宏观辨识、微观探析、符号表征为主要逻辑线索，过程中同时结合实验探究、证据推理模型认识为主要核心素养及认识思路和方式，将本单元分解为四个任务主题，从而完成大概念统摄下的单元教学整体规划流程图(融合了核心素养与科学方法)。

（3）单元学习活动按活动时间不同，还可以分为课时活动和跨课时活动，按照场所不同又可以分为课内活动和课外活动。例如，校本化选修课程——以创新实验课"柴胡抗菌洗手液的研制"为例进行单元学习活动设计(表1)。

表 1 "柴胡抗菌洗手液的研制"单元学习活动规划

单元学习活动目标	柴胡抗菌洗手液的研制及功效探究		
课时学习活动目标	课时活动 1	学习植物有效成分的提取方法，实验操作技能培训	
	课时活动 2	学生实验（柴胡有效成分的提取），完成学案及配方改进	
	课时活动 3	学习洗手液的制取方法，学生实验（柴胡抗菌洗手液的制取）	
	课时活动 4	产品的功效检测，总结反思与评价	
课时活动	1	主题	柴胡功效的研究和植物有效成分的提取方法
		任务	洗手液的抗菌成分比较，柴胡的抗菌效果研究
	2	主题	学生实验：柴胡有效成分的提取，学案分析及配方改进
		任务	完成学案及配方改进，完成实验报告
	3	主题	柴胡抗菌洗手液的制取方法和工艺流程，学生实验
		任务	小组交流配方分析与工艺流程设计，完成实验报告
	4	主题	产品的功效研究，总结反思与评价
		任务	体验活动——产品的改进与质检，实验反思与评价

四、研究内容、方法与过程

内容：高中化学基于学科核心素养的学习活动设计与实施——以《化学》新教材必修一第一章"化学研究的天地"的系列单元学习活动设计为例。内容结构安排如下（表2）：

表 2 高中化学新教材必修一第一章"化学研究的天地"内容结构

单元	内容	课时内容结构	课时
1.1	物质的分类	1.1.1 物质的分类	1
		1.1.2 分散系、胶体	1
1.2	物质的量	1.2.1 物质的量、阿伏伽德罗常数	1
		1.2.2 摩尔质量、气体摩尔体积	1

续表

单元	内容	课时内容结构	课时
1.3	化学中常用的实验方法	1.3.1 物质的制备	1
		1.3.2 物质的分离与提纯	1
		1.3.3 物质的检验	1
		1.3.4 配置一定物质的量浓度的溶液	1

教研组分工负责，确定了关于学习活动设计的撰写模式：包括单元规划（单元概述、单元课时安排）、单元整体设计（单元内容结构、单元设计思路、单元教学目标）、教学重点与难点（主要指需通过学习活动重点突破的单元教学重难点）、单元学习活动设计（单元学习活动目标设计、单元学习活动规划）、单元学习活动示例（具有典型性的学习活动案例）以及单元学习活动的实施与改进（可以记述案例不断实践优化的过程，也可以是同一主题、不同类型学习活动设计的尝试，还可以是典型案例形成的背后故事等）。

研究方法与过程：单元学习活动设计，一方面要关注活动的内容和过程，通过学习活动内容的选择和组织，对化学学科内容进行结构化重组，并创设真实的学习情境，为学生自主构建知识创造条件，使他们在形式多样的活动过程中，体验不同的化学学习方法，提升分析解决实际问题的能力。另一方面要关注同一单元中学习活动的数量和顺序，既做到不同课时学习活动数量的均衡合理，又做到在一定程度上体现单元学习活动的内在联系。

化学单元学习活动是以探究实践活动为主的，因而以发展学生学科核心素养为目标的单元学习活动设计，要凸显活动的体验性和实践性特征，关注学生在掌握知识、技能与方法的同时，能否获得充分的过程体验；要遵循整体性、体验性和灵活性的原则。

具体步骤为：制定单元学习活动目标→单元学习活动任务的设计→制定单元学习活动具体的实施策略→单元学习活动的评价设计→单元学习活动的实践与反思。

以下是单元学习活动细化设计表的模板（表3）：

表3 单元学习活动细化设计表

活动主题			
活动时空			
活动水平			
活动类型			
活动工具	活动资源	实验	□器材　□模型　□实物　□场所　□其他_____
		媒体	□纸质　□投影　□课件　□视频　□软件　□学习平台 □网络
	活动情境	来源	□生产生活　□实验　□文本资料　□其他_____
		功能	□文本阅读　□激发兴趣　□创设问题 □启发解惑　□实验探究　□应用实践　□其他_____
实施 策略	要求布置		□活动单(任务单)　□投影或板书　□其他_____
	要求维度		□方案设计　□实验操作　□活动观察　□活动记录 □活动分析　□交流合作　□其他_____
评价方案	评价者		□自评　□互评　□师评
	评价方式		□口头评价　□评价表评价
	评价维度		□观察分析　□方案设计　□实验操作　□活动记录 □交流合作　□其他_____

五、拟达成的成果内容与呈现形式

作为区"高中学段基于学科核心素养的学习活动设计与实施"的子项目，结合区教研室的要求和时间进度，以新教材必修一第一章"化学研究的天地"为例，完成高中化学基于学科核心素养的一系列单元学习活动设计，并以案例集的形式呈现。

研究进度：

2022年3月至2023年1月，制定2~3年的关于项目实施的校本深度研修计划，以及选定单元模块，制定单元模块的学习活动设计与实施项目计划书。

2023年2月至2024年4月，"行动项目书"的优化、研究和实施，以及对实施经验的梳理。

2024年5月，参与完成校级项目的结项报告书和案例集。

2024年12月，参与汇编"基于核心素养的某学科学习活动设计与实施案例丛书"。

从子项目"高中化学基于学科核心素养的学习活动设计与实施"的申请到结项，我们将通过教师协作把单元学习活动设计加以整合，形成一个可以复制、迁移、模仿的单元学习活动的子项目体系，继而开展相关教学实践活动，并进行教学评价与反思，实现"教、学、评"的一体化，最终将子项目的科研成果以及教学实践经验进行转化和推广。

化学组学习活动设计专项行动的有效实施的深度教研，将在实践中完善，在总结中提升，在校内外推广，让项目研究促进教学，促进核心素养的全面提高。

参考文献

[1] 中华人民共和国教育部. 普通高中化学课程标准：2017年版2020年修订[M]. 北京：人民教育出版社，2020.

[2] 上海市教育委员会教学研究室. 中学化学单元教学设计指南[M]. 北京：人民教育出版社，2018.

[3] 上海市中小学(幼儿园)课程改革委员会. 普通高中教科书　化学　必修第一册[M]. 上海：科学技术出版社，2021.

实施"双新"课程的初步探索

——高中思政课培养学生理论联系实际分析问题能力的教学探究

政治教研组 梁 萍

"双新"背景下的高中思想政治课不仅要教会学生掌握学科基本原理、基础知识，还要在学习活动中培养政治认同、理性精神、法治意识、公共参与等学科核心素养，能够将两者落实的有效途径之一就是提升学生理论联系实际分析问题的能力。

一、必要性

（一）培养探究事物的兴趣

高中思想政治课是一门理论性较强的学科。学生由于学习和阅历的局限性，往往觉得思想政治课与自己的生活、学习没有什么关系，因此缺乏学习的主动性。在教学中，需要借助活动体验和社会实践使学生切实感受所学的理论知识和社会的密切联系以及教材基本理论的重要性，增强理论联系实际探究问题的动力，激发探寻事物发展本质和规律的热情。

（二）落实学科核心素养

依据《普通高中思想政治课程标准（2017年版2020年修订）》，思想政治课是一门"学科逻辑与实践逻辑、理论知识与生活关切"相结合的课程。课程实施往往通过理论联系实际的思维活动和实践活动的形式来推进。一系列的活动设计，促进学科内容与学生活动的融合、课堂教学与社会实践的统一，让学生在活动、实践中探寻事物发展的本质和规律，激发学生有序参与公共事务的积极性和主动性，坚定学生的政治认同，鼓舞学生在实现中国梦的生动实践中实现自己的人生价值，让核心素养的培育能够内化于心，外化于行。

二、原则

(一)结合学生实际，尊重规律

习近平总书记强调："坚持实事求是，就要深入实际了解事物的本来面貌。要透过现象看本质，从零乱的现象中发现事物内部存在的必然联系，从客观事物存在和发展的规律出发，在实践中按照客观规律办事。"

"双新"背景下改革思政课教学方式要结合高中学生的思想、心理特点，尊重学生认知、成长规律，遵循学生个性化、差异化的成长需求，有教无类、因材施教，引导学生树立正确的人生观和价值观，坚定理想信念。在新课程实施中，必须按照课程标准的要求，通过议题的引入、引导和讨论来推进课堂教学。在议题的设置上要充分考虑学生原有的经验水平和认识基础，以及学生的关注点和兴趣点，结合现实生活创设真实的教学情境，激发学生探究的热情，在良好的师生互动中促进学生转变学习方式，让思政课成为富有生命力和感染力的育人课程。

(二)发挥主观能动性，与时俱进

理论联系实际分析问题的能力是在学习新教材新课程的过程中培养的。教材是教学的基本遵循，用好教材是有效教学的基础。高中思政课统编教材一共有七个模块，必修的四个模块主要以必修1《中国特色社会主义》为依托，讲述为何开创和发展中国特色社会主义以及如何坚持和发展中国特色社会主义；选择性必修课程的三个模块与必修课程相互配合、相互补充；高一年级还配备了《习近平新时代中国特色社会主义思想学生读本》。

我们实施教学时，在把握课程标准、教材内容、教学目标、学科特点的基础上，结合本校学生的具体实际，对教学内容进行整合，使课程内容结构化，探索单元教学活动。我们通过确立教学主题，将不同课时、知识单元甚至是模块的教学内容有效地组织起来，形成新的教学单元，从而促进学生从宏观上把握教材体系。例如，我们根据高一年级学生的学情编写了《习近平新时代中国特色社会主义思想学生读本》导学案，结合中国特色社会主义丰富生动的社会实践，探索研究读本与统编教材相融合的问题。

三、运用与实践

（一）基于课程教材，统筹单元教学框架

首先要确立教学主题，将不同课时、知识单元的教学内容有效地组织起来，形成新的教学单元，使课程内容结构化，在知识联系中探寻共性、在单元整合中提升目标，设计单元框架，助力学生深度学习。要建构以大概念为核心的逻辑体系，让学生从宏观上把握教材，厘清知识脉络、前因后果，才能有效地举实例进行论证，提升理论联系实际分析问题的能力。

（二）关注社会，序列化设计学习活动

教学活动要避免空洞说教，必须精心挑选时事新闻素材、典型案例等设计教学情境，贴近学生生活，符合学生的认知规律，让学生在思考探究的过程中落实学科核心素养的目标；由浅入深、层层递进地设置一系列学习活动，培养学生理论联系实际分析问题的能力，引导学生关注社会热点，关心国家大事。

（三）根据学情，编制实施目标

根据不同学段，综合考虑教学目标、重难点、学生认知规律等，编制各有侧重的实施目标，确定不同的学习活动任务单，增强学生理论联系实际分析问题的能力。比如，"二十大报告进课堂"的实施过程中，每个年级根据不同的教材列出与教材有关的二十大报告中内容，调整、完善教学目标、教学设计。对于高一高二合格班的教学，教师组织学生通读二十大报告中与教材相关的内容，并结合中国特色社会主义实践的发展引导学生明确二十大的核心要义，掌握理论联系实际分析问题的基本方法；而对于"等级班"的教学，教师则要按照教材体系，将二十大报告内容进行分类梳理，分析与教材的结合点，实现与教学的有机融合，并以二十大报告的主要精神作为主题，结合时政材料，进行专题讲座，引导学生多角度、分层次、有逻辑地分析问题，在此过程中形成鲜明的价值导向。

（四）基于学习活动，设计作业

以课程标准为依据，聚焦学科核心素养的培养、落实，将学习活动与作业设计有机统一，采用多样化的方式，引导学生运用学科知识联系实际，解读材料，表达见解，提出建议、方案，参与社团活动、社会实践等，做到书面作业

与口头作业相结合，个人作业与合作探究相统一，既评价作业得出的结论，也评价观点达成的过程。不同课时的作业设计要注意单元目标的整体性要求，可以逐层递进，可以采用多样化的形式，但要考虑不同学段的学情，规划好时间安排和呈现方式，要求要明确。制定作业评价量规时，要统一标准，确定从哪些维度对学习活动进行评价，如何划分等级。要具体说明评价标准，以方便操作。

四、需要注意的问题

（一）所选用的时政和社会热点要具有典型性、真实性和启发性

思想政治课教材的编写、修改由于受时间局限，社会实践发展中的新问题、新观念以及新的政策、法律等不能被及时地编写进去，因此会造成有些教材资源滞后于社会发展的情况出现。这就需要教师在教学中采用贴近学生生活实际和体现时代特征的时政和社会热点设置教学情境，拓展、调整教材现有的资源。

案例的选择上要注意典型性、真实性和启发性。通过典型案例的分析能有效突破教学难点，突出教学重点，并能取得举一反三的教学效果；要有真实性，通过真实的情境案例设置，引导学生有理有据地分析，提高学生理论联系实际分析问题的能力；要有启发性，能启迪学生思维，激发学生参与探究的热情，在探究中辨识社会问题。

（二）学习活动的设置要注重效益

为了培养学生理论联系实际分析问题的能力，教学过程中，教师往往会设置一系列学习活动，因此学习活动的设计应当注意以下几点：第一，学生活动要与其他教学形式相结合。如果整堂课都是学生在活动，会使得学习活动流于表面化、公式化，所以必须将学生活动与教师讲授相结合，提高学生注意力和学习的效率。第二，学习活动的形式要兼顾全体和个别。设计层次丰富的学习活动使学习能力、学习基础不同的学生都愿意投入到活动中来，体验学习的乐趣，促进学生的共同成长。第三，课内活动与课外活动要统一。学习活动常常由于教学时间的限制不能得到充分展开，我们可以将课内的主题活动延续到课外，给学生充裕的时间来完成，这样有利于提高教学成效的持续性，也有利于培养学生的实践能力。

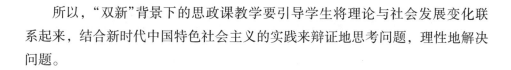

所以，"双新"背景下的思政课教学要引导学生将理论与社会发展变化联系起来，结合新时代中国特色社会主义的实践来辩证地思考问题，理性地解决问题。

基于学科核心素养的单元学习活动的项目研究
——"双新"课改下历史单元学习活动的设计

历史教研组　罗　明

一、项目提出的背景及意义

（一）研究背景

1. 回应格局演变与时代变迁的诉求

世界正处于百年未有之变局中，国际形势日益复杂，中国的改革开放遭遇重大挑战。为应对种种挑战，国家亟须大量的高素质创新型人才，创新被提升到前所未有的高度。作为人文学的历史学，作为基础教育体系中人文学科的中学历史教育，如何激发学生的创新性，如何激活学生的创造力，培育和发展创新型人才所必备的核心素养，成为值得探究的重要课题。

2. 推进课程改革及"双新"实施的需要

（1）《普通高中历史课程标准（2017 年版 2020 年修订）》明确了新课程的基本理念：历史课程要将培养和提高学生的历史学科核心素养作为目标，使学生通过历史课程的学习逐步形成具有历史学科特征的正确价值观念、必备品格与关键能力，实现全面发展、个性发展和持续发展；课程结构的设计、课程内容的选择及课程的实施都要始终贯穿发展学生历史学科核心素养这一任务。新课程、新课标要求中学历史教师必须改进教学方式和评价机制，确立新的认知观、教学观和评价观，从知识本位转变为素养本位，努力将学生对知识的学习过程转化为发展核心素养的过程，在促进学生自主学习、合作学习和探究学习的过程中，提升学生的高阶思维和实践能力，培养学生的创新精神。

（2）以课程理念为指导，普通高中历史课程设计了必修、选择性必修、选修三类，采用通史与专题史相结合的方式编写新教材，即必修教材《中外历史纲要》（上、下册）、选择性必修教材《国家制度与社会治理》《经济与社会生活》《文化交流与传播》，共计5册。三类课程的功能不同，呈现多维、多面相的历史内容，引领学生多角度、全方位领略并认识历史的发展与变迁，为将学生的学习兴趣发展为学习乐趣再深化为学习志趣、激活学生创造力提供全面的知识载体，为设计以发展学生核心素养为宗旨、助力学生个性发展与多元发展的学习活动提供丰富的主题素材。

（二）研究意义

（1）通过实施和推进该研究项目，探索培育和发展学生核心素养的路径与方法，并形成长效机制，结合实践在单元教学、深度学习等教学理论上有一定的建构，以期项目及基于项目的课程有一定的推广价值；践行学生的学习活动是整个教学活动的中心的育人理念，解答时代的命题，遵循教育的根本要义。

（2）通过实施和推进该研究项目，提升教研组教师课堂学习活动的思考力、设计力和实践力；提高教研组立足学生学科核心素养发展和课堂真实学习活动发生的深度研修力。以任务为驱动，激发教研组成员的科研意识、科研追求，促进教研组成员教师专业化的再发展。

二、项目的研究目标

（一）总体目标

开展基于历史学科核心素养的单元学习活动设计与实施的项目研究，将学生学习活动作为整个教学活动中心，探索历史学科核心素养的培育方法与路径，激发学生的创新性，激活学生的创造力，发展学生的高阶思维，培育创新型人才、成就其人生的必备的核心素养，充分发挥历史学科的育人功能。

（二）具体目标

（1）开展以学生为主体的单元学习活动的设计与实施，通过创设历史情境，以学生的学习活动为实质性路线，调动学生学习的主动性和创造性，引导学生进行深度学习、拓展学习，掌握探究历史的方法和技能，运用和联系所学知识，学会全面、发展、辩证、客观地看待和论述历史和现实问题，发展学生深度思维，激发学生创新活力。

（2）通过开展基于历史学科核心素养的单元学习活动设计与实施，促进教师内化新课标、探讨新课程，加强对学科核心素养内涵和学习理念的认识，矫正定势的、惯性的教育教学观念；促进教师专研新教材、切磋新教学，集思广益落实学科核心素养的教学策略，增强新教学、新设计的创新力和行动力。最终提高教研组围绕学生学科核心素养发展和课堂真实学习活动发生的深度研修力，推动历史教育教学由知识本位向素养本位转型。

三、项目研究的基础

（一）理论基础

"双新"实施 3 年来，教育学及课程学领域在深度变革教学、深度转型课堂等方面进行了深度研讨，达成了一些基本认识，这些认识可以作为本项目研究与实践的理论支架。现作如下综述：

1. 关于"深度学习"

华东师范大学课程与教学研究所钟启泉教授在其文章《深度学习：课堂转型的标识》（《全球教育展望》2021 年第 1 期）中解释了"深度学习"的概念，即学习者能动地参与教学的总称，并指出深度学习的三个视点——主体性、对话性、协同性，是应试教育课堂缺少的或需要加强的。深度学习是从问题开始的教学，着力于从"基于教科书水准"到"超越教科书水准"，而"对话指导"与"反思指导"是支撑深度学习的两根支柱；深度学习也是课堂转型的标识，教师面临的课题是如何汲取学科知识的养分、践行学习单元的设计和超越"个人能力主义"。进而又指出深度学习的前提条件是改造"单元设计"，而单元设计正是撬动"课堂转型"的杠杆。钟启泉在其著作《课堂研究》中也归纳了深度学习活动的特点：这种学习活动的设计强调的不是教师制定"讲授"的内容，而是思考"学习"的计划。它需要满足六个条件，即"情境、协同、支架、任务、展示（外化）、反思"，这些条件有助于促进学习者更好地实现真正的学习。

2. 关于"情境创设"

国家教材委专委会委员、基础教育课程标准研制组专家杨向东教授在《关于核心素养若干概念和命题的辨析》（《华东师范大学学报（教育科学版）》2020年第 10 期）一文中提出："核心素养是学生经历一系列具有不同主题或需求的现实情境或任务后，通过不断综合相关的领域知识、方法或观念，不断探索实践而建立起来的心智灵活性。""核心素养的培养必须以情境为依托。……情境、观念和结果之间关联的建立并不是一件简单的事情。只有经历各种不确定性的现实情境，才会建立核心素养所指向的情境、观念和结果之间关联的灵活性，消除各种非黑即白的机械关联。"《普通高中历史课程标准(2017年版2020年修订)》在"六、实施建议(二)学业水平考试与命题建议"的第2部分"学业水平考试命题的主要原则"中有如下阐释："学生能否应对和解决陌生的、复杂的、开放性的真实问题情境，是检验其核心素养水平的重要方面。"此外，从史学特征来说，由于历史是过去的事情，学生要了解和认识历史，只有感受、体会历史的真实境况和时人所面临的实际问题，才能真正理解和解释历史。

3. 关于"单元教学"

华东师范大学课程与教学研究所崔允漷教授在其文章《如何开展指向学科核心素养的大单元设计》(《北京教育：普教版》2019年第2期)中阐释了大单元设计与实施的意义：其一，指向学科核心素养的教学倡导大观念、大项目、大任务与大问题的设计，其出发点不是一个知识点、技能点或一篇课文，而是起统率作用的观念、项目、任务、问题。只有进行大单元设计，让教师像学科专家那样思考，才能提高教师的站位和改变教师的格局，才能有利于教师理解学科育人的本质。其二，现实中许多教师只关注知识、技能、习题、分数等，而忽视学生能力、品格与观念的培养，导致"高分低能、有分无德、唯分是图"的问题，大单元设计有利于教师改变因着眼点过小过细而"见书不见人"的习惯做法，明白"大处着眼易见人"的道理。其三，从时间维度来看，大单元设计与实施有利于教师正确理解时间与学习的关系，确立"以学习者为中心"的观念。文章还就"如何设计一个大单元的学习""如何在大单元学习中介入真实情境与任务"作了深入阐释。

4. 关于"历史大概念"

教育部统编教材编写者之一、北京师范大学历史学院的李凯教授在其文章《新高中历史教学应重视大概念》中提出了历史学科新教学的策略：既要遴选重点内容，更要把重点内容串联起来，从而使学生头脑中拥有上位观念，这就是抓大概念的做法。大概念或是重大历史现象本身，或是提供某个历史问题的解决方案，或是实现学生价值观转换的途径。还进一步说道，在体量巨大的历史知识面前，历史老师的身份和任务都不得不有所转变：原先是历史教育工作者，现在不仅是历史教育工作者，也是历史书写者；原先是中规中矩教教科书，现在是遴选材料、提炼主题、教大概念。它更考验老师的史识：老师既不能对教科书亦步亦趋，掉进琐碎的细节中，也不能以论代史，空谈框架与素养。老师自己要形成对历史的观点，要叩问"我为什么要这样讲历史?""这样的讲法说明了什么道理?""我能给学生的价值观带来怎样的转变?"等系列问题。他指出这对史家与历史教育工作者来说都是具有挑战性的事情，但也是很有意义的事情。

(二)实践基础

(1)自"双新"实施推进以来，教研组多数成员已经执教过必修《中外历史纲要》(上、下册)以及选择性必修《国家制度与社会治理》《经济与社会生活》《文化交流与传播》5 本教材，对新教材的编写体例、纲目逻辑、内容编排、栏目功能、文字表述、前沿引用等有了初步的体验，对必修教材与必修教材的衔接点、关联点、融汇点有了初步的了解；教研组成员已充分认识到《普通高中历史课程标准(2017 年版 2020 年修订)》的纲领性作用，认识到历史学科核心素养的发展是一个长时段的过程，初步树立了将核心素养的培养作为出发点和落脚点的意识，能自觉依据知识内涵、学情特点以及内容主旨确定比较适切的素养目标，并贯彻于教学各环节的施教与教学重难点的解决中。上述实践反映了教师认知观、教学观正在向素养本位转换，而这是激发教师课程力、执行力、呈现力和创新力的内驱基础。

(2)教研组通过开展常态化的主题教研活动，使成员认识到学科核心素养源自学科本体，"回归学科"、在"历史学"的层面思考和发挥历史学科的育人功能才是"双新"背景下历史教育教学的应有之义；教研组注重发挥集体的智慧，在对教学内容进行有跨度、有深度的组合，对必修、选择性必修的不同模块进行整合等方面，展开了持续的探究与实践，在基于单元的主题式教学、问题教学和深度教学等方面的建模上积累了一些案例。这是开展基于历史学科核心素养的单元学习活动设计与实施项目的素材基础。

四、项目的研究内容

初步拟定实施于高三年级的 18 个单元学习活动主题：

(一)古今中外政治制度的演变

（二）古今中国的法律与教化

（三）中国古代的户籍制度与优抚政策

（四）中国古代的民族关系与对外交往

（五）中华优秀传统文化

（六）古代世界区域文明

（七）西方法制史

（八）古今中外水路交通的变迁

（九）古代的村落、集镇和城市

（十）古代的商业贸易与文化交流

（十一）走向整体的世界（已形成案例初稿）

（十二）现代商业贸易与世界市场

（十三）古代战争与地域文化的演变

（十四）近现代战争与文化的碰撞交流

（十五）近代以来的城市化进程

（十六）现代战争与不同文化的碰撞与交流

（十七）历史上的疫病与医学成就

（十八）科技与人类社会的发展

随着项目的开展，依据学情、考量问题的复杂性、任务的难度，随机调整或增删单元学习活动主题，优化单元学习活动的整体架构。

五、项目研究与实施的方法

（一）专题培训

为增进教研组成员对新课标、新课程、新教材的理解和认识，增强对新教学、新设计的创新力和行动力，拟邀相关专家学者，一是基于统编高中历史教科书，对教师进行史学方面的专题培训，使教师了解学术前沿，更新专业知识，把准基本学理；二是基于学科课程标准、学科考试和学科教科研，对教师进行教育教学方面的培训，使教师了解学科核心素养的内涵和功能，了解以大单元、大概念、大项目、大任务为基础的深度教学、问题教学或主题教学等教学理论。

（二）集体教研

教研组定期开展集体研讨，研讨的内容包括：一是研讨新教材，结合新教材的特点，基于历史本相梳理并提炼历史演进的逻辑，厘清历史的内在联系、特征及其规律，把握主旨；二是研讨与整合每个单元学习活动所涉及内容蕴含的核心素养的因子，切实将学科素养培养目标融入课程实践，即目标的制订、设计的撰写、学习活动的实施；三是研讨如何依据学情创设历史情境，以问题为导向，创设有利于学生深度学习、深度思维的条件；四是研讨单元学习活动实施过程中出现的问题以及相应的对策；五是研讨反思案例的撰写；六是研讨项目书以及单元学习活动的课程结构的优化、深度研修总结及项目结题报告书。

（三）持续实践

以项目为驱动，推进单元学习活动课程的持续开展，切实做到单元学习活动设计和单元学习活动实践的对接。录制课程并邀请相关专家点评，在实践中发现和解决新问题，环环相扣，完善课程体系，形成课程机制，在实践中优化项目以最大限度地达成项目目标。同时，提升教研组成员行动力、课程力和创新力，提升学科育人能力。

（四）观察提炼

参照《普通高中历史课程标准（2017 年版 2020 年修订）》中的"学业质量水平"，对照"学业质量水平 3 和 4"制定表格，划分并描述学生在完成单元学习活动后的不同水平层级的素养表现，对学生学习结果及素养达成度进行跟踪观察和实施质性评价；收集相关信息，整理分析资料，反思学习活动，积累项目行动的经验与教训、规律与启示。

（五）学术把关

撰写案例与结题报告时，要阐释单元学习活动对于促进学生素养提升与发展的作用及意义等；从文字表述到呈现形式、从征引规范到思想内容等多方面进行统合、调整和修改；聘请专家通读文稿，就学术问题进行专业指导，不仅要在细节与逻辑上经得起推敲，而且要力求在单元教学、深度学习的理论上有一定的建构，以期项目及基于项目的课程有一定的应用与推广价值。

六、拟达成的项目成果、内容与呈现形式

（一）基于历史学科核心素养的单元学习活动设计

初步拟定包括如下元素：

1. 单元学习活动主题

基于5本教材拟定单元学习活动的主题，可以是凸显历史横向联系的整合，也可以是凸显历史纵向联系的整合；内容择取应与学科核心素养的培育、发展具有深度关联性。

2. 单元学习活动目标

指向素养目标，可以注重对某一方面学科核心素养的培养，也可以注重学科核心素养的综合培养。

3. 单元学习活动过程

立足学生的学习撰写方案，体现以学生学习活动作为教学活动的中心；以教学环节及环节设计意图的形式加以呈现，设计意图需和一方面或几方面学科核心素养的培养相关联；以问题为驱动，通过层层推进的问题链，引导学生自主开展探究，体验从"已知"到"未知"、从"验证结论"到"提出新解"的深度学习过程。

4. 单元学习活动评价

参照《普通高中历史课程标准（2017年版2020年修订）》中的"学业质量水平3和水平4"，划分并描述学生在完成单元学习活动后不同水平层级的素养表现及学业成就的关键特征，以表格形式呈现，以此观察和评价学生学习效果及素养达成程度。

5. 学习案例

单元学习活动后的深度反思，其素材抑或是对于历史学与历史学习方法的择取，抑或是对于学生在单元学习活动中所发生的学习故事的讲述，抑或是对学生价值观、必备品格和关键能力的发展的观察等。

（二）基于本项目的研究与实践报告

报告内容结合学生完成单元学习活动课程后在学科核心素养五个方面的表

现，阐释单元学习活动对于促进学生素养提升与发展的作用及意义等；总结单元学习活动课程的实践，对于深度变革历史教学和深度转型历史课堂，对于提升教研组深度研修力和突破教师专业化发展瓶颈等方面的作用。

指向地理实践力培养的高中地理学习活动设计与实施

地理教研组　蒋黎敏

一、项目研究背景与意义

面对新时代对提高全体国民素质和人才培养质量的新要求，面对我国高中阶段教育基本普及的新形势，自 2013 年起，教育部启动了普通高中课程修订工作，掀起了新一轮教育改革浪潮。2017 年，普通高中新课标制定，提出了学科核心素养，更新了教学内容，研制了学业质量标准，增强了教学指导性。在新课标的指导下，各学科启用新教材，对教学和评价提出了新要求。目前是实践新课标和新教材的关键阶段，如何将"双新"理念转化为教育教学实践是需要探索的关键问题。

（一）有效落实"双新"，实现立德树人的新途径

高中地理全面启用新教材，正处于"双新"背景下教学实践探索的初级阶段，这是找寻有效方法和探究基本规律的黄金时期。应对新高考，学校课程设置相应调整，高中地理教学面临挑战和机遇。当前，开展"双新"理念的实践转化研究，进行符合"双新"的地理课程优化和教学方式转变的研究是有价值的。"双新"背景促进了教育观念的更新，推进了人才培养要求和模式的变革。新课标在教育整体目标的基础上，提出跨学科核心素养模型，凝练了各学科核心素养。在高中地理教学中进行史地融合课程资源的开发与实施，为培养跨学科核心素养搭建平台，培养符合"双新"要求的全面发展人才。

（二）彰显学科特色，开创高中地理教学新亮点

地理学是研究地理环境以及人类活动与地理环境关系的学科，教学内容与社会生活联系紧密，具有鲜明的时代性和实践性。考察、实验、调查等是地理

学重要的研究方法，也是地理课程重要的学习方式。地理实践力素养培养是高中地理新课程目标之一，也是地理学科核心素养重要组成部分。通过高中地理新课程的实施，培养学生地理实践力，有助于形成学生的行动意识，提升行动能力，提高学生在真实情境中的观察能力和解决实际问题的能力，体现学以致用。在高中地理教学中关注实践力培养，以教学活动设计和实施为研究抓手，寻求培养学生地理实践力的有效方法和途径，发挥地理学科优势，开创高中地理教学的新亮点。

（三）积累研究经验，发挥区域辐射带动作用

课题研究以新课标为导向，以新教材教学实践为基础，"双新"背景为项目研究创造了时代价值。广大教师在新课标理念的理解与转化和新教材的实践方法的实施上，缺乏经历和经验。通过"双新"实施的第一轮教学实践，展开研究，有利于积累教学经验，探寻问题的解决方案，逐渐发现落实"双新"的方法与路径，能提供参考和借鉴，为教师专业化发展搭建平台。项目研究成果具有可复制性、可操作性，也有一定影响力。

二、项目预计解决的问题

在实践新课标和新教材的关键阶段，解决"双新"理念的实践转化问题，探索在地理教学实践中落实"双新"的有效途径。在全面启用高中地理新教材的第一轮教学中，探索符合"双新"要求、培养地理实践力素养的地理课堂教学新方法和新模式。探索高中地理教学中指向地理实践力培养的学习活动设计和实施的有效途径。完善和优化高中地理实践力培养的课程资源建设。发挥地理学科优势，有效促进地理学科教学和地理实践力培养。

三、项目研究目标

（1）优化地理教学过程和方法，以学习活动设计和实施为切入点，探索在高中地理教学实践中指向地理实践力培养的学习活动设计和实施有效方法。

（2）完善和优化高中地理课程资源建设，探索指向地理实践力培养的学科教学新内容和新资源。

（3）形成"双新"背景下体现学校特色、学生需要的个性化学习方案。

（4）提高地理教师对新课程的理解与认识水平，进一步提升地理教师的专

业素养。加强学校地理教研组和区域内地理学科团队建设，搭建教师专业化发展平台，寻求地理学科通过深度教研促教学的有效途径。

四、项目研究基础

学科核心素养是学科育人价值的集中体现，是学生通过学科学习而逐步形成的正确价值观念、必备品格和关键能力。地理学科核心素养主要包括人地协调观、综合思维、区域认知和地理实践力。"双新"背景下，通过地理实践活动培养学生的地理实践力成为教学的重要环节和目标。高中地理新课标明确了地理实践力培养导向，启发引导指向实践力培养的方法和规律研究。高中地理新教材设立了"活动"栏目，提供了丰富的学习活动资源，为教师在教学实践中落实实践力培养目标提供素材和资源。

学习活动是高中地理教学过程中常用的教学方法，具有明显的实践性。以学习活动设计和实施作为培养学生地理实践力的载体具有适切性。地理教师在学习活动设计和实施上有一定经验，具备将学习活动设计实施应用到课堂教学过程中的能力。理论与实践结合，设计与实施结合，为项目研究提供了有力的保障。

新课程设计以立德树人为目标，围绕培养学科核心素养，满足学生发展多元需求，构建学科体系。高中地理新课标明确了课程目标，其中包含了明确的地理实践力培养目标。即学生能够运用所学知识和地理工具，在室内、野外和社会的真实环境下，通过考察、实验、调查等方式获取地理信息，探索和尝试解决实际问题，具备活动策划、实施等行动能力。课程目标为课程资源建设提供了明确的内容和方向，为项目提供了研究思路。新课标鼓励支持地理学科课程资源的建设。基于此，本项目研究从教材、学具、器材、教室等软硬件资源建设方面，提出课程资源建设的主要内容。通过活动设计为学生创设各种实践体验，作为课程资源建设的主要依据。在培养地理实践力的同时，不断创新优化地理实践力培养的课程资源体系。

本项目研究过程依托课堂教学实践，与学校教学常规工作一致，是在学校教学常规工作基础上的学科教学探索。稳定的教学秩序，完整的教学流程，齐全的教学学段都为本项目的研究提供了保障。

五、项目研究内容、方法与过程

（一）研究内容

基于项目试图解决的核心问题，在高中地理学科教学中开展反映新课标理念、匹配新教材要求的学习活动设计和实施方法研究，探索"双新"有效实践、创新地理教学方法、优化实践力课程资源建设等方面的综合价值。项目研究以新课标为导向，研究高中地理新课标内容中体现地理实践力培养的内容和要求。在高中地理教学中探究指向学生地理实践力培养的学习活动设计和实施方法。研究和论证学习活动对地理教学的促进作用和对学生地理实践力培养的积极意义。研究完善和优化地理实践力培养的课程资源建设方案。

（二）研究方法

主要应用文献法、案例分析法、经验总结法、行动研究法等研究方法。

（三）研究过程

深入学习领会"双新"要求，以新课标为指导，在利用新教材的教学实践基础上，研究教材学习资源。结合教学内容、学情需求，开展指向地理实践力培养的学习活动设计，实施应用于地理教学。在地理教学实践中验证和评价学习活动对学生地理实践力培养的价值和意义。以教学活动的设计和实施为基础，归纳在高中地理新课程实施中学生地理实践力培养的有效方法和学生地理实践力培养的课程资源建设方案，逐步使活动设计和学习资源在地理教学中的应用实践化、规范化、系统化、课程化，探寻地理教学中落实"双新"的有效途径。

主要步骤如下：

（1）研究学习"双新"要求，理解"双新"理念。

（2）基于高中地理新教材的教学内容和学情特点，开展学习活动设计和实施。

（3）选取典型案例实施教学，展示教学过程，在实践中总结经验。

（4）基于教学实践，分析论证对地理实践力培养的教学价值，体现地理学科的育人价值。

（5）完善设计方案，调整教学策略，归纳规律方法。

（6）整合学习资源，设计指向地理实践力培养的课程资源优化方案。

（7）汇编资源册和活动案例集，获取研究成果。

六、项目预期成果、内容和呈现形式

（一）基于高中地理新教材的指向地理实践力培养的学习活动案例集

经过以地理实践力培养为目标的教学活动设计、教学实践、教学反思、教学评价等环节，形成指向地理实践力培养的教学活动案例。通过教学实践，逐步归纳高中地理教学中地理实践力培养的有效方法，论证学习活动设计和实施对地理实践力培养的价值，实现"双新"背景下高中地理学科育人在地理课堂教学中的实践转化。

（二）基于高中地理新教材的指向地理实践力培养的课程资源建设方案

在地理学习活动设计和实施的基础上，从校内地理教学的环境建设、地理实践活动配置等方面提出优化的方案，从课程资源的内容、方法建设等方面有效促进地理实践力培养。

以单元学习活动的设计与实施为路径培养学生的科学思维

——以"遗传的分子基础"单元为例

生物教研组　胡　菲

科学思维是生物学学科核心素养之一，课程标准给出的解释是：尊重事实和证据，崇尚严谨和务实的求知态度，运用科学的思维方法认识事物、解决实际问题的思维习惯和能力。其具体指向包含：能够基于生物学事实和证据运用归纳与概括、演绎与推理、模型与建模、批判性思维、创造性思维等方法，探讨、阐释生命现象及规律，审视或论证生物学社会议题。该项素养需在学习过程中逐步养成与发展。因此，设计以学生为主体的学习活动，使学生在以真实情境为背景的任务中经历产生疑问、解决问题的过程，从而以学科逻辑和认知逻辑建构概念，才能养成、发展科学思维。

自课程标准颁布并实施以来，我们一线教师曾多次参与各级各类的培训与研讨，对于单元学习的框架，以及基于单元的学习设计有了基本的认识，但是尚未在新教材的教学中进行课堂实践。因此如何将教学理念落地成为广大教师的必修课题。

生物教研组聚焦于"遗传的分子基础"单元，通过集体教研分工合作，精细化地落实单元学习活动设计、实施、效果评价的过程。我们希望这一项目能够：促进教师深研教材与课标并增加本体知识，习得学习活动设计的方法与途径，提升单元教学的设计与实施能力；促进学生进行深度学习，主动建构概念，提升科学思维能力，提升生物学科素养；促进教研组研修氛围的营造，提升教研的质量与深度，提升教师课题研究的能力。

在项目实施的过程中，针对具体教学内容，我们拟定了探讨的问题、主要目标以及研究的内容、方法和过程。具体展开如下：

一、研究的主要问题

1. 为学生的学习活动选取适合的情境与素材

本单元属于分子生物学领域，在科学史上有详尽的资料，同时在前沿进展中也有大量的素材。在学习活动的设计过程中，什么样的素材才是适切的？我们将通过以下三个维度的考量来确定各学习活动的情境选择：学科核心素养的内涵、学生的认知基础和兴趣、素材本身的结构和难易程度。

2. 以思维建模的过程来设置学习活动的任务

模型建构是科学家们常用的一种科学探究方式。其过程大致为：通过观察或实验积累数据，通过分析比较发现数据的共性（规律），基于这种共性（规律）构建模型。例如，孟德尔提出的两大遗传规律、达尔文建立的自然选择学说，均属于分析模型；沃森和克里克建立的 DNA 双螺旋结构模型、桑格和尼克森建立的细胞膜的流动镶嵌模型，则属于解释模型。在课堂上，教师的职责是呈现事实或实验数据（或引导学生发现事实），提出问题导向，提供相关的知识检索；学生的任务是观察材料、分析、提出假设（建构模型）、验证模型、相互评价。我们希望探索如何在学习活动中设置任务，引导学生经历思维建模的过程，从而逐渐找到学习活动设计的方法与途径。

3. 学习活动实施过程中有效性的评价

学习活动实施过程中，我们需要依据学生对活动任务的完成度来对活动的有效性进行评估，为学习活动所激发的科学思维程度赋分。而单元学习结束之后，也需要有反馈性活动来评价学生科学思维能力是否得到提升。

不同层次的学生在学习活动中的参与度可能是不一样的，我们需要评价一个学习活动是否有效覆盖到每一个学生，继而观察不同层次的学生的收获与成长。

二、研究的目标

（1）对课标中的每一个次位概念至少设计一个学习活动。

（2）在教学实践中比较针对同一概念的不同学习活动的效果。

（3）基于单元学习的框架或线索，设计结构性学习活动，即一个情境包含更多横向或纵向的任务，能贯穿概念学习的过程。

(4)提炼、总结基于科学思维培养的学习活动设计与实施的方法、路径。

三、研究内容、方法与过程

(一)研究内容

(1)调查了解学生对科学思维的理解及自我评价;了解生物教师对科学思维素养培养的想法。

(2)课标研读,把握本单元大概念及次位概念的内涵,把握学业水平要求,归纳本单元教学设计的各项属性。

(3)形成基于科学思维培养的单元活动设计和实践属性(工具)表,开发基于学生个体差异的学习活动有效性评价量表。

(4)依据本单元教学属性表进行单元活动设计。

(5)单元活动的实施、反馈与评价。

(6)总结基于科学思维素养发展的单元活动设计与实施的策略、方法、路径等,形成基于发展科学思维素养的单元活动设计与实施案例。

(二)研究方法

1. 文献研究法

收集、阅读、研究已有的关于学习活动设计的案例,了解科学思维培养的方式、策略,获取本单元相关的科学史资料、最新进展或社会议题。

2. 行动研究法

采用自下而上与自上而下相结合的路径,形成单元活动设计和实施的策略、方法(图1)。

课标解读 → 任务解析 → 活动设计 → 活动实施 → 效果评价 → 反思

图1

3. 经验总结法

实践过程中,不断反思、总结经验,形成提升教师基于发展学生科学思维的学习活动设计与实施的策略、方法、路径等。

（三）实施过程

1. 前期调研和理论准备

通过调查问卷、访谈交流等，了解学生对科学思维的理解及自我评价；了解生物教师对科学思维素养实施的想法。

结合文献和学校学生学情分析，从理论维度解读生物学科学思维素养的理念、内涵、实践路径。

观摩、研究"遗传的分子基础"单元课堂实录或相关论文，拓宽思路，酝酿单元设计。

2. 第一轮单元活动的设计与实施（图 2）

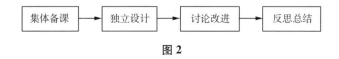

图 2

集体备课：

（1）基于课标解读，将教学内容结构化并分解为教学任务。

（2）设计基于科学思维培养的单元活动设计和实施属性（工具）表。

（3）设计基于学生个体差异的学习活动有效性评价量表。

独立设计：

在工具表的指导下，进行单元活动的设计（依据课时安排，相关成员可以实施）。

讨论改进：

通过听课、记录、调查问卷及反馈量表评价教学效果，通过合作研讨、反馈改进以完善学习活动的设计。

反思总结：

收集、整理数据，撰写案例，反思总结。

3. 第二轮单元活动的设计与实施

基于第一轮单元活动设计与实施的经验，改进相关工具表、评价方式，进行本单元活动的第二次设计与实施，流程如第一次。

4. 第一轮、第二轮单元活动设计与实施的比较、反思及总结

收集、整理数据，对两次单元活动设计与实施进行比较研究，做案例分

析，总结经验。

5. 第三轮单元活动的设计与实施

基于第一轮、第二轮单元活动设计与实施的经验，改进相关工具表、评价方式，进行本单元活动的第三次设计与实施，流程如前。

6. 总结、结题

形成"遗传的分子基础"单元活动设计与实施典型案例。

形成"遗传的分子基础"单元活动设计与实施的研究总结报告。

本项目目前已完成第一轮单元活动的设计与实施工作。在我们整理案例的同时也对科学素养这一关键能力对应的内容组织、能力分解、任务设计、目标指向有了更深刻的理解。在同步教学的过程中，我们也把单元教学设计的理念贯彻到了各个必修或选修模块中，在每一个概念教学中设计相应的学习活动以达到核心素养的培养目标。

"创"新课程 "拓"新征程

——美育艺术"双新"课改

艺术教研组 王舒怡

一、市北中学美育艺术概述

在科技、经济与文化飞速发展的当代，人们更多的是追求精神层面的充实。近年来大家对于艺术的追求与认知越发丰富。高中阶段，学生各项知识吸收较快，知识储备较全面，而面对高考的现实压力，其身心健康也成为学校与家长一直关注的重要话题。美育正是起到一个缓解压力与引导学生身心健康发展，提升发散性思维的作用。美育同时还具备提高学生自身艺术修养，提升学生的审美观念和感知美、鉴赏美、创造美的能力。

著名的教育学家蔡元培先生曾倡导"以美育代宗教"。他指出艺术和宗教具有一定的共同性，即它们都作用于人的感情。但两者又存在区别，美育是自由的，宗教是强制的；美育是进步的，宗教是保守的；美育是普及的，宗教是有界限的。

中小学是学生人生中非常重要的时期，在此阶段学生的思维模式和审美观念也会逐渐形成。上海市市北中学是一所拥有百年历史的上海市首批命名的实验性示范性高中，以"创造人文生态的高中生活"为办学目标，秉持着"因材施教，全面育人"的办学理念，营造"学友文化"氛围，引导学生"登上巨人的肩膀"，进行学生自我可持续发展教育。在此基础上，学校坚持以学生为本，以培养学生的艺术修养、道德人格为中心，开展美育教育。

学校美育教育工作管理机制健全，专设由校长领衔的艺术教育领导小组，并由副校长具体分管艺术教育工作，同时配备专职艺术教师作为艺术总辅导员。艺术师资雄厚，特级教师 1 名、副高级职称教师 1 名、中级职称教师 3 名。校园内艺术场所充足，现拥有展演多功能礼堂（1 间）、舞蹈排练厅（1

间)、展示音乐会舞台(2个)、书画练习室(2间)、专业艺术教室(3间)等。

近年来在新课程、新教材的"双新"理念指引之下,学校坚持以学生为中心,以学生发展为本,积极建设"科学""人文""健康与美"三个维度的课程体系。在必修课、选择性必修课和选修课中开设形式多样的艺术课程,强调立德树人,强调素养指向,强调让学习真正地发生。

二、市北中学美育艺术课程

在市北中学,美育教育贯穿于高中三年,高一、高二、高三开足开齐艺术课;形成无间断、有对应的课程设置,具体表现为:每周1课时的必修课程;每周2课时的选择性必修课程;每周3课时的选修课程。环环相扣,层层深入。班班有歌声、班班有舞蹈,坚持每年举行校艺术节、市北歌会、综合类艺术社团展示等各类校内艺术特色实践活动,使美育在本校做到面向全体、面向人人,从各方面充分发掘学生的艺术潜力,不断培养学生认识美、感知美和创造美的艺术能力,同时,也注重学生德育的培养,双管齐下,做到润物细无声地提升学生的艺术修养,培养全方面发展的跨时代青年。

学校从学生长远发展出发,注重学生个性、培养学生特长,广泛开展课外、校外艺术教育活动,创立多种艺术社团和兴趣小组。如为了让学生体验除校本课程外更丰富多元的课程,学校开设了宋代工笔绘画选修课程,一方面美术专业教师通过梳理宋代工笔绘画的发展脉络,以现实体验、合作探究等方式引导学生去领略传统绘画中的意境美、线条美与色彩美;另一方面,通过对宋代的画家生平、绘画风格的详解,向学生展示蕴含在画作背后的故事、画家的生活环境、历史背景以及带领学生领略绘画中寄寓的情感和写意精神。学生也可以通过选择性必修课的实操,绘画丹青,推动自己的学习向更深更广层次发展,激发对艺术感知、艺术体验的同频共振。近年来在艺术教师的鼓励指导下,学生们积极参与静安区学生艺术作品征集活动、静安区学生书法绘画摄影作品征集活动、"书写经典"上海市青少年硬笔书法活动、"走近艺术大师"静安区学生绘画成果展示活动等,荣获喜人奖项。学生通过参与这类美术活动体会艺术创造之美,这是课堂美育的一种延伸。

学校合唱团是上海市学生艺术重点团队,是学校美育艺术的重要组成部分。学校的艺术教育与时俱进,不断探寻新的增长点。2016年,市北中学百年校庆古诗词合唱音乐会的成功举办,打开了学校艺术教育的新视野,让我们

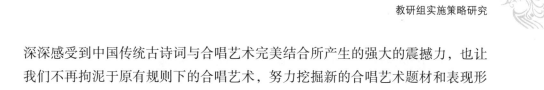

深深感受到中国传统古诗词与合唱艺术完美结合所产生的强大的震撼力，也让我们不再拘泥于原有规则下的合唱艺术，努力挖掘新的合唱艺术题材和表现形式，丰富校园合唱艺术教育。

2017 年，在区教育局的支持下，学校获批开展合唱艺术研修课程，对原有的艺术课程设置作出调整和完善，如在学生三年高中学习生活中坚持依托合唱艺术，探索开设金字塔式的合唱校本课程，不断完善学校创新合唱课程。创新合唱课程设置如下：

（一）**基础型必修性课程**（1 课时/周）

教育部基础教育课程教材专家王湛指出："高中阶段教育是面向全体国民，必须强化共同基础。"因此，学校从 2017 年开始在高一年级、高二年级艺术课教学规划中逐步推进"合唱艺术"单元教学，在每周 1 课时的合唱艺术课堂中，通过讴歌党、讴歌祖国、讴歌人民、讴歌英雄的合唱精品，引导学生了解并喜欢合唱艺术，使其逐渐步入合唱殿堂。这是金字塔式合唱课程的塔基，让全体学生参与，并以"班班有歌声""艺术节""合唱音乐会"等活动搭建舞台展示成效。

（二）**选择型必修性课程**（2 课时/周）

本课程是金字塔式合唱课程的塔身，是在基础型必修课程的基础上作进一步提升，旨在通过连接合唱综合艺术门类，学生能够创造性地运用音乐的多种表现形式，在合作、交流和表演中，提升合唱音乐的艺术表现能力。学生通过基础课程的学习对于合唱有了一定的兴趣与基础，可以自主选择每周 2 课时的合唱艺术研拓课程。对合唱有浓厚兴趣的学生可以自主选择参与，并以"小型音乐会""研究性报告"等方式来呈现选择成效。

（三）**提升型选修性课程**（3 课时/周）

这是金字塔式合唱课程的塔顶，是为具备合唱专长的学生而设定的每周 3 课时的专业训练课程。有视唱练耳、声乐指导、舞台形体训练等专业辅导，并进行有一定难度的合唱艺术作品排练，学生还可以参与表演、创编活动，学习传承中华优秀传统音乐文化，学习世界各民族音乐文化，通过区、市、国内、国外合唱艺术交流舞台展示提升成效。

三、市北中学美育艺术(合唱)"一条龙"项目构建

自 2022 年艺术(合唱)"一条龙"项目成立之后,艺术组全体教师在校领导的带领下积极投入并有条不紊地进行项目建设实施。经过多次专项工作研究会议以及指导教师教研工作会议以后,大家都明确了目标,认领了相关工作任务,多次实地走访相关学校,参与了解并发现存在的不足之处。针对如何打造并完善系统的、具有引领全市合唱的团队,我们摸索着形成了一套艺术(合唱)"一条龙"项目共同体管理评价建设机制。

(一)确定项目核心组成员并明确分工

先后召开项目校长会议、分管领导会议及指导教师研究会议,建构组织管理体系,明确共同发展目标和要求以及艺术(合唱)"一条龙"项目建设的任务安排,并拟定各校发展规划。

(二)落实项目实施的路径与方法

1. 定位精准,严抓基础训练

对于学校不同学段、不同程度的合唱团的现状、实力状况以及发展情况进行明确定位。在项目实施过程中,我们都会按照项目核心组成员进行分工,对不同学段的音乐老师、学生及团队进行定向辅导,并按照"一条龙"三年预期规划中的要求及步骤,完成相应的目标。除将比赛成绩作为衡量标准外,还应从多维度进行综合考量,立足于根本,一个优秀的团队是在长期的坚持、点滴的积累和制度的完善等方面的结合下才形成的。在团队老师的正确指引下,激发学生对合唱的热情,使他们敢唱、爱唱、能唱,才是初心。

2. 规划明确,量化评价细则

结合各团队规章制度我们统一规划,制定出合唱团管理细则与评价量化标准,使各合唱团在今后的发展中有更为明确的方向、更加具体的目标。

在实施的过程中,我们以"一条龙"项目为依据,联系项目内各学校,在探索中学习,在实践中积累,取长补短,建立一整套完善的关于"一条龙"各学龄段的合唱团档案。内容包括合唱团基础设置以及后勤管理的评定、合唱团学生业务能力以及艺术骨干生综合能力的评定、师资力量的评定、排练质量的评定、排练时间与排练计划的评定、合唱团历史的评定;并结合评价标准,通

过走访问询以及开会讨论作为实践与交流的路径。

3. 推广成效，增强影响力度

市北中学积极落实"立德树人、五育并举"的教育工作要求，融合学校"学友文化"的内涵，联动本区相关的初中、小学艺术特色学校，以合唱"一条龙"建设为抓手，积极开展学校艺术教育工作，实现以美育人、以美化人、以美培人，以多元培养学校优秀艺术人才为目标，促进构建"人文生态的高中生活"的实现和发展。

（1）理论化总结（案例、论文、课题研究）。

各校艺术教师通过教研确定合唱训练的课程，拟定课程研究方向，制订研究计划。并积极投入课程研究与活动训练中，将排练过程中所遇到的问题、解决的办法汇总起来，以文字形式进行整理，形成多篇案例及论文，在项目学校教研活动中进行学习、交流和讨论，并整理成册，在全区、市作经验推广。

（2）可视化展示（现场音乐会、精品录制、网络推广）。

举办"青春飞扬——'歌唱母亲河'合唱音乐会"系列主题音乐会，组织各合唱特色学校团队进行观摩学习，并将项目内学校的优秀合唱作品的音、视频整理成数字影像资料，在全区、市推广宣传，达到与全市兄弟学校共同交流学习的目的。

以合唱为先导，在"双新"教育理念之下开设学校美育艺术新课程，充分发挥"一条龙"高中阶段学校的示范引领和辐射带动作用。从提高认知能力和艺术情操入手，引领学生走进艺术，走向艺术素养的高层，提升全体学生艺术修养，促进学校文化建设。努力形成"特色共建、理念共融、资源共享、发展并进"的美育创新发展新模式，开拓市北中学艺术教育新征程。

基于信息技术学科核心素养的单元项目教学设计

信息技术教研组　金　缨

信息技术是高中阶段的一门重要学科，在信息技术迅猛发展以及"新课程、新教材"的背景下，课堂教学不再仅仅是传授知识，教学的一切活动都必须以学生的发展为基础。在新课程理念下，如何在教学过程中促进学生的发展，培养学生的素养和能力，是当下教师进行教学设计的基本指导思想。因此，教学必须由教教材向用教材转变。通过对新教材的研读，进行以单元为基础的项目式教学的设计，让课堂教学从以教师为中心向以学生为中心转变，从以讲授为中心向以实践为中心转变。

一、高中信息技术的核心素养

核心素养是学生应该具备的能适应社会发展和终身发展的必备品格和关键能力，《普通高中信息技术课程标准（2017年版2020年修订）》中提出，"高中信息技术学科核心素养由信息意识、计算思维、数字化学习与创新、信息社会责任四个核心要素组成"。这四个核心素养互相支持、互相渗透、共同促进以提升高中学生的信息素养。在中学信息技术单元教学设计指南中明确了中小学信息技术的单元内容，并提出以"项目"为载体开展教学。在课程实施建议中新的课程标准明确提出"以项目整合课堂教学"；在项目式学习中以学科信息素养为目标，把项目整合到课堂教学中，构建新的教学组织方式，为学生创设真实的生活学习情境，引导他们合理选择数字化工具；在数字化学习的过程中，创造性地完成项目；在实际问题的解决过程中完成信息社会责任的培养。

二、单元教学

单元教学是以单元为整体所展开的一种系统化、科学化的教学。即从一个章节或者一个单元的角度出发，根据章节或单元中不同知识点的需要，综合利用各种教学形式和教学策略，通过一个阶段的学习让学习者完成一个相对完整的知识内容。

高中信息技术单元教学，在于培养学生的信息处理能力，促进学生成为熟练的技术使用者、有实践精神的信息技术理解者与设计者、负责任的信息使用者，提升学生的信息素养。在教学时，应凸显信息处理过程这条线索，聚焦核心概念，整体思考知识体系；应围绕问题解决的过程，思考信息需求分析能力、信息收集与管理能力、信息加工与表达能力、信息技术工具选用能力、新技术探究与适应能力等在单元教学中的体现；应从信息社会责任方面思考信息安全意识、信息使用规范、信息道德准则等在单元教学中的体现。

三、项目教学

项目教学是一种以学生为中心的教学模式，通过让学生实施一个完整的项目而进行的教学活动。其目的是在课堂教学中把理论与实践教学有机地结合起来，充分挖掘学生的创造潜能，提高学生解决实际问题的综合能力。在教学活动中，教师通过情境设定，让学生自主进行一个项目的实施，以引导者和咨询者的角色辅助学生进行项目确定、规划、实施和评价验收等环节，在项目中通过整合知识与技能，渗透学科核心素养。项目教学以项目为主线，体现工作过程，最后解决问题。项目教学主张先练后讲，先学后教，强调学生的自主学习，主动参与，从尝试入手，从练习开始，调动学生学习的主动性、创造性、积极性等。这种教学模式中，教师从知识的教授者变成了思维的引领者，学生唱"主角"，成为学习的主体，而教师转为"配角"，实现了教师角色的换位，更有利于加强对学生自学能力、创新能力的培养，在整个教学过程中完成知识的构建和核心素养的提升。

四、基于信息技术学科核心素养的项目式单元教学设计

开展项目式单元教学首先要确定单元，建立项目，然后根据单元的教学目标设计基于项目的一个个学习活动，每个活动相对独立，而活动与活动之间有一定的关联。活动以学生为主体，以独立或合作方式完成。学生通过完成具有一定挑战性和开放性的学习任务，以解决一个问题、设计一个作品。

"算法与程序实现"单元是华东师范大学编写的普通高中《信息技术》教材必修一《数据与计算》第二章的内容。本单元重点是培养学生的计算思维，需

要将理论和操作相结合，可通过项目式单元教学来完成整个教学过程。本单元以"编程应用助健康"项目为主题，通过设计三个项目任务连接整个单元教学。首先通过"智能跑步机中预设跑步模式的学习"的项目任务，展现算法的特征，让学生设计并完成智能跑步机中其他跑步预设模式的算法描述；然后通过"身体质量指数(BMI 指数)的计算、显示和简单的统计"的项目任务，让学生学习使用 Python 并进行程序设计；最后通过"全年级学生 BMI 指数筛查"的项目任务，让学生掌握常用编程算法的选择和用途。

五、几点思考

(1)在单元确立过程中，应根据教材编写思路和知识内容的设计结构进行教学，然后依据学生的情况和特点，确立单元教学目标，展开单元学习活动，设计和实施相应的单元作业和评价等。单元教学设计要遵循以下特点：单元教学设计要有整体性，整体性主要体现在教学目标的设定和教学内容的整合上；单元教学设计要有相关性，相关性主要与课型的选择与教学目标和内容相关，与教学方法、教学目标和内容相关，与教学活动、教学目标和内容相关；单元教学设计要有阶梯性，阶梯性主要体现在教学活动的设计与教学内容的结合上，要从简单到复杂，从单一到综合，活动的要求体现循序渐进的教学原则；单元教学设计要有综合性，综合性主要体现在整个单元教学能否提升学生综合应用能力上。

(2)在进行项目教学时，要以项目为主线，以教学目标为基础，设计一个个的项目任务及活动，整个项目的完成要体现解决问题的过程，通过完成项目让学生体验解决问题的过程并提高学生解决问题的能力。

(3)每一个高中信息技术的核心素养都有丰富的内涵。在整个单元项目教学中，可通过项目中的各个活动进行渗透，每个活动不可能覆盖所有的核心素养，但可以侧重一个素养。核心素养是学生在长期的学习过程中通过完成各种单元项目逐渐培养起来的。

基于核心素养的单元项目教学是信息技术学科的发展趋势，单元项目教学以解决实际问题为出发点，培养学生解决问题的能力，促进学生思维的发展，增强学生的合作意识，为学生以后的发展打下扎实的基础。作为教师，这种教学方式对教师的知识储备和专业水平提出了更高的要求，教师只有不断学习，才能帮助和指导学生更好地完成单元项目。

立足学科核心素养　推动"双新"课程实施

体育教研组　赵亚杰

市北中学体育教研组秉持以生为本，以"健康第一"的指导思想为出发点，在遵循国家新课标、新课改的总体要求，明确体育学科的育人价值、确定体育学科核心素养和目标、明确学校体育的内容和学业质量要求的基础上，结合学校的办学目标、学生特点和实际条件，制订满足学生发展需要的课程实施规划与教学评价方案。为此，开齐开足了国家规定的体育课程和保障学生每天进行一小时体育活动，特别是制定了大课间操、早操、阳光课、体育活动课等。而且因地制宜，借助丰富的体育社团课程实施经验，并通过巡查与反馈、评价与激励等方式来实施，因此有利于组织安排体育教学活动，有利于促进教与学方式的转变。

一、牢树"健康第一"的理念

市北中学创办于 1915 年，1954 年首批被确定为上海市重点中学，2005 年被命名为首批上海市实验性示范性高中。学校围绕"培育学友文化，激发创新潜能"的办学理念，已经形成"创造适合学生的教育，培养学生自我可持续发展能力"的办学特色，努力创造人文生态的高中生活。

在长期的办学过程中，学校全面贯彻、落实党的教育方针，始终把体育工作放在重要位置，积极贯彻《学校体育工作条例》，落实"三课两操两活动"政策，确保学生每天在校锻炼一小时。由于体育工作突出，学校曾荣获"全国体育传统项目学校先进集体""全国群众体育先进单位""上海市贯彻《学校体育工作条例》优秀学校"和"上海市体教结合工作先进集体"等称号，还是国家级体育传统项目学校、奥运排球后备人才培养基地、上海市体育传统项目学校、上海市优秀体育后备人才（二线）运动队、上海市体育铜牌学校、"全国培养体育后备人才试点中学优秀学校"。

二、体育项目开展的行动表率

学校从 20 世纪 80 年代起即被列为排球项目传统学校，体育工作注重"一品四健"工程建设，并将师生健身活动计划纳入学校发展规划中。"一品"是指不断提高排球项目的运动水平，把排球运动作为学校开展体育工作的重要品牌；"四健"是指"健体"（体质增强）、"健智"（智力培育）、"健美"（形体训练）和"健心"（心理辅导）课程。学校男子排球队曾荣获多项全国及上海市的奖项。"四健"课程面向全体师生，通过学生社团、体育课、课外活动、阳光体育活动课、体育节等方式来落实，活动内容和形式丰富多彩，学生以及学生社团在市、区级各项活动中也多次获奖，其中跆拳道社和"银燕穿梭"羽毛球社是区中学生明星社团，体育教研组荣获区学生阳光体育大联赛团体赛精锐教研组称号，每年的上海市学生阳光体育大联赛、区学生阳光体育大联赛以及上海市青少年十项系列赛中都有大批的学生获奖。

将中华传统体育项目太极拳和体育课相结合是市北中学体育活动的一大特色，并在学生中广受好评。太极拳运动走进体育课堂，是市北中学对体育教学的一次创新，学生们在体育课中感受到了民族传统体育的别样乐趣。学校通过开展丰富多彩的体育活动，提升了学生运动锻炼的兴趣，培养了孩子终身锻炼的意识，后期还会将中国传统武术、长拳、五禽戏等逐渐带到体育课堂中来。不少学生表示，学习青春太极拳运动不仅锻炼了身体，还对中国武术传统文化有了更多了解，希望学校以后能够多开设类似的有趣的体育课程。

三、聚焦"教会、勤练、常赛"的教学

市北中学体育组在新版课程标准发布后，更新了体育教学观念，优化了教学内容，创新了教学过程，完善了教学评价，加强组织了课内外训练和体育竞赛。为让学生完整掌握一项运动技能，学校积极尝试探索实施专项运动技能的大单元教学，拓展教学资源，注重情境创设，进行"线上+线下"双路径实施过程性评价。

以排球为例，学校大单元教学把排球项目的技能教学设计成不少于 18 课时的连续单元教学，从球性练习到垫球、传球、扣球的动作技术，从单人技能到多人配合，从分组训练到对抗赛，让学生对一个体育项目有完整的学习体验感。为提高学生的学习劲头，也会让学生观看所学体育项目的比赛视频，并且

在高一、二年级的教学中，创设多样体育活动的情境，如"传球进圈圈""垫球模拟赛""垫球走独木桥"等，让学生在游戏过程中，锻炼体能，提升技能。

学校还依据体育教师所带班级多、学生多的特点，采用了"线上+线下"双路径评价模式。"线下评价"主要依托体育课堂教学，结合学生学习、练习、比赛的表现，进行客观、有针对性的反馈评价。"线上评价"则是依托钉钉群，对学生阶段性的训练成果进行反馈、点评。学生将自己的课堂所学录制成小视频，教师再进行"在线评价"。

聚焦"勤练"，让体育在常态练习中积淀。课堂上，给学生留出较为充足的运动时间，保证练有实效。学校充分利用每天下午的阳光大课间，开展"太极拳大课间""音乐操大课间"，让学生在练习中巩固运动技能。

搭建平台，让体育在竞赛中升华。在体育教学中，每节体育课都设计了游戏或竞赛环节，包含了对抗游戏、技能竞赛和团队比赛等形式。此外，学校结合体育特色，搭建了三大赛事平台，即"市北杯"班级篮球联赛、排球联赛和全员趣味运动会。赛事每年定期举行，逐步形成了赛程规范精细化、全员辐射进阶化、学生参与自主化、精准定位课程化的联赛风格。还有排球赛、乒乓球比赛、体育节、师生篮球赛、师生排球赛、广播操比赛、太极拳比赛等。

学生的体育社团有乒乓球队、将棋队、篮球队、羽毛球队、跆拳道队、空手道队及街舞社、滑轮社、健美操社等，这些社团都有指定教师指导，每学期都举办社团节。学校教工则由工会统筹组织教工体育节和运动会，成立教工羽毛球社、乒乓球社、篮球社、太极拳社、滑轮社、木兰拳社等社团。师生积极参加体育健身锻炼的人数达90%，并积极参加市、区各项群众性体育活动和各种竞赛，取得优异成绩。学校体质健康合格率达到97%。这些体育文化建设活动已经完全融入学校的整体办学中。

四、校园体育活动的保障

除了高端运动员的培养和竞技运动的开展，学校还注重全体师生的体育锻炼和身心健康，强调身体素质和文化素质双提高，开设"四健"课程，即把体质锻炼、智力培育、形体训练、心理辅导有机整合成校本课程。在"学生个人一日自锻常规"上进行重点研究，既有面上的学校统一教育活动，更注重将体育锻炼作为师生个人生活方式的教育，引导师生把体育看作是现代人的生活方式之一，全面落实"阳光体育一小时"的教育内涵，做到人人会打排球、班班有排球队(男、女各一队)、人人会打太极拳(开发青春太极拳校本课程),保证学生每周三节体育课、两节阳光体育活动课。

我们还在全面育人的健体课程建设中突出一个重点,就是开展"个人健康行动计划"的研究,强调"自锻",根据自身实际与爱好,确定自我健康锻炼的目标与方式,使群众性体育健身活动更有个性、更有针对性、更加丰富多彩。学校添置各类健身器材,分散布置在校园适宜的场所,在保证安全管理的前提下,让师生每天都能锻炼身体。

市北中学建立学生体质健康发展指导制度,采用体育教师与班主任相结合的方式,组建了由教学处、学生处与体育组协调牵头,各年级组、教研组共同参与的指导学生体质健康发展的专门队伍,以加强对学生的身体、心理、技能、体能等方面的指导,开展线下各种健身知识分享、线上问卷健康调查以及学友课堂家长、校友、专家到校指导等多种形式的体育指导活动,帮助学生树立坚定的社会主义理想信念,正确地认识自我,更好适应高中阶段的学习与生活,处理好体育兴趣特长、潜能倾向与社会需要的关系,选择适合自身运动的发展方向,提高终身体育运动能力和自主锻炼能力。

健全以校为本的体育教学研究制度,建立平等互助的各种体育学科社团,如篮球社团、排球社团、乒乓球社团、羽毛球社团、体育健身社团等各类教学研究共同体。体育教师与学生社长设计教育教学反思、行动方案、实践方案等,以求反复循证实践,营造民主、开放、共享的教学研究氛围,鼓励和支持教师进行教学方式改革的探索,形成各自的教学风格。

为适应"双新"背景下的体育教学,市北中学正统筹各方力量,创设课程实施条件和环境,开发体育课程实施所需的资源,为学生提供丰富、便利的体育活动体验机会。学校注重教师队伍建设,通过体育教师专业团队建设促进教师专业化发展。以教研组组长王丽萍老师引领的市北中学体育组,目前在岗教师7名,老中青结构合理,不断创造着市北中学体育文化的"新地标"。我们秉持"提升学生体育核心素养"的教学理念,培养学生终身体育意识,把铿锵奋进的体育精神融入学友文化、发扬学友精神,不断提升学生的运动张力和成长幸福指数。

市北中学每年指导学生在区级、市级、国家级的体育活动中,斩获硕果。校排球运动队,在多届全国中学生排球联赛与上海市排球比赛中获得第一名,在上海市阳光体育大联赛武术操比赛中获得一等奖第一名,在静安区中小学生

田径运动会上四次蝉联第一名，在历年的区级阳光联赛中，学校获得"优秀组织奖""团体总分一等奖""道德风尚运动队"等奖项。

学校教育教学设施有待提升，现有 400 米长的操场一个，乒乓球房两间、体育健身室一个，按照国际比赛标准配置的排球训练比赛专用场馆一个，以此来保障学生们的体育活动空间。同时学校根据体育活动实施需要，以项目化的方式投入经费，严格执行经费预算、决算制度，充分保障学校课程方案实施的经费需求。

让学生享受运动乐趣、增强体质、健全人格、锤炼意志，极大地丰富了他们的校园体育文化生活，培养了他们的团队协作能力，以此展现市北学子不畏艰难、敢于超越的"登攀"精神。

教研组教学案例研究

语文教研组

浸润文化　青春闪光
——统编高中语文选择性必修(上册)第三单元教学设计

王志斌

　　统编高中语文选择性必修(上册)第三单元属于"外国作家作品研习"学习任务群,进行单元教学设计时,在明确单元人文主题"多样的文化"的学习价值的基础上,选编四篇具有较高文学史地位和思想文化价值的名家小说,以学生"思维发展与提升、审美鉴赏与创造"的语文学科素养的提升为核心,以"感受多样的异域文化"为主题。高中是学生人生观、世界观确定的重要阶段,我们在安排单元教学的过程中,应该充分考虑到高二这一关键时期,浸润文化,让青春闪光。

　　教材对本单元学习目标有多个方面的要求,一是价值观念方面的学习目标,单元要求联系相关的历史文化背景,体察小说展现的千姿百态的社会生活,探寻丰富多彩的心灵世界,感受人类文化的丰富多彩,并结合自己的体验,追寻理想,实现青春的价值;二是关键能力方面的目标,这四篇小说不仅内容各异,创作手法也迥异,语言呈现、叙事方式更是丰富多样,呈现了朴素、怪奇、稳重又轻灵等多种小说风格。从学习的角度来看,文章的组合基本上囊括了小说的鉴赏点,体现了编者试图通过本单元外国小说的学习,让学生体会外国小说与中国小说的不同风格,在阅读中提高对外国小说的鉴赏能力。

　　本单元设计围绕核心任务组织四个学习环节,引导学生建构结构化的学习经验。教师在提出单元学习任务的基础上,引导学生自己组建团队,围绕单元学习的任务目标深入研讨交流。通过对文本内容的探究，让学生看到主人公如何走出人生的困境，思考自身应该怎样去实现人生的目标，让青春闪光。

一、任务框架

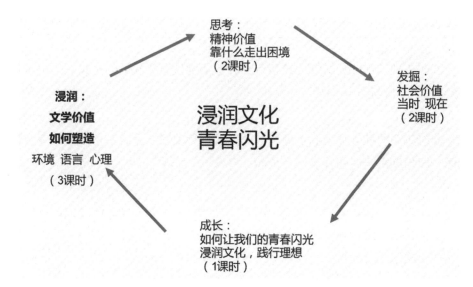

二、学习过程

环节一　浸润——从环境、语言、心理三个视角探究四篇小说的文学价值，以及作家是如何塑造作品主人公的？（3课时）

任务1：走进作品，从环境、语言、心理三个视角探究四篇小说的文学价值，以及作家是如何塑造作品主人公的？

（1）走进作品，从环境视角探究四篇小说的文学价值，作家是如何塑造作品主人公的？

①小说是由一个个场景构成的，请跳读四篇小说的节选内容，概括小说展现的社会生活场景。（要求：参照表1中提示的要素进行概括）

表1　四篇小说的相关要素

篇目	典型句子	概括社会生活场景
《大卫·科波菲尔》(节选)		
《复活》(节选)		
《老人与海》(节选)		
《百年孤独》(节选)		

②在梳理体现社会场景的典型句子时，请学生查阅相关的资料，了解不同国家的社会时代背景。

③将典型的社会场景和小说情节的发展进行关联、聚合，使之成为完整的画面，即勾勒出当时的社会历史画卷。

④小组推荐代表进行班级展示。大家在听同学分享的过程当中，可以修改、丰富自己的阅读理解，完善表格的内容。

学生展示部分案例：

案例1：

案例 2:

《老人与海》

1动作的场面描写紧张刺激，作者着意多词安排"斗鲨情节" ————→
将情节一次次推向高潮，斗争随着武器减少、体力不支、鲨鱼数量
增多更显激烈

这时候，他浑身僵硬、酸痛，在夜晚的寒气里，身上的伤口和所有用力过度的地方都让他感到疼痛……鲨鱼成群结队地游了过来，直扑向大鱼，他只能看见鱼鳍在水面上划出的一道道划痕……他只能凭感觉和听觉拼死拼活地一顿棍棒打下去，觉得棍子被什么东西抓住了，就这么丢了武器……他又接二连三地抡起舵柄。他听见舵柄断了，就用断裂的手柄刺向鲨鱼……已经没有什么可以让它们吃了。(P69)

⑤概括四篇小说的社会生活场景。

(2)继续走进作品，从语言、心理视角探究四篇小说的文学价值，作家是如何塑造作品主人公的？

①学生分 A、B 两组，分别从"语言""心理"的视角，再读文本，做好阅读批注。(要求：参照表 2 提示的要素进行批注)

表 2　四篇小说的环境、语言、心理描写

篇目	环境描写	语言描写	心理描写
《大卫·科波菲尔》(节选)			
《复活》(节选)			
《老人与海》(节选)			
《百年孤独》(节选)			

②"言为心声"，语言描写是我们了解主人公内心世界，进而探求其思想品行的重要视角。小组内交流主人公的语言特色。

③四篇小说的心理描写各具有其独特性。比如，《大卫·科波菲尔》重在叙述视角的转换，《复活》重在心灵辩证法的呈现，《老人与海》重在心理独白的反复，《百年孤独》重在奇幻梦境的设置等。通过对各篇人物心理表现手法

及内容的梳理和把握，学生可以概括提炼人物心理刻画的一般手法，也可以在
比较中更强烈地感受每部作品的独特性。

《复活》《老人与海》及四篇小说语言特色案例展示（学生展示的PPT）：

案例1：

《复活》

3.心理描写传神 ——→ 有时外界事物影
响着人的情绪；有时又由于人的情绪使周围
环境带上一种特殊的色彩，而心理描写展示
了男主人公逐渐回归人性的过程

"这个女人已经丧失生命了。" 他心里想，同时望
着这张原来亲切可爱、如今饱经风霜的浮肿的脸，以
及那双妖媚的乌黑发亮的斜睨眼睛——这双眼睛紧盯
着副典狱长和聂赫留朵夫那只紧握着钞票的手。他的
内心刹那间发生了动摇。
    昨晚迷惑过聂赫留朵夫的魔鬼，此刻又在他心里
说话，又竭力地我阻止他思考该怎样行动，却让他去
考虑他的行动会有什么后果，怎样才能对他有利。

案例2：

《老人与海》

4.心理描写 ——→ 内心独白凸显出了作者的内心世界、人生
追求：即使肉体最终会被消灭，仍然选择与命运抗争

"但人不是为失败而生的。""一个人可
以被毁灭，但不能被打败。"（p63第3段）

"鱼啊，真抱歉。这下子一切都糟透
了。""鱼啊，我本来就不该出海到这么
远的地方。"……（p65）

案例3:

文学价值的总结!（语言）

文学价值		
	人物独白	自传色彩
《大卫·科波菲尔》	"我"内心因自己无法接受巨大的心理落差的痛苦与绝望	对童年自身伤痕的审视，引发对儿童（弱势群体）的关注
《复活》	"兽性的我"与"精神的我"的对峙，全知视角	聂赫留朵夫的'忏悔贵族'形象类似完成巨大思想转变的作者本人
《老人与海》	包含老人的想法和语言，通过独白展现硬汉精神	取材于真实生活，体现了作者心目中的硬汉精神
《百年孤独》	独白较少，作者以描述人物行为为主	融了作者童年的孤独与南美洲真实经历过的事件，展现一个时代和社会的孤独

说明:

小说阅读是语文教学的一个重点，从典型环境、典型人物、典型情节入手，也就是从小说的三要素入手来赏析小说文本。该任务第一个目的就是在这个基础上，学生能抓住小说独特阅读视角，细读文本，探究小说的魅力。

小说的语言能够透视出人物的性格，是人物心理活动的一种体现、人物内心的独白，也是这四篇小说一个共有的现象，抓住这一特征来读小说，就能读到小说的魅力。

喜欢写小说的学生还是比较多的，走进文本，细品文本，也为这个单元小说的写作任务——写小小说做铺垫。同时可以引导学生在浸润外国文化的同时能够关注到主人公是如何走出人生困境的。只有学生深入了解这些主人公的成长经历，才能与自己的世界观产生共鸣，在这个基础上为后面几个教学环节做铺垫。

环节二 思考——文本的精神价值，他们靠什么走出困境?（2课时）

任务2:通读本单元四篇小说，感受人时展现的顽强拼搏的精神品质，思考作品的精神价值。

（1）作品哪些句子展现主人公顽强拼搏的精神，请你圈画出来，批注自己的内心感受，并完成表3。

表3　四篇小说中典型句子、展现的人物品质、表达的精神价值

篇目	典型句子	展现的人物品质	表达的精神价值
《大卫·科波菲尔》(节选)			
《复活》(节选)			
《老人与海》(节选)			
《百年孤独》(节选)			

（2）有感情地朗读《大卫·科波菲尔》中圈画出来的语句，并与同学交流感受。

说明：

在《大卫·科波菲尔》这部作品中，作者的确描述了许多有关当时社会黑暗的场景，但对于黑暗社会的批判并不是这本小说的全部。在小说中，作者同样描述了许多人性的光辉点，并以此呼吁民众看到黑暗生活中的亮光与希望。请带着感情朗读作品，并交流体会。

（3）有感情地朗读《复活》中圈画出来的语句，与同学交流感受。

说明：

在《复活》中，作者同样描绘了一个残酷、愚昧、腐朽、黑暗的社会，发出了对不合理的制度的控诉，但同时也有展现人性光辉的一面。在小说中聂赫留朵夫在意识到自己的错误后，主动前去找玛丝洛娃请求宽恕，并帮助她。而在那些政治犯中也不乏"背叛阶级"、为平民谋求福利的人。作者在一片黑暗中找到了希望的微光，将积极奋斗、反抗不公的精神发扬光大。参照表4进行朗读。

表4　玛丝洛娃和聂赫留朵夫所反映的精神世界

人物	典型句子	反映的精神世界
玛丝洛娃	"完全没有什么罪可赎的。过去的事都过去了，全完了。"玛丝洛娃说。接着，完全出乎他的意料，她忽然瞟了他一眼，又嫌恶又妖媚又可怜地微微一笑。(P57第9段) 那种人在需要的时候可以玩弄像她这样的女人，而像她这样的女人也总是要尽量从他们身上多弄到些好处。(P57最后一段) (人性的明面)	
聂赫留朵夫	不过，说也奇怪，这种情况不仅没有使他疏远她，反而产生一种特殊的新的力量，使他去同她接近。聂赫留朵夫觉得他应该在精神上唤醒她，这虽然极其困难，但正因为困难就格外吸引他。他现在对她的这种感情，是以前所不曾有过的，对任何人都不曾有过，其中不带丝毫私心。他对她毫无所求，希望她不要像现在这样，希望她能觉醒，能恢复她的本性。(P59第4段) (人性的明面)	

(4)继续交流《老人与海》中圣地亚哥的"硬汉的精神"和《百年孤独》的精神价值。

说明：

该任务旨在让学生通过整体感知、文本细读、群文关联等阅读策略，感悟这四部经典之作的魅力，理解面对人生困境时展现出来的不同的精神风貌。

重在整体感知，教学时注意引导学生真实的、独特的阅读体验，不要求统一答案，对标签式的回答要适当启发引导。学生的感受应该是丰富多彩的。

知人论世，更好把握不同作家在不同时代、不同地域对人生追求的思考。

环节三　发掘——从当时和现在两个方面发掘作品的社会价值(2课时)

任务3：阅读这个单元的四篇小说，从当时和现在两个方面发掘作品的社会价值。

（1）第一次工业革命是指 18 世纪 60 年代从英国发起的技术革命，是技术发展史上的一次巨大革命，它开创了以机器代替手工劳动的时代。这不仅是一次技术改革，更是一场深刻的社会变革。狄更斯说"这是一个最好的时代，这是一个最坏的时代。"阅读《大卫·科波菲尔》，完成表 5。

表 5 《大卫·科波菲尔》的"相关语句"及反映的当时社会现状

相关语句	当时的社会现状
P44 第 2 段：那房子相当破旧，但有自己的码头，涨潮时它与水相连，退潮后则与烂泥相比，事实上它已被老鼠占据了。它那镶板房间的颜色已被一百多年——我敢这么说——的污垢和烟气改变了，它的地板和楼梯也已腐朽，在地下室里争斗的灰老鼠吱吱尖叫，充斥那里的是腐败和醒醒；这一切在我心中并不是多年前的事，而是具在眼前	
	揭示社会童工问题等，揭示强盛帝国的社会乱象
P44 第 2 段：这座房子真正是老鼠横行的地方。它那些镶有护板墙的房间，我敢说，经过上百年的尘污烟熏，已经分辨不出是什么颜色了；它的地板和楼梯都已腐烂；地下室里，成群的灰色大老鼠东奔西窜，吱吱乱叫；这儿到处是污垢和腐臭	大卫的遭遇具有普遍性，反映了当时社会底层人民极为恶劣的生活环境，以及充满沮丧与绝望的精神状态。连最为基本的生存需求都变得难以满足

学生案例1：

课文取样《微光的出现》

我的处境是这样的孤苦伶仃，也就对这家人产生了深厚的感情。每当我四处溜达时，老是想起米考伯太太那些筹款的方法，心里总压着米考伯先生的债务负担。(P49第3段)

我口袋里一个星期的工资还剩有两三先令——从这钱数看我认为我们这次的谈话一定发生在星期三晚上——我赶紧掏了出来，真心实意地要求米考伯太太收下，就算是我借给她的。可是那位太太吻了吻我，定要我把钱放回口袋，并说，这样的事她想也不能想。（P50第7段）

大卫这一形象的社会意义：大卫身世悲惨，处境艰难，从少爷沦为童工，和多数社会底层人民一样，崩溃过，绝望过，看不到未来的希望。但他始终保持着善良与纯真，对他人给予诚挚的关怀，在逆境中奋勇向前。在这一人物身上寄托着狄更斯所要表达的**人道主义**思想。

（2）阅读《复活》，比较《祝福》中的祥林嫂形象，完成表格6。

表6　玛丝洛娃与祥林嫂的比较

	玛丝洛娃	祥林嫂
经历	她原本是个善良、淳朴、天真无邪的少女，自从被聂赫留朵夫诱奸和抛弃后，流落为妓女，又不幸被诬告为毒害人的凶手，陷于冤狱之中	
堕落的根源		
作者写作意图		祥林嫂的遭遇，正是旧中国千百万劳动妇女悲惨遭遇的鲜明写照，作者正是通过对这一典型人物的塑造，对吃人的封建制度和封建礼教进行深刻揭露和有力抨击

学生案例2：

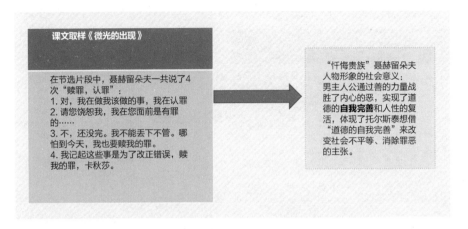

（3）继续阅读《老人与海》《百年孤独》，完成表7，想一想四篇不同国度的小说对现代社会的启示有哪些。

表7　四篇小说的时代意义和对现代社会的启示

	小说的时代意义	对现代社会的启示
《大卫·科波菲尔》		
《复活》		
《老人与海》		
《百年孤独》		

说明：

该任务旨在学习多样化的外国文化的过程中，能把这些文化的优秀因素植入我国的文化当中，所以在安排任务时，我们要进行比较阅读，还要多层次地探寻作品的意义；既要探寻当时的时代意义，也要探寻与当下我们学生相联系的现代意义，这为最后一个环节树立正确的学生人生观做基础。

环节四　成长——浸润文化，践行理想，让我们的青春闪光（1课时）

任务4：发挥想象，写小小说，抒写你对高中生活的思考与对未来人生的期待。

（1）理解小小说"以小见大"的表达技巧，品味小小说的立意深刻、构思奇巧、语言洗练的美，感受小小说的独特魅力，学习运用小小说的形式反映生活。

注意：

①确定一个深刻新颖的立意。

②创新叙事方式，注意写好结尾。

③写"活"一个丰富圆满的人物。

（2）学生交流过程中，可以依据小说的要求标准打分。学生公认好评的文章可以结集成册，请主持的学生为这次活动写序言。

学生案例展示：

前　言

虽然是第一次接触小小说这样的题材，但却对于小小说的创作极为热情。顾名思义，小小说篇幅短、文字少，但其中的情节与包含的情感却十分丰富，所有的文章中都流淌出同学们对于语文创作的热情，对于生活的认知与理解，对于未来的憧憬，对于生命意义的阐释与书写。同学们的文风或许是迥异的，有怪诞的，有浪漫的，也有现实的，但都传达出对于世界的过去、现在、将来之理解。同学们在创作中邂逅记忆中的过去，直面真实的现在，迎接美好的未来。有人曾说过：文学作品是基于生活又高于生活的，而小小说不仅是以第三方的视角去看"他人"的生活，更是同学们抒发内心的所思所想的平台，让同学们通过赋予人物喜怒哀乐来切实感受到生活的意义。同学们笔下的小小说也折射出时代的风貌，同学们观察时政或是聚焦社会热点，借文章来抒发感想与观点，文中也多次出现了闪着智慧光芒的句子，可能作品中所展现的角度并非符合当下的主流观点，然而正是这种复杂性和独特性，让读者看到了思维碰撞的火花与当代青年人对于复杂社会事物的见解与主张，展示出了辩证的思想精华。

如果说文字是一颗颗沙石，记录着瑰丽而又充实的高中生活，那么文集就是一个包罗万象的瓶子，容纳了同学们自由的想法与对生活的思考。

徐天奕

2022 年 11 月

说明：

该任务旨在扩大学生阅读视野，让学生在小小说创作和交流中，深入体会作品的主旨意蕴，体会青春的价值，如何在责任担当中、责任被唤醒之后绽放光彩。

由文字走向文化

——高中语文统编教材"汉字专题研讨"教学设计及实施

陶雨婷

《普通高中语文课程标准（2017 年版 2020 年修订）》（以下简称《课程标准》）明确指出，语文课程"是一门学习祖国语言文字运用的综合性、实践性课程"。由性质可知，语文教学内容的重点有二：一是学习掌握语言文字，二是学会运用语言文字。语文课程"应引导学生在真实的语言运用情境中，通过自主的语言实践活动，积累语言经验，把握祖国语言文字的特点和运用规律，加深对祖国语言文字的理解和热爱，培养运用祖国语言文字的能力；同时，发展思辨能力，提升思维品质，培育社会主义核心价值观，培养高尚的审美情趣，积累丰厚的文化底蕴，理解文化多样性"。这段话鲜明地指出"语言的建构与运用"在语文学科四大核心素养中的基础地位，因为思维发展与提升、审美鉴赏与创造、文化传承与理解，都是以语言的建构与运用为基础，并在学生个体语言经验发展过程中得以实现的。

但在实际教学中，常出现以下三个问题：

一是高中阶段语文教学的重点已经由识字、写字、遣词造句转向了阅读与写作，汉字、汉语教学处于被弱化的状态。涉及的汉字教学，多停留于对字音字义的识记层面；汉语教学，则多止步于解释词语的语境语义上。特别是文言文学习，为了让学生读懂文言语段，教师让学生大量记忆文言实词、虚词的含义和用法，进行大量背诵、默写的练习，这些做法暂时让学生记住了某些文言字义，但实质上，却极大地削弱了学生对汉字汉语的兴趣，"捡了芝麻丢了西瓜"。

二是虽然《课程标准》设置了"语言积累、梳理与探究"学习任务群，但在实际教学层面，可能是因为单元教学时间不够，也可能是因为考试不好直接设置问题，更可能是因为缺少行之有效的教学模式，教师并不能系统、有效地落

实这一学习任务群的教学要求。

三是对于"汉字汉语专题研讨"这一学习任务群，则更难以涉及。这是因为"专题研讨"类任务群在课程体系中属于选修课程，而从学业质量考评的角度看，选修课程属于"学业质量水平5"的层次，是为对语文课程更有兴趣的学生而设的，超出了高校招生考试录取的大纲要求，所以很多学校是不开设选修课程的，那么教师也没有机会开展教学设计。

当然，绝大多数教师在日常教学中还是非常重视"语言的建构与运用"这一核心素养的落实的，但这种落实，一般是依托于文本阅读，在阅读中让学生体会、比较汉字汉语内在的差别，体味语言之美；在考试评价中，一般也是通过阅读加以考查的。这当然是值得肯定的，但我们也应该意识到：汉字、汉语绝不是阅读的附庸，恰恰相反，阅读教学必须要在汉字、汉语教学的基础上进行，这正反映出汉字、汉语教学在语文教学中的核心基础性地位，汉字、汉语教学可以在极大程度上带动阅读与写作教学水平的提高。而目前这种依托于阅读的汉字汉语教学，学习效果往往是零散的、碎片化的、感性的，并不能落实"自主积累语文知识，探究语言文字运用规律""提高探究、发现的能力""加深对汉字、汉语的理性认识"等学习任务群的具体要求，因此，"汉字汉语专题研讨"学习任务群的教学设计与实施迫在眉睫。

从《课程标准》的要求上看，九个选修课程中的四个学习任务群"整本书阅读与研讨""当代文化参与""跨媒介阅读与交流""语言积累、梳理与探究"，其实是贯穿于必修课程与选修课程的，只不过在两类课程中，难度、深度、广度有所差别。就"汉字汉语专题研讨"而言，必修、选择性必修阶段的"语言积累、梳理与探究"，主要以教材为范围，以"积累、梳理、探究"为原则；到了选修阶段，范围则由课内走向课外，从探究规律走向用规律解释生活中的语言现象。简单来说，两者之间是从现象中发现规律到用规律解释现象的过程。那么，如果将"汉字汉语专题研讨"落到实处，让学生看到"生活处处有语文"，切实感受到汉字汉语的奇妙、美妙、奥妙，体会到每个字背后所蕴含的中华五千年的文明与文化，内心激荡起热爱之情，这是不是可以反过来促进必修课程、选择性必修课程达到更好的效果？增进学生对阅读写作的兴趣？由此观之，"汉字汉语专题研讨"学习任务群的教学设计与实施很有可能是提高语文学习效率的一条"捷径"。

"汉字汉语专题研讨"包含丰富的内容，如汉字的表意性质、汉语的韵律特点、词汇意义的系统性、文学语言的灵活性、口语与书面语的不同特点等，教师可以根据自身所长，从汉字汉语出发，以模块的形式分阶段完成。本教学设计是从"汉字"入手，从单个字的字形出发，由一个字到一类字，由分析造字构件到发现古人的思维方式，从而走进文化、理解文化。

之所以如此设计，是基于以下考虑：一是此模块拟在高一学段开设，由字开始，便于操作，达到由浅入深的目的。二是必修（上册）的"语言积累、梳理与探究"学习任务群也是以梳理、辨析文言文中的实词、虚词、古今异义词等文言基础知识为主要内容，那么"汉字"这个模块可以很好地与之配合，从字的架构、字形的发展演变角度理解字义，理解字背后的文化意蕴。三是基于对学生实际情况的考虑，就学生而言，每天阅读的是大量的汉字，每天书写的也是大量的汉字，但在实际教学中我们发现，学生写错别字的概率是很高的，导致这种情况的原因有很多，而不理解汉字的基本意思是一个重要原因，"知其然但不知其所以然"的现象比比皆是。那么，如何纠正错别字连篇的现象，我想，进行"汉字专题研讨"不失为一种尝试。

本专题模块拟安排 6~8 课时，设计的任务框架如图 1 所示。

图 1　任务构架

整个学习过程的安排说明如下。

学习任务一："说文解字"（2 课时）

1. 回顾与梳理：你是从什么时候开始认字的？调动你的"写字"历程，完成下面的表 1。

表 1　"哪些字"表格

	哪些字？	理由
最喜欢的字		

续表

	哪些字？	理由
最讨厌的字		
最难写的字		
最独特的字		
印象深刻的字		
最有意思的字		

2. 通过上述的回顾与梳理，思考：你对汉字有怎样的认识？将你的思考与小伙伴交流，感受每个人对汉字认识的同与异，每个人对汉字理解的独特之处。

3. 布置学习任务：任选一个字，查阅相关资料，梳理该字的发展演变史，以 PPT 的形式展示。

可按照以下流程完成该任务（以"雨"字为例）。

（1）在学校图书馆或线上图书馆找到《说文解字》《汉字源流字典》《新华字典》《中华大字典》《古汉语常用字字典》《康熙字典》等权威字典；

（2）在字典中找到"雨"字，并将"雨"字的解释全部摘录下来；

（3）尝试以表格的形式梳理几本字典对"雨"字发展演变以及解释的异同；

（4）在异同的比较中，你有怎样的发现，尝试提出一个问题并加以解决；

（5）将以上内容制作成 PPT，准备发言稿，下节课与同学们交流分享；

（6）完成下列"自评表"（表2）。

表 2　自评表

项目	非常满意	比较满意	一般	非常不满意
我对自己所搜集材料的数量感到……				
我对自己所搜集材料的质量感到……				
我对自己制作的 PPT 及发言稿感到……				
我对自己总体学习状态表示……				

4. 交流分享(1 课时)

根据下列"他评表"(表 3)为交流发言者打分。

表 3　他评表

项目	所查字典的数量是否充足	对字义的梳理是否清晰	是否能发现问题并尝试加以解决	PPT 的制作、发言稿的准备是否充分	演讲是否清晰、完整,是否注意与听众互动	总分
分值	1~20 分	1~20 分	1~20 分	1~20 分	1~20 分	
分数						

5. 几点说明:

(1)该任务的第一个目的是引导学生回顾与反思自己学了、用了将近 10 年的汉字,并依据所提供的表格对这些汉字进行"有意思"的梳理。这样的梳理既可以有效地将知识储备调动起来,而且也为高一的学生指明了梳理的一个路径——有效分类。

(2)该任务的第二个目的是提供学生开展研究性学习的抓手——到哪里查阅资料,如何才能找到需要的资料,如何辨析资料等。查资料是进行自主学习的前提,但对于大部分高一学生来说,却是完全陌生的领域。在很多学生的认知里,查资料就是"上百度"。而作为语文老师,我们有责任将学生带入实体图书馆,进入线上图书馆,教给他们获得有效资料的途径和方法,从而进入"研究"的世界。《课程标准》也一再强调各个学校、各位老师都有责任做好课程资源的利用和开发。我认为学校的图书馆资源是最丰富,也是最便捷的课程资源,应该好好利用起来。

（3）该任务提供两张评价量表：自评表和他评表。《课程标准》中明确指出："评价的过程即学生学习的过程""评价不仅要关注学生外在的学习结果，更要关注内在的学习品质""注意考查学生在活动中表现出来的参与程度、思维特征以及沟通合作、解决问题、批判创新等能力"。以上种种无不表明，评价不是目的，而是引导学生学习的手段。选修课程本身就是基于学生的兴趣点、可发展点而开设的，形式上也更多以走出课堂、小组合作等形式展开，因而评价更应该多元。基于此，我们在课程的每一阶段都会设置评价量表，包括过程性评价量表、形成性评价量表以及终结性评价量表。这些量表与学生在整个学习过程中所收集的材料、完成的任务报告等合在一起，形成完整的学习档案，尽可能全面地记录学生核心素养发展的轨迹。

（4）第一课时用于完成1、2两项任务；第3项需要利用课余时间完成，一般为2周时间；第4项在第2课时完成。

学习任务二："触类而长"（2课时）

1. 由教师简要介绍"造字法"。

2. 将任务一"1. 回顾与梳理"的字和上节课同学们分享交流的字，按照表4进行梳理。

布置学习任务：尝试寻找每一类字的规律、特征，为四种造字法写一段150字左右的简要说明。

表4　根据四种造字法梳理"哪些字"

	"哪些字"	简要说明
象形字		
指事字		
会意字		
形声字		

3. 布置小组合作学习任务：聚焦"形声字"，找一找汉字中"同偏旁"或"同构件"的一串字。研究这一串字，从中你们会有怎样的发现，并完成表5。

举例示范

同偏旁：亻、厂、艹、礻……

同构件：台、禺、仓、卑……

表5　根据"同偏旁"或"同构件"梳理"哪些字"

	"哪些字"	发现
同偏旁		
同构件		

要求：

(1) 继续查字典，了解这些字的演变过程和含义变化，在此基础上，探究这一类字有何共同特点；

(2) 以小组合作的形式完成，并填写下列"小组合作记录表""小组合作自评表"(表6、表7)；

(3) 制作PPT，用于交流展示。

表6　小组合作记录表

项目	内容
小组成员	
具体分工	
进度及时间节点	
各人完成情况记录	
备注	

表 7 小组合作自评表

项目	我承担哪项任务	我完成的这项任务在小组中的价值	这项任务的完成度如何	我与小组其他成员之间的和谐、默契程度如何	我还做了哪些工作	总体自我评价
评价						

4. 交流分享(1课时)

仍采用打分制。

5. 几点说明：

(1)在交流某个字的发展演变时，学生都会涉及"造字法"。这是"知识"，但这个"知识"的呈现是零碎的。因而本任务第1、2环节的重点就是将"造字法"加以梳理、归纳、总结，旨在让学生对"知识"形成系统性认识。这是知识体系的建构，也是理解文字背后的文化的抓手。

(2)"简要说明"本质上是一项说明文写作练习，在提供丰富材料的基础上，让学生提炼最本质的内容，既是对思维的锻炼，又是对运用语言能力的提升，非常符合"双新"课程的理念。

(3)本任务旨在由"一字"上升到"一类字"，因为同类字有相同的偏旁部首或同一构件，所以探究其内在的规律性，进而探究其背后所蕴含的民族智慧和文化内涵。由于这个任务有一定的难度，所以安排小组合作的形式，落实《课程标准》中反复强调的培养"合作探究"的精神，这是人文素养很重要的方面。以"小组合作记录表"和"小组合作自评表"引导学生记录、反思个人在团队中的表现，这也是核心素养的培养。

学习任务三："一字见心"(2课时)

1. 根据学习任务二中各小组的交流分享，教师可以从以下几方面加以总结归纳：

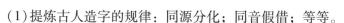

（1）提炼古人造字的规律：同源分化；同音假借；等等。

（2）理解分析汉字构造特点对我们的意义：正确认识和使用汉字；避免写错别字的好方法；正确理解字义，进而理解文意；等等。

（3）提炼汉字中蕴含的文化内涵：古代生产方式的变迁；风俗制度的反映；审美意识的发展；历史文化的体现；等等。

2. 布置新一轮的学习任务：聚焦一个字，从字形发展演变的过程、偏旁、构件、字义的发展变化以及与相关字的比较等角度，深入研究一个汉字，并挖掘其蕴含的文化内涵（可联系学过的课文或自己感兴趣的领域），写一篇关于某个字的研究小论文，择优在班级公众号上发表，并以群投票的形式评选出优秀小论文。

3. 几点说明：

（1）本任务是由"一类字"返回"一个字"，目的是让学生在了解一类字共性的基础上回过头再观察思考一个字。这时，学生对这"一个字"的理解应该不是散乱的，而是立足于某种体系、某种规律之上，带有理性眼光的深入解读，这就是"思维的发展与提升"的过程。

（2）本任务又回到由学生个人完成，撰写小研究论文阶段。因为有了前面两次任务的铺垫，学生在完成这个任务时已经有了抓手、思路，可以胜任。后面附录了一篇学生的学习小论文。

（3）此项任务的评价更加具有开放性——群投票的形式。相比于前面的评价，这种评价更有一种竞争的味道，更能激发学生的积极性。另外，整个项目结束时，还要求学生将6课时的学习材料、评价量表、学习成果等整理出来，装在一个"汉字专题研讨文件袋"中，记录学生的成长。同时还可以引导学生在学习过程中及时留存一些图片资料，一并整理入袋。

学习任务四：由课内走向课外——网络啄木鸟

此项学习任务为选择性活动，不排课时，不布置书面作业，仅仅是鼓励学生利用前面所学，在日常浏览网络信息的时候，以"啄木鸟"的精神，找网络上写错的、用错的汉字，甚至可以对一些搜索结果进行质疑，提出修改意见等。

设置这一任务的主要目的：一是引导学生"学以致用"，告诉他们今日课堂所学都是"有用"的，学这些知识也是为了"用"；二是打通课内与课外的界限，让学生理解"语文的外延是生活"这句话，从而形成时时学语文、处处用语文的好习惯。这也是"双新"课程的目标。

附：学习成果展示

浅谈"空"字
高一(7)班　周钰淇

"空"字，想必大家都很熟悉。有趣的是，"空"这一字，从古至今的字形都十分相近。从战国至今，空字的写法都是由义符"穴"与声符"工"组成的，"穴"意为洞窟，因此空字本义为"洞"。《说文解字》也将"空"注为"窍也"。

"空"字先是扩展出了"没有东西"的字义，后又引申出许多其他字义。下面列举了一些常见的"空"的不同字义：

读作 kōng 时：①没有东西。②不实际，没有内容。③天空，天上。④佛教用语。

读作 kòng 时：①使空、腾出来。②闲着，没有被占用的。③间隙。

读作 kǒng 时：穴；洞。

由此可以看出，"空"字的字义大多是围绕其本义及"没有东西"的含义引申的。而其在读作第一声时有着一个佛教用语的解释。我们可以猜测，"空"作为佛教用语时的解释也会与"没有东西"这一字义有关。那么在佛教用语中，"空"到底是作何字义呢？我们不妨先来看看"缘起性空"这四字。

在佛教用语中，"缘起性空"这四字具有重要地位。其蕴含的哲理也十分丰富。

"缘起性空"，就是两个词，"缘起"和"性空"。何为缘起？何为性空？以热力环流为例子，假设甲地热，乙地冷，那么甲地的空气就会上升，乙地的空气会沉降，于是形成了压强差，出现热力环流的现象，也就有了风。但是世界上到底有没有风这个实体呢？风其实是一个现象，而我们给这个现象赋予了一个称作"风"的名字。

佛教认为，万事万物不过都是因缘起而生，缘散了，这个物体便会消失。而缘，我们可以简略地把它理解为各种各样的条件。联系刚才热力环流的例子，我们不难理解：甲地热，乙地冷，空气的上升与沉降等等都是缘。而缘，则是一个非常难看透的东西，就如《阿含经》所说："此甚深处，所谓缘起。"意思是缘起这个东西，难以看清。再以热力环流为例子，甲地为何会热，乙地为何冷，或许是因为两地受到的太阳辐射不同，那为什么又不同呢……这样便可以无穷地问下去。所以哪怕只是一个小小的现象，背后也会蕴藏着千千万万个缘。

在佛教用语中，"性空"便是无自性的意思。意思是万物都是缘聚合而产生的现象，不具有它自身的性质，没有事物是可以不依外物凭空出现的。我们初中学过《北冥有鱼》，其中正蕴含着万事的存在都依附于一定的条件这一哲理。所以，佛教认为："万法皆空，因果不空。"一切事物都是没有实体性、真实性和永恒性的，这个便是性空。回到热力环流的例子，风，是因为各种因素加上条件而产生的，而不是自己凭空出现的，所以它是缘的聚合而形成的现象，不具有风的实体，这是没有实体性。而有风起便有风停，风是在时刻变化着的，这是没有永恒性。那么真实性呢，佛教认为，我们现在所处的世界如镜中花一般，是我们所看到的虚像。就像人类只能感受到三维的空间，我们看到的世界不全然是最真实的世界的本质，只是我们所感受到的世界罢了，所以不具有绝对的真实性。因此世间万物都是在缘聚缘散，瞬生瞬灭，生生灭灭，不断变化着的。再璀璨的文明，放在浩瀚宇宙之中也不过短短一瞬。

看到这里，或许会有人感觉，空似乎有着虚无主义的嫌疑，并不具有很积极的含义。那为何佛教还如此强调性空呢？佛教中有个目的，是灭苦。简单浅显地说，痛苦是源于人的欲望。如果浅显地理解一下，一再强调空，就是要告诉人们，世事无常，不必过于执着于虚相，这样便不会痛苦了。当然，这背后肯定有着更加深奥的哲理，这里只是做下简单的介绍。

很明显我们极大部分人，其实都悟不懂"缘起性空"这短短四字。但是，"空"也能给我们的生活带来些许启示。空，它其实不是让你觉得世界虚无，随后两眼一闭，躺倒不干，直接摆烂，还美其名曰自己是佛系。复旦大学王德峰教授曾说过，佛家解决入世（就是必须现实生活）和出世（就是生命本虚无）之间的矛盾，给出的态度就是"无所为而为"，便是我们做一件事，那就做这件事就行，并非为了非常特定的一个目的。这句话在我们的学习生活中，能给我们带来一定的启示。如今很多人是为了功利的目的而学习，因而在学习时，他们主观上会感到痛苦，但是就是有那么一些人，他们仅仅是在享受学习，热爱学习。我认为，这与王德峰教授的观点有相契合的地方，那些人学习往往是没有执念的，不是为了某一功利的目的而学习。他们学习大多是为了实现自我价值，探寻世界真理。

就如加来道雄，他通过观察鱼就能有许多奇妙的想法，还乐在其中。而我，有时做一个思考作业，苦思冥想，十分痛苦，最后也只能憋出来个一两行字。加来道雄与我都是在思考，为何差别如此之大？这就在于，我思考只是单纯地为了完成作业，是为了思考而思考，是我过于执着于要思考出什么结果。而加来道雄只是在享受思考。他只是在做思考这件事，而非为了什么。

因此，学习不必如此痛苦，设立目标确实对学习有着积极的意义，但是过于执着于自己的目标反而会给自己设限，徒增痛苦。不论是日常考查还是往后的高考甚至于未来生活上的各种问题，如果我们因为过于执着于表相而陷入痛苦的旋涡无法自拔，那实在是得不偿失。

陈军语文教学点拨法的发展历程与时代特色

杨等华

一、点拨法的研究

点拨法的思想源于孔子，如《论语》中所言"不愤不启，不悱不发，举一隅不以三隅反，则不复也"。二十世纪八九十年代，陈军老师与蔡澄清先生一起研究语文教学点拨法，誉满中国语文界。

蔡澄清和陈军老师合作撰写论文多次阐述"点拨法"的内涵。所谓点拨，就是教师针对学生学习过程中存在的知识障碍与心理障碍，用画龙点睛和排除故障的方法，启发学生开动脑筋，自己进行思考与研究，寻找解决问题的途径与方法，以达到掌握知识并发展能力的目的。所谓点，就是点要害，抓重点；所谓拨，就是拨疑难，排障碍。这种点拨，是教师根据学生在学习过程中的心理特点及其活动规律，适应培养能力、发展智力的实际需要，针对教材特点和学生实际需要，因势利导，启发思维，排除疑难，教给方法，发展能力。这是运用启发式引导学生自学的一种方法。

陈军老师原任教于皖南山区的一所农村学校，当时农村中学课堂存在着、训斥化、灌输式等教学方法。陈军老师针对这一情况，于 1983 年 5 月在《中学语文教学》杂志发表论文《要鼓励学生敢于思考》，提出一个"敢"字，初步显示了学术探索精神。陈军老师闻得蔡澄清先生的"点拨法"，心向往之，于 1983 年拜师蔡澄清先生。正所谓名师传道授经纶，学子才情力同心。当时农村的办学条件差，教育思想落后，根本谈不上搞一个正规的实验立项，要想通过立项的方式推进点拨教学方法根本行不通。考虑到自身所教地区的学情，凭借着对点拨教学艺术的兴趣和追求，陈军老师开始尝试在课堂实践领域进行摸索与构建。在这期间，陈军老师坚持写作，写课文分析，写教学设计，写教学经验，写作文。在长期"写—读—教"的实践基础上，他与蔡澄清先生合作，先后发

表了《当讲则讲，当问则问》《论中师生的"听力训练"》《说话课型例谈》《培养农村学生阅读能力的战略》《祝福教学二题》《开拓学生写作构思的空间》《点拨学生整合思想文化》等论文。他用一系列有关点拨法的教学实践论文，具体地展示了点拨教学的方法和艺术。在此基础上，他还将这一时期的教学实践写成三万字的长篇论文《点燃主动探求知识与发展能力的引爆剂——语文教学"点拨法"新探》（收入吕桂申等编的《语文教学方法论》一书）。此后他陆续被《语文教学通讯》《中学语文教学》选为"封面人物"，成为当时全国语文期刊"封面人物"中最年轻的一位。

1992年，他与蔡澄清先生合著《积累·思考·表达——写作能力的培养》，这本书的价值在于提出"积累""思考""表达"三维能力结构关系，有别于北京刘朏朏的"三级训练体系"，也有别于江苏洪宗礼的"三阶十六步"作文训练步骤。如果说《论中师生的"听力训练"》等论文代表的是点拨法对学生"听、说、读、写"等语文能力培养的话，那么《积累·思考·表达——写作能力的培养》这本书的价值则突出了点拨法对于学生写作能力的提升。

从1986年起稿到1992年出版，陈军老师费尽心思，一章一章地写，一句一句地改，特别是得到了语文名家章熊先生的亲笔修订。陈军老师深受鼓励，紧接着撰写《蔡澄清中学语文点拨教学法》。这本著作的撰写相当辛苦，陈军老师刚刚来到上海学习与工作，尚未安稳，加之催稿甚急，他用了一个寒假夜以继日地写稿，后得到胡钢泰编辑的充分肯定。书的上篇"探索"，开门见山直指"点拨"内涵，继之从发展过程、理论基础、客观要求、基本方式、基本能力等方面作辐辏式阐述；下篇"研究"，单刀直入，从"效率""时机""调控""思维"四方面作逻辑承接与区别。十一万字的书稿取材于百余篇论文，依据几十年实践，从我国教育传统和世界先进理论的交汇点上发掘并点亮"点拨教学"的思想灵魂，这是该书的突出品性和时代贡献。

可以看出，1983年到1995年是陈军老师教学方法的初步探索时期。这一时期陈老师的点拨教学主要注重教学方法和语文能力的实践和研究。其主要特点是在大量的教学实践上，通过论文的形式，总结出点拨教学方法的七条策略，即"点拨学习目的，引发求知动机""点拨学习心理，让学生掌握自己""点拨学习兴趣，激起探索欲望""点拨学习重点，导入攻关要塞""点拨学习疑难，帮助逾越障碍""点拨学习方法，交给钻研钥匙"和"点拨知识运用，体会收获乐趣"。还提出课堂教学的十种具体方法，"暗示引发""引路入境""辐射延展""逆转爆破""抽换比较""纲要信号""激疑促思""再造想象""'挑拨'争鸣"和"举隅推导"。与此同时，对教师的点拨教学提出了四种能力，"认识上的洞察力""知识上的综合力""组织上的凝聚力"和"思考上的催生力"。至此，"点拨"法作为一种教学方法，其方法论的阐述已经非常纯熟。

二、点拨法的时代特色

由于突出的教学实践和理论修养，1996 年底陈军老师调到上海市市北中学任教。进入上海课程改革快车道，陈军老师担负起了繁重的教学工作，同一年既教一个初三毕业班，又教一个高三毕业班。他用一年的时间将上海的初高中语文教材全十册，做了深入解读和研究，紧扣上海的课程标准组织教学。在市北中学方仁工校长和市教研室专家的指导下，陈军老师一方面取得了所带班级中考、高考双丰收的好成绩；一方面加入了上海市课程改革专业骨干团队，参与语文教改工作。与此同时，还在市北中学方仁工校长的带领下，开展"三线并进，多向沟通"的语文教改实验，在自身教学中实行现代文阅读教学和高考命题的模拟研究。

这一时期，有感于同行询问点拨法的具体操作模式问题，陈军老师开始思考点拨的时机问题。点拨法的教育来源在哪里呢？它的思想灵魂又是什么呢？带着这些问题，他阅读了大量心理学史方面的论著。加上语文教改实验工作对他的启发，陈军老师对语文教学方法的研究开始有了课程意识的自觉，他逐步认识到：点拨的方法可以千条万条，但其核心思想的支点就是"时"，时者，时机也，愤悱之心理情状也。点拨的教学艺术可以五彩缤纷，但其实践的聚焦点就是"习"，习者，"练习—实践"的运用过程。于是针对语文教学，陈军老师又提出"时习论"的思想。20 世纪 90 年代，他结合自身丰富的教学实践写了《时论》《习探》等文章，在一篇篇论文中，搭建起了"时习"思想的基本框架。2000 年秋季，陈军老师调到闸北教育学院教研室任副主任。2004 年在回民中学蹲点课改工作，利用这次机会，在上海课改理念的指导下，陈军老师开发了一门兼顾拓展性与研究性合一的选修课程"长江诗话"。这门课程以写作小论文为评价依据，以历代诗文为时间线，以万里长江为空间线，初步探索跨学科的时空经纬格局，把小学、初中和高中必修课文重新编排，以问题为导向，以读写为训练点，尝试研究性学习方式。它的特点有二：一是研究性学习能力的培养；二是语文学科自主习得途径的创设。二者重在"时""习"。同时，在陈

军老师的实践中，"时"的内涵在不断扩大，除时机外，还有时势与课改、时代与人格、时新与创造、时间与内容等；"习"的核心要求也有新的变化，如质疑的"习"、情境的"习"、思辨的"习"等。这都是新的时代对于语文素养的重要吁请。

在负责繁重的教学教研任务的同时，陈老师又担任了上海市政府基础教育课程改革专家工作委员会委员、上海市政府考试与评价专家委员会委员，参与了上海的语文教材建设和语文课程标准化的研制。在这期间，陈军老师的语文课程意识进一步得以强化。这时，陈老师紧扣上海课改，紧贴课堂实践，在"时习"思想上不断探索，写成了《语文教学时习论》，该书于 2005 年 4 月由上海教育出版社出版。书中对点拨教学的灵活机理进行了较为系统的透视。陈军老师从孔子"学而时习之，不亦说乎"的"时习"顺流而下，提出"时论""习论"的思想。从汉儒到清儒，一路大家所注所解，全都尽收眼底；由康有为"注"到钱穆"解"再到李泽厚"读"，现代新思维也全都打通。这样，"时论"的教育目的、教育策略、教学要求、学习过程、人生境界等如同画卷，一一呈现在我们面前。与此同时，该书试图从语文教学论角度，抓住"时习"的传统含义，赋予现代语文教学以方法论上的新义，提出"时"与"习"的基本原则。

在原有点拨法研究的基础上，《语文教学时习论》突出了四个时代特色：一是对传统"时习"观的理解；二是语文现代课程的定位研究；三是对语文的含义、形式、功能与时代性的阐释；四是以"习"为主线，提出了"语文研究性学习论"。

时间来到千禧初年，当时语文学界对传统与现代之间有许多困惑。在教育改革中，陈军老师有感于 1904 年清政府颁布《奏定学堂章程》以来我们的教育改革一直是向西方的现代学制和课程学习。这虽然是必要的价值取向，但在借鉴西方的同时，淡忘了我们自己本来的东西，于是他又专门钻到故纸堆里去了，带着"时习"开始溯源，寻找点拨法的历史精神。

由于幼承家训，加上天生好学，在读《论语》的过程中，陈老师写了很多读书札记，接连在《上海教育》杂志上连载，连载了七年。这些札记思考的焦点是中小学教育怎样汲取中国传统教育的基本精神。带着这个核心问题，陈老师不断进行他的"精神构建"。他将这些札记重新梳理、编排，写成了《〈论语〉教育思想今绎》，并于 2015 年由上海教育出版社出版。这本书将《论语》看成是一本课堂实录集，并创造性地从《论语》中提取了中国教育精神的"六义"：

一曰"成己"，二曰"善思"，三曰"践行"，四曰"熏陶"，五曰"忧患"，六曰"师道"。"成己"是强调人生的教育意义和诗性的人格意义。中国教育是为人生、为人格的，而不是为财富、为名利的；中国教育又特别强调士之风骨，即人格。"善思"，一是指注重思考，同时又指重视思考之善巧，所谓"举一反三，闻一知十"是也。"践行"突出"时习"和知识。"习"是"行"，"时"是行而有效的保障。中国教育重视知识的工具作用，孔子曰"述而不作"，冯友兰称之为理论创造。"熏陶"通常是指环境影响，如孟母三迁的家教故事等。"忧患"则指中国教育十分注重有关人类生存的积极态度的培养。人不是孤立的存在，与自己、与社会、与自然息息相关。"师道"，中国的师道理论并非专制的教训，而是以知识为纽带的教与学互进的师生为友的教育伦理学。陈军老师认为，这个"六义"就是中国教育的"大时习论"。"人民教育家"于漪老师曾这样评价这本书，既尊重中华传统文化彼时彼地对教育的诸多认识与理解，又揭示其在传承中不断发展的意义与价值。特点十分显著，一是体认与思辨并重；二是比照与精选融合；三是贯通与重点映照，力求做到传承创新，古为今用，在"今用"上有实实在在的启发。她又说，书稿不是寻章摘句，断章取义来谈一些碎片化的观点，而是整本书贯通起来阐述与当今教育密切相关的系列问题；既梳理名家述说，更阐明自己独立见解。

最近几年，陈军老师一直负责上海市语文学科德育基地工作，他觉得学科德育是一种强调。德育，自在学科内容之中。语文学科育人，这个核心点是什么？就是"说真话"（包括写真文）。当前的"语言腐败"太严重了，说话与作文假、大、空，语文教学能漠视吗？语文学科的学习对象是语言、文学、文化。语文学科育人，就是把德育聚焦到与语言学习、文化学习密切关联的地方。这几年，在学习文学史、文论史、文学批评史的过程中，他做了很多读书札记，并连载在《语文学习》上，如《诚直论——语文学科德育的文学传统》《诚直论——语文学科德育的哲学立意》《诚直论——语文学科德育的课堂实践》。在这三篇文章的基础上，他将观点整合，形成专著《诚直论》，作为上海市语文学科德育基地的初步成果于2019年由现代教育出版社出版。这本书的基本观点是："诚直"观点是中国文化的基本观点——修辞立其诚，"诚"是人们的内心状态，面对现实的表达就是"直"；坦言、直言、真言，就是"直"的表达，用巴金的观点，就是"说真话"；真话，对立于假话，不一定是正确的话；不必代圣人立言；语言学习与教育是"人"的成长；语言是自己的；言为心声；

说自己想说的话；不平则鸣；敢于表达个人思想；语文德育就是"真"的教育。陈军老师的"真话"研究，拓展并加深了点拨法的思想内涵，尤其是抓住了语文本质属性，他认为"真"的教育理应是中小学语文基础教育中的基本原则，语文教育的德育就是要培养中小学生养成说真话的习惯。

在"说真话"学科育人的宗旨下，陈军老师还和青年教师程夕琦老师合作进行了一些教学实践：创设班级自由表达平台；培养学术规范训练平台；鼓励深度思辨交流平台；拓展多级评价反馈平台。二人合作的论文《求实立诚写真话》于 2021 年在《语文学习》上发表。与此同时，陈军老师还发挥自身文史专长，从历代思想家、文学家的文章中挑选具有批判精神的文章，创建了疑思问国文点读校本课程。自 2019 年以来，在《语文教学通讯》长期连载"疑思问"课程内容，从语文表达的角度梳理了历代的质疑思想。与此相关的学术论文如《浅论语文学习视域下的中国质疑思想传统》在《中学语文教学》2020 年第 7 期上发表，《追求中国批判精神的现代价值》在《福建基础教育研究》2021 年第 4 期上发表。

其中最具影响力的就是 2021 年由上海三联书店出版的学术专著《质疑思想与语文表达》。著名文史专家骆玉明先生曾高度评价："在单纯的学术研究中，推崇质疑的心理和批判精神，这也很常见。而陈军所做的事情，却是以前没有人做过的。他边学习边思考，理清了中国古代质疑思想的基本脉络，并找出与之相应的文章名篇来组织教学""而语文作为思想的呈现它必然闪耀着质疑的光芒；在历代经典构成的系列中，它是宛转流动的辉煌"。"疑思问"课程的开设与此书的出版，是针对语文新课改之弊而作出的艰难探索。

从 1995 年到 2005 年，近十年时间，陈军老师的点拨法教学逐步从注重教学方法和语文能力的实践和研究开始转向语文能力的系统研究，实现从点到面的展开，并开始形成自身的特点，课程意识一步步增强和完善。

三、点拨法的办学拓展

2007 年 4 月，陈军老师调入市北中学任校长，继续研究点拨法教学。与此同时，他又担负着学校各方面教育管理职责。他认为作为一名校长，首先必须要对各学科教育负责，中学各学科是学生素质成长与提升的基础，语文和数学则显得更为特殊，是基础的基础。语文，对于学科学习、校园文化、人格心理等学校生活的影响更直接、更广泛、更鲜明。因此，语文学科既是学生个体成长的基础，也是学校文化建设的基础，同时还是各学科教学所依靠的基础。由此，他带领语文组教师，身先士卒，进行语文校本课程的开发，先后开发了长江诗话（2005）、水云间词社课程（2007）、中华古诗词合唱课程（2008）、青春太极拳（2009）、歌唱母亲河国际综合实践课程（2009）、国语旗风——升旗仪式汉字微课程（2010）、文史哲经典例文导读（2010）、古文的脉动（2015）、疑思问国文点读（2018）、中学生极简文学史研修课程（2019）等校本课程，并带头上课，做研究，不断实践，修改，反思，再实践，在课程实践基础上写成《诗性青春》纪实性专著一部，校本教材《古文的脉动》《中学生极简文学史研修课程》两部，并在全校其他学科组进行推广。

由于职位的变动，陈军校长确立了"文化立校"的理念。他提出市北中学的学校文化特点就是"学友文化"。师师为友，师生为友，相互之间既是学习关系，也是人格关系。就每一个个体而言，不论校长、教师、学生，也都有一个"三友"，即"与自我为友"（自己反省自己），"与自然为友"（向天地学习，向自然学习），"与社会为友"（做社会进步的建设者，为社会服务）。学友文化所讲的"学"，是师生的生活方式；所讲的"友"，是人际关系特征和师生生活境界。友，是孔子提出的，也是中国教育有关师生关系观、群己社会观以及人生哲学观的基本理念，是中国知识分子的文化态度。陈军校长倡导的"学友文化"，就是活化传统思想，使学校走向未来、走向现代化，这是最重要的"统于行"，是从师生精神境界上来"统于行"。

在"学友文化"的指引下，陈军校长提出"培育学友文化，激发创新潜能"的办学思路。从学生培养来看，一是建设创新实验班。它的特点是求考试成绩，注重"博学、审问、慎思、明辨、笃行"品质的培养，创办重点学生社团。其中文科的代表是2012年12月创新实验班张琳彬同学创立的水云间词社。词社旨在通过研习创作古典诗文，唤醒社员传承优秀传统文化的自觉意识，并创办社刊《短长亭》。张琳彬同学的词作曾获全国创作一等奖，叶嘉莹、白化文教授为其颁奖。该词社荣获上海市中学生优秀文学社团、全国示范社团。理科的代表是"我爱数学社"——《简单》杂志社。2010年12月，社员陈波宇同学荣获丘成桐中学数学金奖（国内上海首个）。二是明确学校课程架构与目标。制定不同类型课程的标准，突出特色。如基础型课程，指的是人人必修的学科课程，重在基本认知建构的相互启发；拓展型课程，指的是可供选择的校本课程，重在文化对话的彼此理解；研究型课程，指的是学生自创的社团课程，重在个性志趣培养的自我激励，旨在将课堂教学、校园文化活动和社会综合实践融为一体，系统考虑个性化课程条件的产生与引发。

从教师队伍培养来看：一是培养"学友文化"排头兵。2011年3月，陈军老师提出创建"市北中学35岁学友团"。在市北中学倡导"爱学习，敢学习，会学习"的学风，"认真踏实，一丝不苟"的教风。进行深入班级、体验班风的听课评课研究活动，鼓励全体教师，逐年轮流开课，全员听课，互相观摩学习反思。二是推进专家治校。2019年，在陈军老师的倡导下，创立了"市北中学学术委员会"，主要成员包括知名语文特级教师陈军校长、奥数金牌教练肖登鹏老师、静安区物理学科带头人高兰葵副校长、国家级语文骨干教师陈世东、历史特级教师罗明老师、物理特级教师张森老师。旨在宏观上对学校的整体发展规划提供参谋；对教育教学运作体系进行客观的评价；激发教师教学积极性，为教师的专业发展提供业务引领和指导。

在"学友文化"的氛围中，市北中学积极开展"学友课堂"探索，培育学生的人生志向，帮助学生进行人生规划，力争让每一个学生都成为"有梦想"的人。据不完全统计，近年来，学校办学成果突出，学生在各类比赛活动中大放异彩。2020年学校极智少年强社代表上海出战中央电视台少儿频道的大型益智竞技类节目《SK极智少年强》，获得全国季赛季军；选手徐大力、杨睿鹏、薛文磊均获个人季军。2022年学校IYPT社陈欣妍、倪熙城、高栩然、吕正灏、沈知宇等五名同学组成的市北中学代表队在上海市第七届中学生物理学术竞赛中荣获二等奖。2023年学校创客社贾晨宇同学参加第38届上海市青少年科技创新大赛获一等奖，并成功入围"全国青少年科技创新大赛"。2023年学校"爻星球"社参加第三届全国青少年科技教育成果展示大赛"爻星球"中国基地设计赛上海市区域赛，张周涵、称心豪、黄志祥等同学获一等奖第一名，晋级全国总决赛；凌宇骏、周琛峰、朱晟涵等同学获二等奖第二名；邹宇钦、张瑞奇、陆昕宇等同学获二等奖第三名。

由于突出的教育成绩和影响力，2017年3月20日，教育部中学校长培训中心专门在北京八一学校举办"陈军教育思想研讨会"，正式提出通过"创造人文生态的高中生活"来深化"学友文化"，向全国各地宣传和推广陈军校长的教学理念和管理办法。

四、结语

从"点拨法"到"时习教学论"，再到"学友文化"，这是陈军教育教学思想的发展轨迹，而点拨法则是这个发展过程的重要起点。点拨法是关于课堂教学的研究，而课堂上的点拨经验牵动语文学科性质、过程、方法及目标的系统思考，这就是"时习教学论"。由语文学科的教学论研究进而实现影响学校文化建设的"文化迁移"，实际上是语文教学观对陈军老师的校长治校观的一种"举一反三"。"点拨法"是培养学生语文能力的基本方法与思想；"语文学科立校"是构建学校文化特色的基础条件与立意。学校的文化本质说到底是"人文"的，学校的文化特点说到底又是"人伦"的，所以他提出了以"学"为学校生活主线、以"友"为人际关系方式的"学友文化"。校长治理学校，说到底是"文化立校"；所谓"立"，则是"立人文""立人伦"。前者是文化内容，后者是人与人之间的文化关系。这是由语文"学科"建设到学校"文化"建设的点与面的有机发酵。与此同时，陈军语文教学点拨法具有明显的三个特征。

一是溯源：陈军老师始终认为古代中国的教育很发达，我们的教育传统，尤其是孔子的教育思想是宝贵的精神财富。因此，如果我们要吸取西方乃至全人类的教育精髓，也得有一个前提条件，即用思想来消化思想，也就是先要主动把自己的传统教育思想研究透。为此，在长期的教育实践中，他始终注重对中国教育传统的继承与弘扬，代表作是《论语教育思想今绎》。

二是创新：陈军老师认为，中国文化从上古时代以来就一直延续不绝，虽然经历了时盛时衰的曲折过程，但始终没有中断。中华文化能够吸取外来文化，从不盲目拒绝外来文化，能使外来学术与固有传统融合起来。在坚守传统阵地的同时，陈军老师始终注意开眼看世界，注意研究人类教育的最新成果，从语文课程出发吸收国外先进教育思想，代表作品是《质疑思想与语文表达》。

三是求实：如果说"溯源"是问我们从哪里来，"创新"是解答我们要到哪里去，那么"求实"则是解答语文教育的现实问题——考试。从陈军老师的语文教学点拨法的发展历程来看，他的语文教育研究始终立足于语文课堂，不回避考试。问题从课堂中来，在课堂中反思，形成理论，又指导课堂教学。

与其说从"点拨法"到"时习教学论"，再到"学友文化"是陈军老师的语文教育思想的发展历程，不如说是陈军老师务正笃行、守正创新的人格体现。陈军老师不忘初心，细心耕耘，躬身垂范，在"点拨法"的初心下，不断实践，提升认识，再实践；不断攀登语文教育思想的高峰，其涵容万汇的语文教学思想如同星光，照耀在语文教学漫无涯涘的璀璨星空，吸引着后辈为人师者遵循并发扬光大。

"双新"背景下的高中语文古诗词教学初探

——以必修（上）第三单元教学为例

黄小婉

中国古典诗歌是中华民族的文化瑰宝，是流淌在每一个中华儿女血液里的文化基因。我国自古就有诗教传统，当今的语文教育也十分重视古诗词阅读教学，这从教材的古诗词篇目占比就可以看出。统编版高中语文教材收录了大量的古诗词佳作，如何引导学生欣赏这些优秀诗篇的独特魅力，帮助学生从中获得人生感悟和提高自身文化修养，作为一名语文老师，作为中华传统文化的传承者，笔者感到责任重大。因此笔者在进行了大量文献阅读、课例分析之后，基于高中古诗词教学现存问题及古诗词教学原则，提出六种古诗词教学改进策略：圈点、批注、评论、填写、改写、仿写。

一、圈点

初读古诗词从圈点开始。圈点的内容可以是诗词鉴赏的重点、难点、疑点。常用于圈点的符号有圆点、圆圈、三角、横线、波浪线等，必要时还可以用不同的颜色来圈点，也可以根据个人习惯设定每种符号的意义，比如用横线表示关键信息，用波浪线表示赏析重点，等等。

如，笔者在教《短歌行》和《归园田居·其一》两首汉魏时期的诗歌时，设计了如下教学环节：

默读两首诗，分别在两首诗当中找出一个最能表达诗人情感的字（也就是找到两首诗的诗眼），并说明理由。

这个教学环节的设计意图是通过辨析哪个字最适合作为诗眼，引发学生对诗歌内容和情感的初步感知，为后面提出主问题做铺垫——主问题为：围绕诗歌的"忧"与"归"，比较《短歌行》和《归园田居·其一》在表情达意时不同的韵律节奏和表达技巧，探寻两位诗人不同的生命追求和价值思考。

又如，《登高》一诗的教学，同样是以诗眼为突破口进行教学设计，让学生圈点出诗眼"悲秋"，然后由诗眼"悲秋"引入对诗歌情景关系的分析，前四句写秋景，后四句述悲情，再逐联分析景的特点和丰富的情感层次，教学环节环环相扣。

圈点诗眼具有很强的操作性，围绕诗眼设计教学环节，能起到提纲挈领的作用，使教学思路更清晰，教学效果更显著。

二、批注

批注与圈点属一体两面，相辅相成。批注，即在初读古诗词时，在圈点的基础上，以旁批、尾批的形式写出对诗歌的初步理解、联想、困惑等。

批注这一教学策略通常用于课前指导学生预习和课中引导学生做笔记。笔者在授课前通常要求学生用批注法进行课前预习，批注的内容包括但不限于诗歌题材、体裁、艺术特色、情感、初读感受和疑问等，必要时还包括诗人生平、写作背景、前人评价等。

如笔者在教第三单元古诗词的初始阶段，就有意培养学生的圈点、批注意识和习惯——哪里可以圈点，可以批注什么。后来教《声声慢》时，先让学生课前做好圈点、批注的预习工作，再将他们的批注作业进行归类整理，发现学生的批注角度非常全面，批注重点一目了然。批注的内容基本上包括《声声慢》的艺术手法、情感、诗人生平等，其中有《声声慢》的十四字叠字、批注叠字的艺术特色和表达效果、诗眼"愁"字的具体内涵、李清照南渡前和南渡后的人生际遇、写作风格等。

用批注的方式进行课前预习，能促使学生在预习时更加专注，更能读出自己的真实感受和疑惑，上课时也更能明确学习的重点和难点。俗话说"好记性不如烂笔头"，上课时用批注的方式及时做好听课笔记，完善批注内容，解答预习时的疑惑，可以大大提高课堂上的听讲效率。

三、评论

评论是在圈点批注的基础上进行的赏析活动，圈点只是把重点圈画出来，批注是局部的碎片化的赏析，那么评论就是将圈点批注出来的东西整合在一起，完成对一首古诗词在语言、意象、意境和风格等各方面内容的完整赏析。评论有口头和书面两种形式，评论的内容可以在赏析的第一阶段圈点出来，一个词的来源、一个典故、一种意象、一种表达技巧，还有诗歌主题和诗人表达的情感，都可以是评论的对象。笔者将评论策略分为局部评论和整体评论两种，局部评论就是针对一首诗的某一个意象、典故、意境、表达技巧等进行细致分析评论，而整体评论则要对诗词的思想内容、艺术特色、风格等作出综合性评价。

笔者在教授《永遇乐·京口北固亭怀古》时设计了这样一项学习任务：辛弃疾的词多用典故，有人说辛词有"掉书袋"的毛病，你怎么看？请从用典这个角度写一篇文学短评，谈谈你对辛弃疾这首词"用典"这一艺术手法的赏析。

文学短评对学生来说是一个全新的概念，所以为了让学生能够顺利完成写作任务，笔者安排了一节文学短评写作指导课，让学生了解什么是文学短评，怎么写作文学短评，需要注意哪些问题，基本写作步骤是什么，最后展示了文学短评写作范例。从抽象到具体，让学生全方位掌握文学短评写作的思路和方法。

笔者首次指导学生进行文学短评写作，切入点是从用典角度赏析评论《永遇乐·京口北固亭怀古》。第一次写作反馈不尽如人意，为了让更多学生更好地掌握这一赏析方法，提升诗歌鉴赏审美能力，笔者在单元学习结束后，又安排了一次文学短评写作训练，让学生从第三单元的八首古诗词中任选一首任找一个角度进行文学短评写作。通过多次训练和讲评，学生的诗词鉴赏能力有了很大的提升，从而证明这一教学策略是行之有效的。

四、填写

古诗词填写是一种任务驱动型的教学活动，可以丰富课堂形式，用填词这种游戏形式吸引学生的注意力，调动了学生的积极性。笔者把古诗词填写分为按诗词内容顺序排序填写和填写诗词关键字两类。

按诗词内容顺序排序填写是指打乱诗词的顺序，为诗词排序。具体做法：把一首诗每一句诗句的顺序打乱，去除标点符号，让学生在没有任何参考书的情况下，凭借自己的理解以及平常积累的诗词格律知识给这些诗词排序，并添加标点。

填写诗词关键字是指在一句诗词中挖一个空，填补这个空白处。这一填空游戏意在考察学生的诗词理解能力，学生需要思考一番方能填对。在调动了学生的好胜心和积极性之后，再向学生讲解空白处字词和整句诗乃至整首诗，以一个字牵动全诗，教学效果倍增。

如笔者在教授《声声慢·寻寻觅觅》时没有让学生预习，这有利于在课堂上运用填写法教学。笔者同时使用了按诗词内容顺序排序填写和填写诗词关键字两种方法，将诗词的顺序打乱，并挖去几个字，让学生重新排列顺序和填写字词，并加上标点符号。如下：

①三杯两盏_____

②冷冷清清_____

③最难将息_____

④_____暖_____寒时候

⑤满地_____堆积，憔悴损，如今有谁堪摘

⑥这次第，怎一个_____字了得

⑦凄凄惨惨戚戚

⑧寻寻觅觅

⑨_____过也，正伤心，却是旧时相识

⑩怎敌他、晚来风急_____

⑪梧桐更兼_____，到黄昏、点点滴滴

⑫守着窗儿，独自怎生得黑

在不熟悉诗词的情况下，填写的学习任务难度较大，所以应鼓励学生采用小组合作的方式，群策群力完成。这个环节的设计意图在于让学生感受《声声慢》情感抒发的内在结构和韵律节奏，引导学生关注和品味《声声慢》用字、选用意象的精妙。

五、改写

改写古诗词与古诗词填写一样，都是一种趣味化的赏析活动。写是阅读的延伸，改写是指把诗词改写成其他形式的作品，如散文、记叙文、故事、剧本等等。

笔者根据本单元诗歌的内容、特点和教学目标，设计了几个不同情境的改写任务，如：

(1)《琵琶行(并序)》预习作业设计

《琵琶行》是抒情色彩很浓的长篇叙事诗。请同学们试着把每段浓缩并改写成一两句七言诗或五言诗。

（2）《梦游天姥吟留别》课后作业设计

充分发挥想象，用"对话体"改写《梦游天姥吟留别》，与李白对话的可以是穿越过去的你，也可以是谢灵运、杜甫等与李白相关的人。题目自拟，500～800字。

通过完成改写作业，学生对诗歌内容更加熟悉，理解更加透彻。学生发挥想象再次描绘李白的梦境，感受李白梦境的光怪陆离和浪漫瑰丽，与诗人进行一次深入的心灵对话，在对话中充分理解梦境与现实的联系，以及诗人"安能摧眉折腰事权贵，使我不得开心颜"的人生态度和向往自由的精神追求。

六、仿写

仿写就是模仿古诗词进行写作，模仿古人的表达习惯，从格式、韵律到表达技巧，从意象的选择到意境的创造，从形式到内容，由易到难。

仿写古诗词，不是创作古诗词。古人写诗词，格律要求很严格，对押韵、平仄、字数、句数都有规定，词曲的创作更是难上加难。这里讲的是仿写，即并不要求学生严格遵从诗词格律的规范进行写作。在中学阶段，仿写教学的目的不是要把每个学生培养成诗人、词人，而是希望借此帮助学生理解古诗词，让学生在仿写的过程中切身体会古诗词的韵味，因此押韵只要求能按照普通话押韵，平仄基本能对上即可。

古诗词仿写教学是笔者教学实践的最后一环，在结束了第三单元八首古诗词的教学之后，学生掌握了不少古诗词的鉴赏方法，基于读写结合的理念，最后布置了古诗词仿写的学习任务。如下：

时值金秋，同学们学习了《沁园春·长沙》《登高》《声声慢》三首与"秋"相关的诗词。请以"秋"为主题写一首古体诗词，抒发自己的真情实感，基本符合诗词体裁的格律要求即可。如果选择律诗或绝句，请在押韵的基础上关注平仄；如果选择词，请按照词谱填词。

学生的仿写热情很高，不少学生的仿写水平也很高，有的写绝句，有的写律诗，还有不少作词的，内容上或借景抒情，或托物言志，用古典诗词诉说着秋天的故事，营造着各自的情感世界，蕴含着丰富的人生感悟。

经过一年的理论研究和教学实践，笔者对新课标的教学理念有了更深切的领悟，在古诗词教学方面积累了更多的教学经验，丰富了教学手段。对学生而言，他们在课堂上尝试了不同的诗歌鉴赏方法，感受到了不同诗歌的魅力，突破了自我，提升了能力，对他们来说也是一段难忘的学习旅程。课即人生，教学相长，一堂失败的课消磨的是师生双方的生命热情，反之，一堂好课成就的是师生双方的生命价值。所以教师的首要任务就是上好一节节课，让学生真正爱上语文课，这才不辜负人民教师的称号。

数学教研组

二项式定理的发现与探究

肖登鹏

【教学目标】

1. 掌握二项式定理及其推导方法；会用二项展开式的通项公式求展开式中的指定项或指定项的系数。

2. 通过简单的多项式乘法，发现二项式定理，揭示二项式定理是代数中乘法公式的推广，理解从特殊到一般的思维方法；在发现、证明二项式定理的过程中，理解"归纳—猜想—证明"的思想；在二项式定理的发现、探究过程中培养"数学抽象"和"逻辑推理"的核心素养；在二项式定理的应用过程中，培养"数学运算"的核心素养。

3. 通过二项式定理的历史来源，理解数学概念的发生、发展；介绍我国古代数学成就——杨辉三角，感受数学内在的和谐、对称美和数学符号应用的简洁美，丰富学生对数学文化价值的认识。

【教学重点】二项式定理及其简单运用

【教学难点】二项式定理的发现与证明

【设计说明】

二项式定理是上海市 2022 版高中数学选择性必修第二册教材的内容，它在整除性问题、组合理论、近似计算、概率统计和微积分中有广泛的应用。在牛顿发明微积分的过程中，二项式定理的发现就起到了重要的作用。教材将二项式定理这一内容放在计数原理、排列与组合之后，不仅仅是因为二项式定理是组合理论的基本工具，也是为了用组合知识解释二项式定理。本课的教学对象是上海市实验性示范性高中二年级学生。本课的教学设计以问题为导向，通

过师生交流，引导学生发现、探究二项式定理的内容，培养"数学抽象""逻辑推理"和"数学运算"等核心素养。二项式定理最初应用于开高次方，而不是多项式的乘法，因此本设计借鉴历史发展，从最简单的开方运算的近似计算入手引入课题，使学生能更好地理解学习二项式定理的必要性。二项式定理与杨辉三角是数学史上令人惊叹的数形结合，因此在探究过程中，通过"杨辉三角"引导学生观察二项展开式中系数的规律，形象又自然。如何推广到正整数 n 的情形，需要换一个思维角度，用计数原理发现并证明。教学中，采用"以退为进"的方法，设计了用计数原理解释 $(a+b)^3$ 的展开式的系数，为归纳出二项式定理奠定了基础。教学设计借鉴历史，把握数学实质，突出师生交流，力求体现"知识之源""证明之法"和"文化之魅"。

【教学过程】

【情景导入】

问题引入：如何估算 $\sqrt{2}$ 的值？又如何估算 $\sqrt[n]{2}$（$n \geq 2$，$n \in \mathbf{N}$）的值呢？

师：不借助计算器和平方根表，如何估算 $\sqrt{2}$ 的值？

生：$\sqrt{2}$ 的值在 1.4 到 1.5 之间。

师：你是如何知道的？

生：因为 $\sqrt{2}$ 的平方大于 1.4 的平方且小于 1.5 的平方。

师：这位同学用不等式做了一个粗略的估算，大家还有别的想法吗？

生：用二分法可以得到 $\sqrt{2}$ 的值在 1.4 到 1.45 之间……

师：很好，用二分法我们可以进一步缩小范围，得到 $\sqrt{2}$ 更精确的估值。我国古代数学家杨辉在《详解九章算法》中记载了另外一种方法。下面我们看看他是怎么估算 $\sqrt{2}$ 的近似值的。

首先，我们观察 $\sqrt{2}$ 的整数部分是多少？

生：是 1。

师：于是令 $\sqrt{2} = 1 + x$，其中 x 表示其小数部分。两边平方得 $2 = 1 + 2x + x^2$，舍去关于 x 的二次及以上的项，解得 $x = \dfrac{1}{2}$；进一步令 $\sqrt{2} = \dfrac{3}{2} + x$，两边平方得 $2 = \dfrac{9}{4} + 3x + x^2$，舍去关于 x 的二次及以上的项，解得 $x = -\dfrac{1}{12}$，于是 $\sqrt{2} \approx \dfrac{17}{12}$。按此方法多次迭代计算，可以得到更精确的近似数值。

一般地，如何估算 $\sqrt[n]{2}$（$n \geq 2$，$n \in \mathbf{N}$）的值呢？这就需要我们知道 $(a+b)^n$ 的展开式。

（借鉴二项式定理的发展历史，揭示学习二项式定理的必要性，激发学生的学习兴趣。）

【问题探究】

一、从多项式乘法入手，探究 $(a+b)^n$ 的展开式

师：我们知道：

$(a+b) = a+b$，

$(a+b)^2 = a^2 + 2ab + b^2$，

$(a+b)^3 = a^3 + 3a^2b + 3ab^2 + b^3$（学生回答），

$(a+b)^4 = ?$

生：$(a+b)^4 = a^4 + 4a^3b + 6a^2b^2 + 4ab^3 + b^4$，

师：你是怎么得到的？

生：用 $(a+b)^4 = (a+b)^3(a+b)$ 得到。

师：他是利用上面的一个等式，再借助多项式的乘法得到下面的等式。我们把等式右边的代数式称为 $(a+b)^k$ 的二项展开式，其中 $k = 1$，2，3，4，…。

请同学们观察这四个等式，想一想，对于任意正整数 n，$(a+b)^n$ 的二项展开式有什么规律呢？

生：有 $n+1$ 个项，……

师：展开式中每个项的次数有什么规律？

生：展开式中每个项的次数都是 n。

师：都和 $(a+b)^n$ 的次数相同，还有什么规律？

生1：展开式中 a 的次数按降幂排列，b 的次数按升幂排列。

生2：a 的次数与 b 的次数的和为 n。

师：也就是说，从中我们看到每个项都是 $a^{n-r}b^r$（$r = 0$，1，2，3，…，n）的形式，即 $(a+b)^n$ 展开后形如：

$(a+b)^n = (\quad)a^n + (\quad)a^{n-1}b + \cdots + (\quad)a^{n-r}b^r + \cdots + (\quad)b^n$（板书）

为了更好地探究二项展开式中各项的系数的规律，我们把这四个展开式的系数取出来形成下图：

$(a+b)$				1		1		
$(a+b)^2$			1		2		1	
$(a+b)^3$		1		3		3		1
$(a+b)^4$	1		4		6		4		1
…	…		…		…		…	

这就是杨辉三角，它是我国古代数学杰出的研究成果之一。通过杨辉三角，探索展开式系数的规律，你能否得到 $(a+b)^5$ 的展开式？

生：$(a+b)^5=a^5+5a^4b+10a^3b^2+10a^2b^3+5ab^4+b^5$。

师：很好，你是怎么得到的？

生：每个数都是它上面两个数的和。

师：准确地说是每一行除了第一个数和最后一个数外，每个数都是它"肩"上两个数的和。这个数阵还有什么规律？

生：具有对称性。

师：不错，我们发现 n 的取值不大时，我们可以从杨辉三角中得到 $(a+b)^n$ 展开式的系数的规律。

一般地，$(a+b)^n$ 展开式的系数是什么呢？历史上为了搞清楚这件事也花了很长的时间。现在，我们先退到 $n=3$ 的情形换个角度再来思考。

二、从计数原理的角度，探究 $(a+b)^n$ 的展开式

师：我们已经知道 $(a+b)^3$ 的展开式的项有 a^3，a^2b，ab^2，b^3 这四种形式。若将 $(a+b)^3$ 看作是 $(a+b)(a+b)(a+b)$，则 $(a+b)^3$ 的二项展开式的每一项是从 $(a+b)(a+b)(a+b)$ 的每个括号里任取一个字母的乘积，对于每一项的系数可以看成每个项在展开式中出现的次数，那么用计数原理分析 a^3 在展开式中出现了多少次？

生：1 次。

师：你能用我们学过的排列或组合知识分析 1 是怎么来的吗？

生：从三个括号中的每个括号都只能取 a 相乘，所以只有一种取法。

师：你能把 1 用组合符号表示吗？

生：就是 $C_3^3=1$。

师：我们也可以这样看：a^3 相当于 3 个括号中，每一个括号里都不取字母 b，这样有 $C_3^0=1$ 种取法。若从字母 b 取的个数来看，a^2b，ab^2，b^3 在展开

式中出现的次数分别是多少?

生1: a^2b 相当于 3 个括号中,恰有一个取字母 b,有 $C_3^1=3$ 种取法。

生2: ab^2 相当于 3 个括号中,恰有两个取字母 b,有 $C_3^2=3$ 种取法。

生3: b^3 相当于 3 个括号中,三个都取字母 b,有 $C_3^3=1$ 种取法。

师: 由以上分析,若我们用组合数表示二项展开式的系数, $(a+b)^3$ 的展开式怎样表示?

生: $(a+b)^3=C_3^0a^3+C_3^1a^2b+C_3^2ab^2+C_3^3b^3$。

师: 用组合数表示二项展开式的系数, $(a+b)^4$ 的展开式是什么?

生: $(a+b)^4=C_4^0a^4+C_4^1a^3b+C_4^2a^2b^2+C_4^3ab^3+C_4^4b^4$。

师: 由此你能猜想出 $(a+b)^n$ 的展开式是什么?

生: $(a+b)^n=C_n^0a^n+C_n^1a^{n-1}b+\cdots+C_n^ra^{n-r}b^r+\cdots+C_n^nb^n$(将前面板书的括号填好)。

(探究过程分两个视角进行,使学生经历二项式定理的发现过程,把握教学内容的本质。)

【问题解决】

一般地,对于任意的正整数 n 有

$(a+b)^n=C_n^0a^n+C_n^1a^{n-1}b+\cdots+C_n^ra^{n-r}b^r+\cdots+C_n^nb^n(n\in\mathbf{N}^*)$。

师: 这个等式就叫作二项式定理。请你仿照 $n=3$ 的情形加以证明。

生: 因为 $(a+b)^n=\underbrace{(a+b)(a+b)\cdots(a+b)}_{n个括号}$, $(a+b)^n$ 的二项展开式中的每一项是从 $\underbrace{(a+b)(a+b)\cdots(a+b)}_{n个括号}$ 的每一个括号中任意取一个字母的乘积,所以展开式中的每一项都是 n 次式,形如: a^n, $a^{n-1}b$, $\cdots$, $a^{n-r}b^r$, $\cdots$, b^n,其中 $r=0$, 1, 2, $\cdots$, n。对于 $a^{n-r}b^r$,相当于 n 个括号中,恰有 r 个取字母 b,这样有 C_n^r 种取法,从而 $a^{n-r}b^r$ 的系数为 $C_n^r(r=0,1,2,\cdots,n)$,因此 $(a+b)^n=C_n^0a^n+C_n^1a^{n-1}b+\cdots+C_n^ra^{n-r}b^r+\cdots+C_n^nb^n(n\in\mathbf{N}^*)$。

(师生共同补充完成证明)

师: 想一想,你能否用其他方法证明二项式定理?

生: 数学归纳法。

师: 好的,这个证明作为课后作业,大家课后试着推理。

等式右边的多项式叫作 $(a+b)^n$ 的二项展开式,它一共有 $n+1$ 项,其中 C_n^r

$(r=0，1，2，\cdots，n)$ 叫作二项式系数，式中的 $C_n^r a^{n-r} b^r$ 是展开式的第几项？

生：第 $r+1$ 项。

师：我们把 $C_n^r a^{n-r} b^r$ 叫作二项展开式的通项，它是二项展开式中的第 $r+1$ 项，用 T_{r+1} 表示，即 $T_{r+1}=C_n^r a^{n-r} b^r$（板书）。

（二项式定理的发现和定理的证明是教学的难点，采用以退为进的方法，教学中学生更易于理解，易于突破教学难点。）

【定理应用】

问题1　$\left(x+\dfrac{1}{x}\right)^4$ 的二项展开式是什么？

师：如何展开？

生：$\left(x+\dfrac{1}{x}\right)^4=C_4^0 x^4+C_4^1 x^3\left(\dfrac{1}{x}\right)+C_4^2 x^2\left(\dfrac{1}{x}\right)^2+C_4^3 x\left(\dfrac{1}{x}\right)^3+C_4^4\left(\dfrac{1}{x}\right)^4$

$$=x^4+4x^2+6+\dfrac{4}{x^2}+\dfrac{1}{x^4}。$$

师：这位同学是直接用二项式定理展开的，有不一样的展开方式吗？

生：我是用杨辉三角直接写展开式每一项的系数。

师：好的，当 n 较小时，这样运算较简单。这两位同学的方法本质上是相同的。

问题2　$(2x+1)^7$ 的二项展开式的第 4 项是什么？

生：因为 $(2x+1)^7=C_7^0(2x)^7+C_7^1(2x)^6+C_7^2(2x)^5+C_7^3(2x)^4+C_7^4(2x)^3+C_7^5(2x)^2+C_7^6(2x)+C_7^7$，所以 $(2x+1)^7$ 的二项展开式的第 4 项是 $C_7^3(2x)^4=560x^4$。

师：有不同的做法吗？

生：$(2x+1)^7$ 的二项展开式的第 4 项是 $T_{3+1}=C_7^3(2x)^{7-3}\cdot 1^3=560x^4$。

师：这两个同学都是用二项式定理解决问题，不同的是：第一个同学是用二项展开式找到第 4 项，第二个同学是用二项展开式的通项公式直接写出第 4 项。请大家对比一下，在 n 比较大的情况下用哪种方法较简单？

生：用通项公式较简单。

（定理的应用过程中，通过不同方法的比较，培养学生数学运算的核心素养。）

问题3　$(2x+1)^7$ 的二项展开式第 4 项的二项式系数和第 4 项的系数分别是什么？

师：第 4 项的二项式系数和第 4 项的系数分别是什么？

生：第 4 项的二项式系数是 $C_7^3 = 35$，第 4 项的系数是 560。

师：很好，这里需注意某个指定项的二项式系数与此项的系数的区别。

【巩固练习】

1. $\left(\sqrt{x} - \dfrac{2}{\sqrt{x}}\right)^6$ 的二项展开式是_____。

2. $(1+a)^{12}$ 的二项展开式中的倒数第 5 项是_____。

3. $\left(x - \dfrac{1}{x}\right)^9$ 的二项展开式中 x^3 的系数是_____。（PPT 演示）

（学生练习，教师巡视，个别辅导，叫三个学生回答，教师反馈。）

师：请同学们注意：第 1 题最后的结果要化简；第 2、3 题都可以用二项展开式的通项公式。你觉得用通项公式解决指定项问题的关键点是什么？

生：确定 r。

师：也就是说关键是确定指定项是二项展开式的第几项，第 2 题与第 3 题分别是如何确定指定项是展开式中的第几项的呢？

生：第 2 题二项展开式共有 13 项，所以倒数第 5 项就是它的第 9 项，所以 $r=8$。

师：很好！第 3 题呢？

生：第 3 题是先设指定项是第 $r+1$ 项，由 x^3 的次数是 3，求出 $r=3$。

师：没错！第 3 题实际上使用待定系数法求出 r 的值。

（通过交流与反思，提炼运用二项式定理解决问题的要点。）

【思考题】

1. 仿照 $\sqrt{2}$ 的近似值的估算方法，请你对 $\sqrt[7]{100}$ 的近似值进行估算。

2. 二项式定理中能否把正整数 n 推广到任意有理数指数幂，甚至任意的实数指数幂的情形呢？

（思考题是为了让学生课后进一步钻研二项式定理，知道有广义的二项式定理，为后续的学习奠定基础。）

【课堂小结】

师：1. 二项式定理我们是利用组合的定义结合多项式的乘法规则证明的，它是以公式的形式给出的一个恒等式，其中 n 是正整数。

注意：a，b 可以是任意复数值，也可以是代数式。

2. $(a+b)^n$ 的展开式统一规定按 a 的降幂排列，各项的系数与 a，b 的取值有关，各项的二项式系数与 a，b 的取值无关.

3. 二项展开式的通项 $T_{r+1}=C_n^r a^{n-r} b^r$ 是研究二项展开式问题的重要工具，但需注意通项是表示二项展开式中的第 $r+1$ 项，求展开式中某些指定项的关键是确定它是展开式的第几项。

【布置作业】

1. 教材第 72 页练习 16.5（1）第 1，2，3，4 题。

2. 用数学归纳法证明二项式定理。

【课后反思】

本节课是"二项式定理"的第一节课。教学中追寻历史足迹，借鉴历史规律，使学生知道"二项式定理"的由来，揭示学习"二项式定理"的必要性。在发现二项展开式系数的规律的过程中，先用"杨辉三角"得到 n 较小时的二项展开式系数的规律，然后退到 $n=3$ 的情形，引导学生换个角度思考，用已知的组合知识解释系数的组合意义，从而猜想出一般情形下的二项式定理并加以证明，使学生经历完整的"归纳—猜想—证明"这一过程，感知数学家们认知二项式定理的历史过程，体会到选择不同的思维角度对解决问题的重要性。

"教学目标的确定""教学策略的选择""教学活动的设计""教学效果的评价"最终都要落实到数学核心素养的培养上。"数学抽象"和"逻辑推理"核心素养的培养有一个循序渐进、循环往复的过程，需在教学过程的点滴处理上体现出来。回顾本堂课的教学，利用"杨辉三角"探索二项展开式的系数规律还不够深入，可以归纳总结出更一般的规律，这需要在后续学习中进一步加强；数学归纳法是否能在课堂教学中完整地呈现可以根据学生的实际情况加以调整。"数学运算"的素养往往是在不断纠错的过程中培养的。本堂课的巩固练习阶段，为了节省的教学时间，把最后 3 个问题设计成填空练习，但也丧失了学生展示各自解题思维过程的机会，教学中可以尝试让学生板书解答过程，根据学生出现的问题再进行纠正。

周宁医提出："指向数学核心素养的任务设计类似于项目学习"，一是把握教学内容的本质；二是创设合适的教学情境，提出合理的问题，引导学生学习相应的数学理论；三是启发学生独立思考，鼓励学生参与集体交流；四是让学生在掌握数学知识和技能的同时，感悟数学的本质，让学生在积累数学思维经验的过程中，逐步习得数学核心素养。教学中，使学生经历"情景与问题"

"知识与方法""思维与表达"和"交流与反思"等过程是培养数学核心素养的基本方法和途径。

因此，合理的"问题"是触发思考的起点，教师需要在课堂教学中构建好适当的"问题"，引导学生深入思考、发现与探究，挖掘数学学科的育人价值。

参考文献

[1] 方倩."二项式定理"：在历史中探源、求法、寻魅[J]. 教育研究与评论，2016(9)：31-41.

[2] 沈子兴. 基于数学核心素养培养的教学设计：以"二项式定理"教学为例[J]. 上海中学数学，2017(12).

[3] 宋军，吴现荣. 源于数学史，教学更自然：二项式定理教学设计[J]. 福建中学数学，2017(11)：14.

[4] 中华人民共和国教育部. 普通高中数学课程标准[M]. 北京：人民教育出版社，2018.

[5] 周宁医. 指向核心素养的任务设计：以球面距离教学为例[J]. 数学通报，2021(5).

单元教学视角下起始课的教学
——以第十章空间直线与平面第一课时为例

杜 平

一、深入研究教材，宏观把握教学内容，明确第一节课的地位

本节课是立体几何的起始课，是由对平面图形研究扩展到对空间图形研究的开始，是本章的基础内容。在对生活实景的观察、长方体模型直观认识的基础上，通过抽象概括和类比想象形成平面的概念；对空间点与直线和点与平面的位置关系、直线与平面的位置关系进行逻辑分类；给出了平面性质之一——公理1，它是判断直线在平面上的依据；同时，给出了上述内容的三种表示：文字语言、图形语言和符号语言，为立体几何问题中的表达与交流打下基础。学生通过整节课的学习有助于提升数学抽象、直观想象和逻辑推理素养。

二、在整个单元视角下，处理好局部与整体的关系，尤其关注局部对整体的作用，以此设定第一节课的教学目标

1. 通过对实际情景的观察、抽象概括和类比想象等，使学生理解平面的概念；会对点与直线和点与平面的位置关系、直线与平面的位置关系进行逻辑分类；理解公理1，由此会判断与证明点与直线在平面上。

2. 会用文字语言、符号语言和图形语言表示点、线、面及其位置关系和公理1，为学生进行立体几何问题中的数学表达奠定基础。

3. 培养学生的数学抽象、直观想象和逻辑推理素养。

4. 激发学生对新知的兴趣与探索的勇气。

三、教学重、难点的确定，不仅考虑本节课，还要考虑整个单元

教学重点：理解平面的概念、公理1，掌握点与直线、点与平面、直线与平面位置的关系及其三种语言表示。

教学难点：用公理1证明点与直线在平面上。

四、学生情况分析不可忽略，心中要有学生，真正了解学生，才能使教学过程顺畅、有效

学生在初中学习了平面几何，现在要学习立体几何，会产生好奇心，借此激发学生学习兴趣。通过类比平面几何，创设问题情景，引领学生自主学习。先回顾平面几何知识结构，提出立体几何的知识结构。由点、线的特性，提出平面的特性。由平面几何点与线、线与线位置关系的逻辑分类，提出空间中的点与线、点与面、线与面的逻辑分类。由公理：三角形任意两边的和大于第三边，类比出公理1，并会判断与证明点与直线在平面上。逻辑证明对于学生来说是个难点，注意紧扣证明思路与依据，注重语言表述的教学。由平面几何的文字语言、符号语言、图形语言，提出空间中相应的语言。由于本节课内容较为繁杂，这些又是本章学习的基础，需要设置一定量的练习给予强化，帮助学生记忆与巩固。

五、精心布局教学过程

（一）要有大局观，注意承上启下，揭示平面几何与立体几何的内在联系，建立起立体几何问题转化为平面几何问题处理的思想基础，并初步体验这一思想。不局限于一节课的内容，而是从两个单元的内容角度，对立体几何进行概述，让学生了解立体几何研究的大体内容和逻辑体系，引入课题。

在初中，我们学习了平面几何，它研究的是平面上的一些简单图形及其性质。

大家生活在三维空间中，我们把视野从二维的平面拓展到三维的空间，在三维空间中的图形统称为空间图形或立体图形。如：六年级学习的长方体，还有金字塔、地球等，都给我们呈现了空间图形的形象。

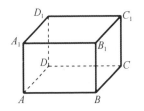  

现在开始，我们学习立体几何。立体几何研究的是一些简单的空间图形及其性质。

我们先学习构成空间图形的基本元素点、直线、平面及其关系和性质，即课本的第 10 章空间直线与平面，进而学习由其构成的几何体，即第 11 章简单几何体。

本节和下节课我们学习第 10.1 节平面及其基本性质中的第一小节：空间的点、直线、平面。（板书标题）

（二）为激发学生思维与引领学生思维指向，创设问题情景。立体几何是平面几何的拓展，两者间具有必然的内在联系，为避免学生被动接受，注重温故知新，让学生自行探究。同时，展开类比探索，培养学生的创新能力。

对于空间中的点与直线，在平面几何中已研究，我们作些回顾。

如晚上，天空中的星星，由于十分遥远，给我们点的形象。又如数轴上的点。

问题 1　点的基本特征是怎样的，又是如何表示的？

基本特征：无大小

图形表示：·A

习惯上用大写的字母 A、B、C 等表示点。

记作：点 A。

问题2　生活中有哪些事物给我们以直线的形象？

由学生回答。

问题3　你能给出直线的基本特征与表示方式吗？

基本特征：直的，没有粗细，可以无限延伸。

图形表示：

记作：直线 l、直线 AB。

指出：点与直线是从实际生活中抽象出来的概念，要掌握其基本特征、图形表示、符号表示。下面，我们探求平面的概念。

可类比点与直线的情形进行研究，类比或转化为平面几何问题，是处理立体几何问题的一种常用手段。

评注：这里先进行"温故"，对点、线的基本特征、图形表示、符号表示进行复习，为探寻"知新"奠定类比的基础。同时，引入三种语言，对同一数学对象用多种方式进行表述，可丰富思维视角，有助于产生更多的解决问题的途径，提醒学生加以重视。

（三）借助生活实际，引导学生进行数学抽象，形成概念。一方面，培养学生数学抽象素养；另一方面，培养学生用数学的眼光看待现实世界的习惯，这具有很好的育人价值。

1. 平面的概念与表示

问题4　生活中有哪些事物给我们以平面的形象？

先让学生说，再呈现课本图例。

问题 5 平面的基本特征、图形表示、符号表示是怎样的?

基本特征:平的,没有厚薄,可以无限延展。

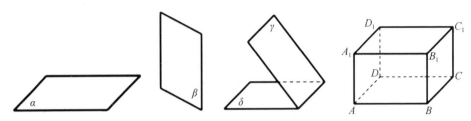

注意:被遮住的线段画虚线,与平面几何不同。

记作:平面 α、平面 β、平面 γ、平面 $ABCD$ 等。

2. 点与直线、点与平面的关系

向学生灌输事物间相互联系、相互转化的唯物主义辩证观点。以上对构成空间图形的基本要素——平面作了探究,下面研究构成空间图形的基本要素点、线、面间的位置关系。自然地引领学生进入下一个课题的研究,有逻辑地层层推进。

问题 6 点与直线、点与平面有怎样的位置关系?

	位置关系	符号表示	图形表示
点与直线	点 A 在直线 l 上,也称直线 l 经过点 A	$A \in l$	
	点 B 不在直线 l 上,也称直线 l 不经过点 B	$B \notin l$	
点与平面	点 A 在平面 α 上,也称平面 α 经过点 A	$A \in \alpha$	
	点 B 不在平面 α 上,也称平面 α 不经过点 B	$B \notin \alpha$	

3. 直线与平面的关系

问题 7 直线与平面有怎样的位置关系?

$$\left\{ \begin{array}{l} \text{直线在平面上} \\ \text{直线在平面外} \left\{ \begin{array}{l} \text{直线与平面平行} \\ \text{直线与平面相交} \end{array} \right. \end{array} \right.$$

直线在平面上⇔直线上所有的点在平面内⇔平面过直线

公理1　（文字语言）如果一条直线上有两点在平面上，那么这条直线上所有的点都在此平面上。

图形语言：

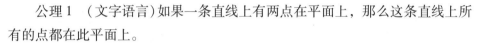

符号语言：若点 $A \in \alpha$，点 $B \in \alpha$，则直线 $AB \subset \alpha$。

说明：如无特殊说明，本章所说的两个点、两条直线、两个平面等均指它们不相重合的情形。

(四)简单应用，推理表达。

概念的形成还须通过正逆向的强化，给予适当的辨析与应用的训练，学生才能更好地领悟、掌握数学知识与方法，形成一定的技能。数学的论证始终是学生数学学习中的难点。这里给出了"双向探究"的探寻证明思路的方法，试用起来有很强的可操作性，应该是行之有效的，可极大地增强学生的数学探求能力，提升学生的逻辑推理能力。解题过程的表达始终是学生学习的另一个难点，应当细水长流，常抓不懈，力求证明简洁明了。

问题8　"长方体的每个面是平面"，此说法是否正确？

不正确，长方体的每个面都有边界，而平面是无限延展的。

问题9　如图，观察长方体 $ABCD\text{-}A_1B_1C_1D_1$ 中的点、线、面，用适当的符号填空：

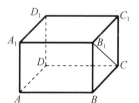

(1)点 A _____直线 AB；

(2)点 A _____平面 BCC_1B_1；

(3)直线 B_1C _____平面 BCC_1B_1；

(4)直线 AB _____平面 $A_1B_1C_1D_1$；

(5)直线 B_1C _____平面 $ABCD$。

例1　已知三角形 ABC 的三个顶点 A、B、C 都在平面 α 上。

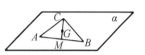

求证：该三角形的重心 G 也在平面 α 上。

问题10　怎么才能证明这个结论？

介绍双向探究：由条件，G 为三角形 ABC 重心 $\Rightarrow$ 取 AB 中点 M，$G \in CM$；

由结论，证 $G \in \alpha \Leftarrow CM \subset \alpha$(依据：直线在平面上 $\Leftrightarrow$ 直线上所有的点在平面上)；

由条件，A，$B \in \alpha \Rightarrow AB \subset \alpha \Rightarrow M \in \alpha$，又 $C \in \alpha \Rightarrow CM \subset \alpha$（依据：公理1）。

证明：如图，记线段 AB 的中点为 M，因为 $A \in \alpha$，$B \in \alpha$，由公理1可知，直线 $AB \subset \alpha$，从而 $M \in \alpha$。又因 $C \in \alpha$，仍由公理1可知，$CM \subset \alpha$，由于重心 G 是线段 CM 的一个三等分点，因此 $G \in \alpha$。

（五）巩固练习，促进迁移。

掌握一个数学问题的求解可分为四个层次：听（看）懂，会做，熟练，创新。通常需要拾级而上，不能仅在一节课上完成，需要对整个单元进行精心布局。经历了以上的教学过程，对数学问题至多刚达到了第一层次。因此，必须进行适当的巩固练习，由此强化学生对这些知识与方法的认识，增强对知识与方法的自觉迁移意识，促使手头问题的顺利解决。并且，还要布局后续的教学，这也是单元教学的一个特征，是确保实现教学目标的客观有效的途径。

1. 如图，用集合语言描述下列图形中的点、直线、平面之间的位置关系。

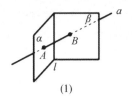　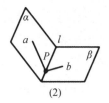

（1）　　　　　　　　　　　　　（2）

2. 证明：若四边形有三条边在一个平面上，则它的第四条边也在这个平面上。

上传学生解答并点评。

（六）小结总览，布置作业。

1. 小节总览

把一节课的内容放于一个单元的大背景下加以审视，便于了解知识的来龙去脉，明白一节课的价值与地位，避免所学知识的碎片化，形成一个相对完整的知识系统。明了以前学什么，现在学什么，将要学什么，学生可有效地自主调控自己的学习，充分发挥学生的自主学习意识，培养自主学习的能力。课堂小节，不但要总结知识及知识系统，还要总结思想方法等。为此，梳理如下：

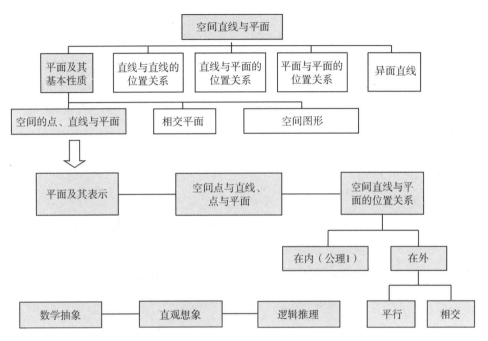

学习方法：

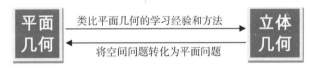

三种语言：文字语言、图形语言、符号语言

2. 布置作业

作业的基本功能是：巩固、强化与提高，以此为准绳，选取作业内容。同时考虑学生学习水平的差异，对作业分层，分必做练习与选做练习两个层次。

必做练习：

课本 P9~10 习题 10.1　A 组 1~2。

补充题：

1. 判断下列说法是否正确，并说明理由。

（1）一张平整的桌面的面积是 50×60＝3000 平方厘米，则它所在的平面面积是 3000 平方厘米。

（2）若射线上有两点在平面上，则射线上所有点都在此平面上。

（3）立体几何中，虚线表示辅助线。

（4）若直线 l 上有无数个点不在平面 α 上，则 $l /\!/ \alpha$。

2. 用集合符号表示语句"直线 l 经过平面 α 外一点 M 和平面 α 内一点 N"。

3. 分别用文字语言和示意图表示下列符号语言表示的点、直线、平面的位置关系。

（1）$a \subset \alpha$，$a \cap b = A$；

（2）$a \subset \alpha$，$b /\!/ \alpha$。

选做练习：

1. 若 $A \in \alpha$，$B \notin \alpha$，，$A \in l$，$B \in l$，则直线 l 与平面 α 有几个公共点？并证明。

2. 将一张 A4 纸卷成圆筒形，请说明纸筒的内表面是不平的。

任意性、存在性与多变量含参问题探究

邹建兵

【教学目标】

通过多变量问题的数学实例，理解任意性（全称量词）和存在性（存在量词）的意义，初步掌握多变量问题的分析方法。通过问题引导，体会数学转化思想，从而提高学生分析问题和解决问题的能力。

【教学重点】

理解任意性（全称量词）和存在性（存在量词）的意义，初步掌握使用转化思想处理多变量问题。

【设计分析】

根据新课程标准需要通过已知的数学实例，理解全称量词与存在量词的意义。任意性和存在性的理解和许多数学基本概念相关，例如函数奇偶性、单调性、最值、零点等，几何中的距离（点到直线的距离、点到平面的距离等）。加强对全称量词与存在量词的意义的理解，有利于深刻体验这些基本概念。双变量问题是在常规单变量问题上的加深，需要利用数学转化思想将其从双变量转化为单变量、从复杂转化到简单。双变量问题和任意性及存在性问题的综合是考试的热点、学习的重点与难点、学生学习的痛点。本节课按照从易到难、由浅入深主要分析三个问题：任意性和多变量的不等式问题；任意性和存在性与多变量的不等式问题；任意性和存在性与多变量的等式问题。本节课将问题分解，通过问题引导，最后实现问题解决，从而提高学生分析问题和解决问题的能力，体会数学转化思想、函数思想和数形结合思想等。

【教学过程】

情景导入

我们在高三复习过程中，经常遇到任意性和存在性问题，任意性即新课程标准内容的全称量词，存在性即新课程标准内容的存在量词。很多数学概念都会与这两个量词中的一个或两个相关，尤其是函数。本节课我们专门研究函数背景下的多变量含参问题，这些问题都与任意性或存在性相关。这些问题如何解决，存在什么内在规律，这就是本节课我们共同探究的目标。

问题 1

已知函数 $f(x) = x + \dfrac{a}{x} + b \, (x \neq 0)$，其中 a，$b \in \mathbf{R}$，若对于任意的 $a \in \left[\dfrac{1}{2}, 2 \right]$，不等式 $f(x) \leqslant 10$ 在 $x \in \left[\dfrac{1}{4}, 1 \right]$ 上恒成立，求 b 的取值范围。

预备问题：

已知函数 $f(x) = x + \dfrac{2}{x} + b \, (x \neq 0)$，其中 $b \in \mathbf{R}$，若不等式 $f(x) \leqslant 10$ 在 $x \in \left[\dfrac{1}{4}, 1 \right]$ 上恒成立，求 b 的取值范围。

解答分析：不等式恒成立问题转化为函数的最值或图像位置关系，即 $f(x)_{\max} \leqslant 10$，得 $b \leqslant \dfrac{7}{4}$。

问题解决：

已知函数 $f(x) = x + \dfrac{a}{x} + b \, (x \neq 0)$，其中 a，$b \in \mathbf{R}$，若对于任意的 $a \in \left[\dfrac{1}{2}, 2 \right]$，不等式 $f(x) \leqslant 10$ 在 $x \in \left[\dfrac{1}{4}, 1 \right]$ 上恒成立，求 b 的取值范围。

解答分析：本题存在两个任意性问题（即两个全称量词），用消元思想先选定一个主元转化为主元函数的最值。

方法一：记 $g(a) = a \cdot \dfrac{1}{x} + x + b$，$a \in \left[\dfrac{1}{2}, 2 \right]$，则 $g(a)_{\max} = x + \dfrac{2}{x} + b \leqslant 10$。

而 $y = x + \dfrac{2}{x} + b$ 有 $y_{\max} = b + 8 \dfrac{1}{4} \leqslant 10$，从而得 $b \leqslant \dfrac{7}{4}$。

方法二：从图像分析可知，$f(x)$ 的最大值只可能在左右端点取得，则 $f(x)_{\max} = f\left(\dfrac{1}{4} \right) = 4a + b + \dfrac{1}{4} \leqslant 10$。

又 $\left(4a + b + \dfrac{1}{4} \right)_{\max} = b + 8 \dfrac{1}{4} \leqslant 10$，从而得 $b \leqslant \dfrac{7}{4}$。

小结：

对于多变量的任意性问题可转化为函数最值（确界）或图像位置关系，但需注意降元转化过程中的主元选择策略。

问题2

已知 $f(x)=x^2$，$g(x)=\left(\dfrac{1}{2}\right)^x-m$。若对任意 $x_1\in[-1,2]$，总存在 $x_2\in[-3,2]$，使得 $f(x_1)\geqslant g(x_2)$ 成立，则实数 m 的取值范围是（　　）。

A. $[-8,+\infty)$

B. $\left[-\dfrac{3}{4},+\infty\right)$

C. $\left[\dfrac{1}{4},+\infty\right)$

D. $[8,+\infty)$

为处理上述存在多变量且存在任意性或存在性（全称量词和存在量词）的含参不等式综合问题，我们可以先回忆所遇到过的变量较少的任意性或存在性（全称量词和存在量词）的不等式问题（即以下预备问题）。

预备问题：

（1）已知 $f(x)=x^2$，若对任意 $x\in[-1,2]$ 都有 $f(x)\geqslant\dfrac{1}{4}-m$ 成立，则实数 m 的取值范围是_____。

解答分析：不等式恒成立问题转化为函数的最值，即 $f(x)_{\min}\geqslant\dfrac{1}{4}-m$，得 $m\geqslant\dfrac{1}{4}$。

（2）已知 $g(x)=\left(\dfrac{1}{2}\right)^x-m$，若总存在 $x\in[-3,2]$，使得 $g(x)\leqslant0$ 成立，则实数 m 的取值范围是_____。

解答分析：不等式有解转化为函数最值，即 $g(x)_{\min}\leqslant0$，得 $m\geqslant\dfrac{1}{4}$。

（3）已知 $g(x)=\left(\dfrac{1}{2}\right)^x-m$，若总存在 $x\in[-3,2]$，使得 $g(x)\geqslant0$ 成立，则实数 m 的取值范围是_____。

解答分析：不等式有解转化为函数最值，即 $g(x)_{\max}\geqslant0$，得 $m\leqslant8$。

问题解决：

已知 $f(x) = x^2$，$g(x) = \left(\dfrac{1}{2}\right)^x - m$。若对任意 $x_1 \in [-1, 2]$，总存在 $x_2 \in [-3, 2]$，使得 $f(x_1) \geqslant g(x_2)$ 成立，则实数 m 的取值范围是(　　)。

A. $[-8, +\infty)$

B. $\left[-\dfrac{3}{4}, +\infty\right)$

C. $\left[\dfrac{1}{4}, +\infty\right)$

D. $[8, +\infty)$

解答分析：在预备问题的启发下，$f(x)_{\min} \geqslant g(x)_{\min}$，即 $0 \geqslant \dfrac{1}{4} - m$，得 $m \geqslant \dfrac{1}{4}$。

小结：

多变量的任意性和存在性问题即不等式恒成立和不等式有解问题，通常处理为函数最值问题。建议先处理任意性问题进行降元转化，再处理存在性问题。

含全称量词的不等式问题(不等式恒成立)与含存在量词的不等式问题(不等式有解)从代数角度本质上都可以转化为函数最值问题。但值得注意的是，若一个是最大(最小)值，而另一个则是最小(最大)值。

问题3

已知 $f(x) = x^2$，$g(x) = \left(\dfrac{1}{2}\right)^x - m$。若对任意 $x_1 \in [-1, 2]$，总存在 $x_2 \in [-3, 2]$，使得 $f(x_1) = g(x_2)$ 成立，则实数 m 的取值范围是_____。

为处理这个存在多变量且存在任意性或存在性(全称量词和存在量词)的等式综合问题，我们可以先回忆所遇到过的变量较少的任意性或存在性(全称量词和存在量词)的等式问题(即以下预备问题)。

预备问题：

(1)已知 $g(x) = \left(\dfrac{1}{2}\right)^x - m$，若对于 $c = 1$，总存在 $x \in [-3, 2]$，使得关于 x 的方程 $g(x) = c$ 有解，则实数 m 的取值范围是_____。

解答分析：从图像分析可知常值函数 $y = 1$ 的图像与 $y = g(x)$ 的图像有交

点，代数上即 1 在函数 $y=g(x)$ 的值域内，即 $\frac{1}{4}-m \leqslant 1 \leqslant 8-m$，从而得 $-\frac{3}{4} \leqslant$ $m \leqslant 7$。

（2）已知 $g(x)=\left(\frac{1}{2}\right)^{x}-m$，若对任意 $c \in [0, 4]$，总存在 $x \in [-3, 2]$，使得关于 x 的方程 $g(x)=c$ 有解，则实数 m 的取值范围是_____。

解答分析：从特殊推广到一般，则 $[0, 4] \subseteq \left[\frac{1}{4}-m, 8-m\right]$，得 $\frac{1}{4} \leqslant$ $m \leqslant 4$。

（3）已知 $f(x)=x^{2}$，$g(x)=\left(\frac{1}{2}\right)^{x}-m$。若对任意 $x_{1} \in [-1, 2]$，总存在 $x_{2} \in [-3, 2]$，使得 $f(x_{1})=g(x_{2})$ 成立，则实数 m 的取值范围是_____。

解答分析：先处理任意性，得到 $y=f(x_{1})$ 的值域为 $[0, 4]$，从而转化为第（2）题，则 $[0, 4] \subseteq \left[\frac{1}{4}-m, 8-m\right]$，得 $\frac{1}{4} \leqslant m \leqslant 4$。

小结：

对于有任意性和存在性的等式问题（存在全称量词和存在量词），转化为函数值域的子集关系，其中有全称量词的函数值域为有存在量词的函数的值域的子集。

问题 4

已知 $f(x)=3\sin x+2$，对任意的 $x_{1} \in \left[0, \frac{\pi}{2}\right]$，都存在 $x_{2} \in \left[0, \frac{\pi}{2}\right]$，使得 $f(x_{1})=2f(x_{2}+\theta)+2$ 成立，则下列选项中，θ 可能的值为（　　　）。

A. $\frac{3\pi}{5}$　　　　　　　　　　　B. $\frac{4\pi}{5}$

C. $\frac{6\pi}{5}$　　　　　　　　　　　D. $\frac{7\pi}{5}$

解答分析：函数 $y=f(x_{1})$ 的值域 $M=[2, 5]$，函数 $y=2f(x_{2}+\theta)+2$ 的值域为 N，判断 $M \subseteq N$ 是否成立。

对于选项 A，$N=\left[-6\sin\frac{\pi}{10}+6, 6\sin\frac{3\pi}{5}+6\right]$，而 M 不是 N 的子集，故不

正确。

对于选项 B，$N = \left[-6\sin\dfrac{3\pi}{10}+6,\ 6\sin\dfrac{4\pi}{5}+6\right]$，而 M 是 N 的子集，故正确。

对于选项 C，$N = \left[0,\ -6\sin\dfrac{\pi}{5}+6\right]$，而 M 不是 N 的子集，故不正确。

对于选项 D，$N = \left[0,\ -6\sin\dfrac{\pi}{10}+6\right]$，而 M 不是 N 的子集，故不正确。

说明：学生在否定 A、C、D 选项时，也不必解出值域 N，只需找出函数最大(小)值为集合 M 中的元素也可。

课堂小结(学生回答)：

本节课我们对存在性、任意性与多变量含参问题加以综合探究，充分理解存在性和任意性的数学含义(通过已知的数学实例，理解全称量词和存在量词的含义)，善于通过转化(消元)思想将多变量问题转化为单变量问题，体会数学转化思想、函数思想及数形结合思想等在处理数学问题中的作用。

【课后作业】

1. 设函数 $f(x) = \sin\left(x - \dfrac{\pi}{6}\right)$，若对于任意 $\alpha \in \left[-\dfrac{5\pi}{6},\ -\dfrac{\pi}{2}\right]$，在区间 $[0,\ m]$ 上总存在唯一确定的 β，使得 $f(\alpha) + f(\beta) = 0$，则 m 的最小值为(　　)。

A. $\dfrac{\pi}{6}$　　　　　　　　　　B. $\dfrac{\pi}{2}$

C. $\dfrac{7\pi}{6}$　　　　　　　　　　D. π

2. 已知 $f(x)$ 是定义在 $[-2,\ 2]$ 上的奇函数，当 $x \in (0,\ 2]$ 时，$f(x) = 2^x - 1$，函数 $g(x) = x^2 - 2x + m$。如果对于任意的 $x_1 \in [-2,\ 2]$，总存在 $x_2 \in [-2,\ 2]$，使得 $f(x_1) \leqslant g(x_2)$，则实数 m 的取值范围是_____。

3. 如果对一切正实数 x，y，不等式 $\dfrac{y}{4} - \cos^2 x \geqslant a\sin x - \dfrac{9}{y}$ 恒成立，则实数 a 的取值范围是(　　)。

A. $\left(-\infty,\ \dfrac{4}{3}\right]$　　　　　　　B. $[3,\ +\infty)$

C. $[-2\sqrt{2},\ 2\sqrt{2}]$　　　　　　D. $[-3,\ 3]$

参考答案：1. B；2. $m \geqslant -5$；3. D。

【课后反思】

本节课是高三二轮复习的一节数学专题复习探究课，旨在初步掌握任意性与存在性的多变量含参问题的解答规律。学生的认知起点为对不等式恒成立和等式恒成立问题已有所了解，即对任意性问题已有一定的认知，大部分学生都能基本处理含参的恒成立问题。对多变量问题的处理策略也有所了解，通常使用数学转化思想通过降元转化为单变量问题或通过数形结合思想从图像相对位置关系予以处理。但将存在性、任意性与多变量含参问题结合，实际上是数学中集合思想、函数思想、转化思想与数形结合思想等多种数学思想方法的综合，因此对学生来讲难度是几何级数地倍增。存在性、任意性与多变量含参问题的组合可以分为如下三类典型问题：存在性+任意性的多变量含参的不等式问题；任意性+任意性的多变量含参不等式问题，任意性+存在性的多变量含参的等式问题。基于学生已有知识水平，处理以上问题的关键在于将问题分解，通过问题引导探究过程，促进学生主动思考，从而在问题解决过程中实现学生能力的提升和数学素养的提高。

本节课基本上实现了预定教学目标，学生加强了对存在性和任意性即存在量词和全称量词的概念内涵的理解，数学基础知识和基本技能得到了提高，通过问题探究形式的课堂活动充分体会了数学转化思想、函数思想及数形结合思想等基本思想。本节课有利于提高学生分析问题和解决问题的能力，促进学生的数学抽象、逻辑推理、直观想象、运算能力等数学学科核心素养的形成。但本节课思维容量较大，难度较高，部分基础较差的学生感觉节奏较快，因此在问题引导和数学表述方面还需改进。

参考文献

［1］韩义成. "任意性"和"存在性"问题求参数范围解析［J］. 数理化解题研究（高中版），2016(3)：48-49.

［2］张成旺. 双变量背景下函数任意性和存在性问题解析［J］. 中学数学教学参考，2021（24）：50-51.

［3］中华人民共和国教育部. 普通高中数学课程标准［M］. 北京：人民教育出版社，2018.

苟日新，日日新
——新教材教学的几点体会

陈雪芹

当今的信息化社会及知识的经济化都对高中的教育教学提出了新要求，因此新课程改革正如火如荼。

作为一位一直奋战在教学第一线的二十年教龄的数学教师，也恰巧由高三转战高一，积极地投入到这一轮新课改的教学中。

认真学习了新课改的精神后，我充分认识到课程改革是对学习方式和教学方式的改变：对比老教材的文本和知识架构，新课程更强调形成学生积极主动的学习态度，把一味地习得知识与技能的过程转变为学会学习和形成正确价值观的过程。

在接下来一个学期的教学实践中，我充分贯彻了这一宗旨。以下谈谈我的一些具体做法。

一、针对教材通俗易懂的特点，助力学生自主阅读

在还没有看到这本新教材的时候，就听到一些老师说新教材语言很"啰嗦"，后来拿到书一看，确实，这本数学书上的中文字可真不少啊。然而经过了一个学期与这本书的亲密接触后突然领悟到这本书不仅仅是给老师们的教材，更重要的是为学生学习数学所用。这本教材的语言文字，也许对于老师们来说不够简练，但对于第一次接触高中数学的同学们来说可阅读性更强。这本书更易于初学者读懂，有利于学生们课前的预习，课后的复习巩固。那么让我们打开书本看看：

先看一个例子，我们要培养的是德智体美劳全面发展的社会主义建设者和接班人。显然，对于这样"全面发展"的学生来说，其学习成绩一定是好的；反过来，学习成绩好的学生不一定是"全面发展"的，因为可能其他方面不是

很好，也就是说，"学习成绩好"对于"全面发展"是不可缺少的，但只有"学习成绩好"还不够。

定义 对于两个陈述句 α 与 β，如果 $\alpha \Rightarrow \beta$，就称 α 是 β 的充分条件，亦称 β 是 α 的必要条件。

新教材是改用与学生学习生活息息相关的"成绩好"与"五育并举"之间的推出关系来讲解充要条件的，更适合学生自主阅读，更容易得出两者之间的推出关系，这样不仅让学生学到了数学知识，还对学生进行了德育教育，真是一举两得。

定义 对于函数 $y=f(x)$，如果对于其定义域 D 中的任意给定的实数 x，都有 $-x \in D$，并且 $f(-x)=-f(x)$，就称函数 $y=f(x)$ 为奇函数。

例 2 证明：$y=x^3-\dfrac{1}{x}$ 是一个奇函数。

证明 函数 $y=x^3-\dfrac{1}{x}$ 的定义域为 $D=\{x \mid x \neq 0\}$。

记 $f(x)=x^3-\dfrac{1}{x}$，在 D 中任取一个实数 x，都有 $-x \neq 0$，

因此 $-x \in D$，并且

$$f(-x)=(-x)^3-\dfrac{1}{-x}=-\left(x^3-\dfrac{1}{x}\right)=-f(x)，$$

因此，$y=x^3-\dfrac{1}{x}$ 是一个奇函数。

再来看看"函数的奇偶性"这一讲中，以奇函数的定义为例，对比新老教材，我们不难发现新教材的定义中多了"对于其定义域 D 中的任意给定的实数 $x \in D$，都有 $-x \in D$"这句话。新教材把隐含在 $f(-x)=-f(x)$ 这个恒等式中定义域应满足的条件进行了明确的阐述。教学实践证明，这"多出来"的一句话确实有效地让学生关注到了"定义域关于原点对称是函数是奇函数的必要条件"。

二、利用教材注重衔接的长处，引领学生温故知新

新教材加强了初高中知识的衔接，使学生进入高中新的学习环境之后，能够更好地适应高中数学学习的节奏和难度。

比如说，在讲不等式的性质之前，首先给学生整理复习等式的性质，让学

生用类比的思想，从自己已有的知识出发，去学习更为复杂的知识。又比如说，学生在初中学习函数图像平移时，老师们肯定教授了"左加右减，上加下减"的平移口诀，但这其中的道理也许是一笔带过，学生只是知其然，但不知其所以然。新教材对函数图像的平移变换进行了严格的论证，这样不仅对于初中知识的来龙去脉做了补充证明，完善了学生数学知识体系的建构，而且慢慢地给学生渗透数形结合的思想，也为学生学习函数和解析几何打下基础。

三、发挥教材着力整合的优势，完善学生认知结构

新教材在知识点的呈现方式上更具有条理性，这不仅表现在每一章学习内容主旨明确，每一讲的知识点也非常有体系地呈现出来。

下面结合教材举个例子：

第一章　集合与逻辑

1.1　集合初步

1.1.1　集合的概念

1.1.2　集合的表示方法

1.1.3　集合之间的关系

1.1.4　集合之间的运算

1.2　常用逻辑用语

1.2.1　命题

1.2.2　充分条件与必要条件

1.2.3　反证法

以第一章"集合与逻辑"为例，新教材虽然还是把集合与逻辑并为第一章，但是却把集合和逻辑分成了第一章第一部分和第一章第二部分两大块，这样的呈现方式使知识体系更清晰。

我们再来细看集合初步这个知识点，新教材把"集合的表示方法"从"集合的概念与表示"这一节中分离出来，以单独一节的方式呈现，并把老教材第三章"不等式"中才出现的区间表示移到了这里，相对完整地呈现了集合的几种表示方法。

后面第五章有一节"函数的表示方法"也是这样。我相信学生学完这一节一定对如何表示一个函数不存疑问了。

四、围绕教材突出素养的核心，推动学生循序渐进

数学运算和逻辑推理、数学抽象、数学建模是数学六大核心素养中的四个，当然是教师要对学生着力培养的数学素养。新教材为了给刚进入高中学习的学生降低数学学习的难度，专门把幂函数、指数函数、对数函数的运算从函数中独立出来，让学生先过了运算关，再去挑战更高难度的函数知识，在数学运算能力扎实的基础上，着重逻辑推理、数学抽象、数学建模能力的培养，最终达成数学学科素养的全面提升。

五、遵守教材力求严谨的原则，培养学生逻辑思维

仔细研究新教材，我们发现新教材对学生的数学思维、能力要求有所增强，有利于落实推理，搞清知识来龙去脉。我们在书中看到了大量的推理论证，比如说集合与集合关系的证明，反证法的证明，三角不等式及其证明，以幂的基本不等式为逻辑起点去证明幂函数，指数函数和对数函数的单调性，还有很多，这些都是老教材没有的，或者是淡化的。又比如函数单调性的证明，老教材有可能更加强调作差比大小的思想，从而使很多学生陷入了模式化的操练，不知其意，一味作差。新教材也许是为了摆脱这种教条的模式化的学习，让更多的学生真正地学懂数学，在例题中给出作差证明的同时，也给出了综合法证明的例子。方式方法一多，迫使学生去加强理解，落实推理。

六、重视教材立足抽象的提升，关注学生深度学习

我们从书本的练习和课后的习题可以发现，新教材对于练习题的难度梯度拉得更开。其中不乏一些题目对学生的数学抽象的核心素养有很高的要求。

1. 已知函数 $y=f(x)$，$x \in D$ 具有反函数 $y=f^{-1}(x)$，$x \in f(D)$，函数 $g(x) = f(x+1)$ 与 $h(x)=f^{-1}(x+1)$ 是否一定互为反函数？说明理由。

这道题目学生也许可以很容易地找到这两个函数不互为反函数的例子，但是这两个函数互为反函数也是有可能的，但是要找到满足要求的例子是有一定的难度的。$y=f(x+1)$ 与 $y=f^{-1}(x+1)$ 不互为反函数的例子比比皆是。例如：$f(x)=\lg x$，则 $f^{-1}(x)=10^x$，所以有 $f^{-1}(x+1)=10^{x+1}$，而 $f(x+1)=\lg(x+1)$ 的反函数为 $y=10^x-1$，显然 $y=f(x+1)$ 与 $y=f^{-1}(x+1)$ 不互为反函数。

$y=f(x+1)$ 与 $y=f^{-1}(x+1)$ 互为反函数的例子是比较难发现的。分析：

$y=f^{-1}(x+1)$，则 $x+1=f(y)$，即 $x=f(y)-1$，则 $y=f^{-1}(x+1)$ 的反函数为 $y=f(x)-1$，即 $y=f(x+1)$ 与 $y=f(x)-1$ 为同一函数。我们不妨以一次函数来尝试构造。设 $f(x)=kx+b$，$k\neq 0$，则 $f(x)-1=kx+b-1$，而 $f(x+1)=k(x+1)+b$，所以 $kx+b-1=k(x+1)+b$，得 $k=-1$，$b\in \mathbf{R}$。函数 $f(x)=-x+b$，$b\in \mathbf{R}$ 满足 $y=f(x+1)$ 与 $y=f^{-1}(x+1)$ 互为反函数。

2. 设函数 $y=f(x)$，$x\in \mathbf{R}$ 的反函数为 $y=f^{-1}(x)$。

(1)如果 $y=f(x)$ 是奇函数，那么 $y=f^{-1}(x)$ 的奇偶性如何？

(2)如果 $y=f(x)$ 在定义域上是严格增函数，那么 $y=f^{-1}(x)$ 的单调性如何？

这道题在函数对应关系不明确的状态下，利用原函数是奇函数的定义去证明反函数也是奇函数，对于学生来说是抽象的，有难度的。

3. 设 $y=f(x)$ 是奇函数，且 $y=f(x)$ 在区间 $(-3,0]$ 上是严格增函数。

(1)证明：$y=f(x)$ 在区间 $[0,3)$ 上是严格增函数。

(2)问：$y=f(x)$ 是否在区间 $(-3,3)$ 上是严格增函数？说明理由。

这道题又是在函数对应关系不明确的状态下，利用奇函数的定义去证明函数在对称区间上具有相同的增减性，更有甚者，单调区间在 $x=0$ 处是连续的，而且这个函数又是奇函数，所以我们还要进一步地论证这两个增区间是可以合并为一个整体的增区间，这对于学生的数学抽象和逻辑推理有很高程度的要求。

在这将近一个学期的新教材教学中，也遇到了一些困惑，根据自己对教材的理解做了一些尝试，不知是否妥当，心中也是有些忐忑。

1. 在老教材中，在表达常用数集时，用 $\mathbf{N}^{*}$ 表示不含零的自然数集，也有 $\mathbf{Z}^{+}$，$\mathbf{Z}^{-}$，$\mathbf{Q}^{+}$，$\mathbf{Q}^{-}$，$\mathbf{R}^{+}$，$\mathbf{R}^{-}$ 的表现形式，但是在新教材中只给出了自然数集 $\mathbf{N}$，整数集 $\mathbf{Z}$，有理数集 $\mathbf{Q}$ 和实数集 $\mathbf{R}$。这样对常用数集的表示做了"减法"，虽然减少了学生的记忆，但到学习数列时，我们经常要用到非零自然数集，这时候给表达增加了麻烦。

2. 记得老教材中，在"不等式"一章，曾以不等式为载体，介绍了几种证明的方法，其中有分析法、综合法的介绍。而在新教材中，把分析法、综合法的证明方法去掉了，却在第一章"常用逻辑用语"中专门有一节提到了反证法。虽然在反证法之前，我们学习了命题和充要条件，这里面也体现了综合法的证明思想，但是为什么不在这里完善一下证明方法的介绍呢？即便不在这里介绍，那么在讲解不等式的基本性质时是否可以介绍这两种证明方法呢？为了让学生认识到证明方法不只有反证法这一种，我是这样处理的：在讲解不等式的基本性质时，也对分析法和综合法稍作介绍。

3. 记得有一次听报告，一位老师在一次调研中发现他忠于新教材，按照新教材的思路教"解一元二次不等式"，结果学生作业做得很差，效果不理想，于是他又用了老教材的方法，也就是结合二次函数图像的方法又讲解了一遍，终于教会了学生一元二次不等式的解法。新教材是面向全上海市的，我们各个学校的学生层次是不一样的，所以老师可以根据自己学生的特点，对教材做适当的调整，于是我就在想对于我的学生来说，如何教"一元二次不等式的解法"才是适合的呢？通过与学生交流，与老师们共同讨论，我把教材 P35~P40 做了简化处理，对于这种把一元二次不等式转化为一元一次不等式组的求解方法只通过几个例题介绍它的解题策略，不作一般形式的推广，而把教材 P130~P131 的内容（利用二次函数解一元二次不等式）作为解一元二次不等式的主要方法。

4. 在老教材中常常会请学生研究某个函数的基本性质，按照老教材的书本体系，基本性质包括奇偶性、单调性、最值和零点。而新教材把零点放在了函数应用一节当中，那么是不是可以认为零点已经不再属于基本性质的研究范畴。仔细翻阅了教参，似乎教参上也只是提到了函数的主要性质包括奇偶性、单调性和最值。因此我把函数零点作为函数在方程中的应用来进行教学。

数学学科素养的养成是一个漫长的过程，是一个循序渐进的过程。在新课改精神的指导下，这一个学期的教学收到了一定的成效：学生养成了阅读研究教材的习惯，形成课前自主学习的习惯，把预习真正落到了实处。"读书百遍，其意自见"，这种学生独立探索数学问题的改变是难能可贵的，是比学生解出十道难题更让我欣慰的。当然，学数学是离不开做题的，但做题绝不是反复地刷自己会做的题、机械地刷题。

借助线性变换探究三角形内切椭圆的存在性

施晓霞

【摘要】

引入平面直角坐标系后，我们可以通过方程来研究平面曲线。对于三角形内切椭圆存在性的探究，可转化为对椭圆方程中各系数的求解。借助线性变换，既可简化求解过程，又可利用其图形不变性作更进一步的研究。而 TI 图形计算器则是从技术的角度来辅助代数求解，并且让该问题的三个结论能更直观、更具体地呈现出来。

【关键词】

三角形的内切椭圆；内切椭圆；线性变换；TI 图形计算器

我们知道，任意 $\triangle ABC$ 有且仅有一个内切圆，它的圆心是三条角平分线的交点，称为内心。若将圆改为椭圆，则任意 $\triangle ABC$ 是否都存在内切椭圆呢？若存在，是否唯一？如何确定内切椭圆的位置呢？

借助于平面直角坐标系，用方程来研究平面曲线的几何性质是平面解析几何的基本思想。不妨以点 B 为坐标原点，以 BC 为 x 轴建立平面直角坐标系，如图 1。若运用待定系数法求解三角形内切椭圆的方程，则可以通过系数解的情况来确定内切椭圆是否存在。但由于三角形的任意性会导致参数过多、方程过于复杂，故笔者尝试借助线性变换进行探究。

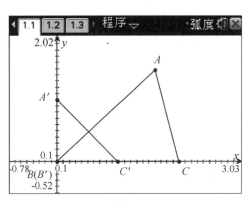

图1

平面图形的线性变换有：旋转变换、反射变换、伸缩变换、投影变换、切变变换[1]. 我们可以通过切变变换和伸缩变换，将上述△ABC变换为以（0，1），（0，0），（1，0）为顶点的△$A'B'C'$，如图1。由于这两类变换的二阶矩阵均可逆，所以在给定变换的前提下，△ABC的内切椭圆与△$A'B'C'$的内切椭圆皆一一对应（这里把内切圆看作特殊的内切椭圆，以下探究过程中亦这么处理）。又因为可逆的线性变换具有图形不变性，主要包括：点仍为点、线仍为线、共线三点仍共线、相交相切平行的位置关系不变、平行（或重合）直线上的线段长度之比不变、两个封闭图形的面积之比不变[2]，所以，我们可以借助于线性变换，通过△$A'B'C'$的内切椭圆来探究△ABC的内切椭圆。下面，笔者以 TI 图形计算器为辅助工具进行探究，得出三个结论，与读者分享。

1. 任意△ABC存在无数个内切椭圆，其方程包含两个参数。在△ABC的任意两边分别取异于 A，B，C 的两点 T_1，T_2，则存在唯一以 T_1，T_2 为切点的三角形内切椭圆。

设△$A'B'C'$内切椭圆为 Γ，其方程为 $Ax^2 + By^2 + 2Cxy + Dx + Ey + F = 0$，其中 $A > 0$，$B > 0$。设椭圆 Γ 与△$A'B'C'$三边分别相切于 $T_1(t, 0)$，$T_2(0, w)$，$T_3(x_3, 1-x_3)$，如图2。

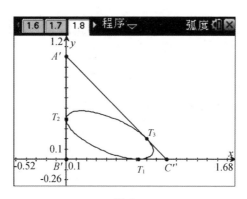

图 2

令椭圆 Γ 在点 (x,y) 处的切线斜率[3]为 $H(x,y)=\dfrac{\mathrm{d}y}{\mathrm{d}x}=-\dfrac{2Ax+2Cy+D}{2Cx+2By+E}$。

$\because$ 椭圆 Γ 过点 $T_1(t,0)$，并在 T_1 处的切线斜率为 0，

$\therefore At^2+Dt+F=0$，　　　　　　　　　　　　　　　　　　　　　　①

　$2At+D=0$，　　　　　　　　　　　　　　　　　　　　　　　　　　②

$\because$ 椭圆 Γ 过点 $T_2(0,w)$，并在 T_2 处的切线斜率不存在，

$\therefore Bw^2+Ew+F=0$，　　　　　　　　　　　　　　　　　　　　　　③

　$2Bw+E=0$，　　　　　　　　　　　　　　　　　　　　　　　　　　④

$\because$ 椭圆 Γ 过点 $T_3(x_3,1-x_3)$，并在 T_3 处的切线斜率为 -1，

$\therefore Ax_3^2+B(1-x_3)^2+2Cx_3(1-x_3)+Dx_3+E(1-x_3)+F=0$，　　　⑤

　$-\dfrac{2Ax_3+2C(1-x_3)+D}{2Cx_3+2B(1-x_3)+E}=-1$，　　　　　　　　　　　　⑥

联立①②③④⑤⑥，利用 TI 图形计算器求解得 $x_3=\dfrac{t(w-1)}{t(2w-1)-w}$，以及 Γ

的方程：

$w^2x^2+t^2y^2-2tw[2t(w-1)-2w+1]xy-2w^2tx-2wt^2y+t^2w^2=0$。　　⑦

（1）验证椭圆。

因为二次曲线 $Ax^2+By^2+2Cxy+Dx+Ey+F=0$ 表示椭圆的条件[4]为

$$\begin{vmatrix} A & C \\ C & B \end{vmatrix}>0 \ \text{且}\ (A+B)\cdot \begin{vmatrix} A & C & \dfrac{D}{2} \\ C & B & \dfrac{E}{2} \\ \dfrac{D}{2} & \dfrac{E}{2} & F \end{vmatrix}<0,$$

在方程⑦中，当 $0<t<1$，$0<w<1$ 时，

$$\begin{vmatrix} A & C \\ C & B \end{vmatrix}=-4t^{2}w^{2}(t-1)(w-1)[t(w-1)-w]>0,\ (A+B)\cdot \begin{vmatrix} A & C & \dfrac{D}{2} \\ C & B & \dfrac{E}{2} \\ \dfrac{D}{2} & \dfrac{E}{2} & F \end{vmatrix}$$

$$=-4t^{4}w^{4}(t-1)^{2}(w-1)^{2}(t^{2}+w^{2})<0,$$

所以，当 $0<t<1$，$0<w<1$ 时，方程⑦的曲线是椭圆。

（2）验证切点。

当 $0<t<1$，$0<w<1$ 时，在方程⑦中，

令 $y=0$，有 $x^{2}-2tx+t^{2}=0$，

∴ 椭圆与线段 $B'C'$ 相切于点 $(t,\ 0)$。

令 $x=0$，有 $y^{2}-2wy+w^{2}=0$，

∴ 椭圆与线段 $A'B'$ 相切于点 $(0,\ w)$。

令 $y=1-x$，可求得 $\{x[t(2w-1)-w]-t(w-1)\}^{2}=0$，

所以，椭圆与线段 $A'C'$ 相切于点 $\left(\dfrac{t(w-1)}{t(2w-1)-w},\ \dfrac{w(t-1)}{t(2w-1)-w}\right)$。

综上，方程⑦的曲线是 $\triangle A'B'C'$ 的内切椭圆，它包含两个参数 t 和 w。在 TI 图形计算器中拖动游标 t 和 w，可看到这无数个内切椭圆，如图 3。

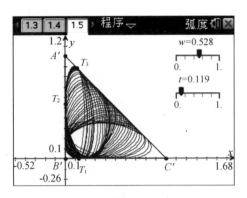

图 3

另外，根据三个切点的坐标易得

$$\frac{A'T_3}{T_3C'}=\frac{1-w}{w}\cdot\frac{t}{1-t}, \quad \frac{B'T_2}{T_2A'}=\frac{w}{1-w}, \quad \frac{B'T_1}{T_1C'}=\frac{t}{1-t},$$

可得到 $\dfrac{A'T_3}{T_3C'}=\dfrac{A'T_2}{T_2B'}\cdot\dfrac{B'T_1}{T_1C'}, \quad \dfrac{B'T_2}{T_2A'}=\dfrac{B'T_1}{T_1C'}\cdot\dfrac{C'T_3}{T_3A'}, \quad \dfrac{B'T_1}{T_1C'}=\dfrac{B'T_2}{T_2A'}\cdot\dfrac{A'T_3}{T_3C'}$，即已知

$\triangle A'B'C'$ 任意两边上的切点坐标，均可唯一确定第三个切点的坐标。

因此，给定内切椭圆和 $\triangle A'B'C'$ 某两边上的切点坐标，就可以唯一确定内切椭圆的方程；给定内切椭圆的方程，则可以唯一确定该椭圆与 $\triangle A'B'C'$ 三边的切点坐标。借助线性变换可知，$\triangle ABC$ 的内切椭圆亦有相同结论.

2. 在 $\triangle ABC$ 三边中点 D，E，F 所构成的三角形内任取一点 G，则存在唯一以 G 为中心的三角形内切椭圆。

设 $\triangle A'B'C'$ 内切椭圆中心为 $G(x_0,\ y_0)$。

因为二次曲线 $Ax^2+By^2+2Cxy+Dx+Ey+F=0$ 的中心（x_0，y_0）满足[4]

$$\begin{cases} Ax_0+Cy_0+\dfrac{D}{2}=0, \\ Cx_0+By_0+\dfrac{E}{2}=0, \end{cases}$$ 利用 TI 图形计算器可求得 t，w 和 x_0，y_0 的关系为

$$\begin{cases} t=\dfrac{2x_0+2y_0-1}{2y_0}, \\ w=\dfrac{2x_0+2y_0-1}{2x_0} \end{cases} 和 \begin{cases} x_0=\dfrac{-t}{2[t(w-1)-w]}, \\ y_0=\dfrac{-w}{2[t(w-1)-w]}。 \end{cases}$$

因此，根据内切椭圆中心的坐标可唯一确定两个切点的坐标，即唯一确定

了内切椭圆。

由 $0<t<1$，$0<w<1$ 且 $x_0>0$，$y_0>0$，解得 $0<x_0<\dfrac{1}{2}$，$0<y_0<\dfrac{1}{2}$ 且 $2x_0+2y_0-1>0$，如图4。

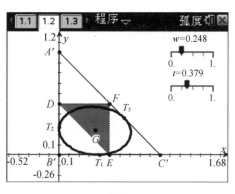

图4

所以，$\triangle A'B'C'$ 内切椭圆的中心轨迹为三边中点所构成的三角形内部。借助线性变换可知，$\triangle ABC$ 的内切椭圆亦有相同结论。

3. 在 $\triangle ABC$ 内任取一点 F_1，则存在唯一以 F_1 为焦点的三角形内切椭圆。

这里，我们先来证明一个预备命题。

预备命题：如图5，已知 F_1，F_2 是椭圆的两个焦点，点 A 是椭圆外一点，直线 AK_1，AK_2 分别与椭圆相切于点 G_1，G_2，则必有 $\angle F_1AK_1 = \angle F_2AK_2$。

证明：作 F_1 关于直线 AK_1 的对称点 H_1，作 F_2 关于直线 AK_2 的对称点 H_2。

根据椭圆的光学性质易知，H_1，G_1，F_2 共线，F_1，G_2，H_2 共线。易证 $\triangle AH_1F_2 \cong \triangle AF_1H_2$，所以 $\angle F_1AK_1 = \angle F_2AK_2$。

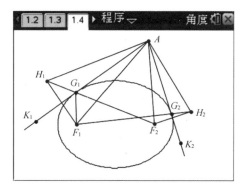

图5

根据预备命题，$\triangle ABC$ 内切椭圆的焦点 F_1，F_2 与点 A，B，C 之间存在着一种等角的性质。我们可以利用它，以 $\triangle ABC$ 内的任意一点 F_1 为焦点，用 TI 图形计算器作出内切椭圆，方法如下：

　　(1)在 $\triangle ABC$ 内任取一点 F_1，连 AF_1，BF_1，如图 6；

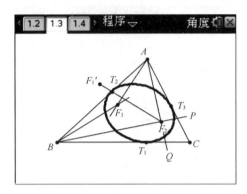

图 6

　　(2)作 AF_1 关于 $\angle A$ 平分线的对称直线 AQ，作 BF_1 关于 $\angle B$ 平分线的对称直线 BP，则直线 AQ，BP 所存在的唯一公共点 F_2 即为椭圆的另一个焦点；

　　(3)作 F_1(或 F_2)关于 AB(或 BC，AC)的对称点 F_1'，连 $F_1'F_2$，则 $F_1'F_2$ 与 AB 的交点 T_2 即为椭圆在 AB 边上的切点；

　　(4)由 F_1，F_2 及椭圆上一点 T_2 作出 $\triangle ABC$ 的内切椭圆。

　　在 TI 图形计算器中拖动 F_1，并跟踪椭圆，可验证 $\triangle ABC$ 存在无数个内切椭圆，如图 7。跟踪椭圆的中心 G，可验证 G 的轨迹为三边中点所构成的 $\triangle DEF$ 内部，如图 8。

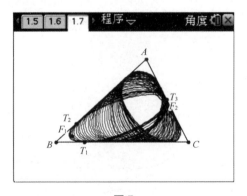

图 7

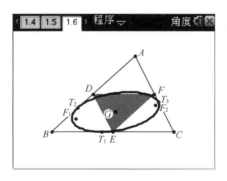

图 8

参考文献

[1] 普通高中课程标准实验教科书 数学 选修 4-2 A 版 矩阵与变换[M]. 北京：人民教育出版社，2008：3-8.

[2] 李云杰，陈清华. 伸缩变换及其在有关面积求解中的应用[J]. 福建中学数学，2008（6）：11-13.

[3] 华东师范大学数学系. 数学分析：下册[M]. 北京：高等教育出版社，1991：188-189.

[4] 吕林根，许子道. 解析几何[M]. 北京：高等教育出版社，1987：184-241.

英语教研组

依据文化适应论增效文化聚焦板块教学实效

史海蓉

- -

　　美国学者 Jone H. Schumann 在 20 世纪 70 年代提出，外语学习仅仅是文化适应的一个侧面，一个学习者适应目标语社区文化的程度决定着他对第二语言的习得程度。文化适应论还认为学习者对外国文化的适应程度表现在他与该文化的社会距离和心理距离上。当社会距离和心理距离小时，学习者接受的外语输入就多，吸收量也大；反之，学习者接受的外语输入就少，吸收量也就小得多。由此可见，外语学习的真正含义就是目标语言的文化习得。语言与文化之间的关系为：语言是文化的重要组成部分，它既是表现文化的主要手段，又是文化的载体。

　　反思目前高中英语文化板块教学的痛点与不足，具体表现为：在完成单元教学任务的过程中，许多老师往往会有意无意地忽视对文化知识专题板块素材的构思与设计，在利用多模态对学生进行文化意识培养方面的意愿不足、意识不强。分析其背后原因，可归纳为：其一，部分"唯分数论"的师生认为学习文化知识对考试结果没有立竿见影的效果；其二，高质量的文化板块的教学活动设计及教学目标的高效达成对教师本身的文化底蕴要求极高。文化板块文本题材、体裁多样灵活，设计话题范畴更是五花八门，同时文化输入模态讲究多样灵活，这些对于仅利用 40 分钟的教学时长达成一系列教学目标的教师来说实属不易。然而，我们必须认识到：缺乏长期有效的文化输入的学生注定是短视的、缺乏持久力的。一旦置身真实的语言交际环境中，只学语言皮毛，不及语言文化精髓，便会觉得力不从心、不知所措。我想这也是基础教育阶段英语教学长期被诟病的痛点：很多人觉得从小到大花了大量时间和气力进行的英语学习，除了帮助应付各类考试以外，很难胜任自己现实中的各项交际任务。因此，笔者认为必须重视目标语文化知识的适量、适当补充。依据"文化适应论"，在教学设计中应充分考虑和利用文化知识对目标语习得的影响和作用，以此有效提升学生的语言能力。

一、提高文化内容与语言内容的相关度，增进文化认知

上教版必修三 Unit 3 文化聚焦话题 "clothing and jewellery of the Miao people" 通过对苗族服装独特的设计、精美手艺的介绍，分 dressing style, dress accessories, the unique way to pass on history and values 三个板块，以读文本寻大意、找细节的教学活动让学生浸没于描述服饰、手工艺制作的特色词汇，继而通过观察汉服与苗服图片，利用有关苗服的描写方法及相关词汇，引导学生完成对其他服饰的外观描述，并透过服饰去感受其所承载的本民族、本国的文化信息。通过比较两种或多种服饰，学生不仅熟悉并能够自如地运用服饰描述方面的词汇，还能通过民族服饰去推断该民族人们的居住地域特征、信仰价值、追求热爱、审美视角，领略该民族的精神内涵和文化。

二、加强文化内容与语言水平的一致性，缩小心理距离

以上教版必修三 Unit 2 文化聚焦话题 "Next up，the BDS"为例：文本通过现代社会人们生活中不可或缺的出行导航作为话题引入，详细介绍了我国北斗卫星导航系统的发展历程、目前北斗导航系统在我国各个领域所发挥的作用，以及我国对于北斗卫星导航系统的受益范畴的立场和态度。由于话题涉及军事、工农业各领域以及日常生活，不少与学生日常生活脱节的词汇便会对学生造成一定的理解困扰，另外文本中有关北斗的精准性能的描述也可能引发学生"刨根问底"。因此，在教学过程中 driver-less tractor，drones 便可以通过英汉互译、图片等方式使学生加强印象，减少学生学习科普类文章由于生词困扰而带来的焦虑，拉近学生与文本间的心理距离。在处理本单元文化聚焦板块作业部分 "What do you know about other remarkable achievements China has made in the field of space exploration or space research?"时，我发现让学生介绍一些有关中国在航天航空方面的成就的知识这一任务超出了许多学生的文化知识范畴。在这种情况下就需要老师提前进行适当的文化内容、知识信息方面的补充，学生才能顺利完成对备选项目的介绍。比如，我在组织学生完成该项作业前，为他们提供了外刊对"FAST"（500 米口径球面射电望远镜）介绍的英语阅读资

料。通过补充材料，学生可以仿照"北斗卫星导航"的文本结构写出一段关于"FAST"的详细介绍。补充材料以词汇题的方式提供，不断加强学生对于冷僻科技词汇的熟悉程度，实现文化内容与语言水平的一致性。由此，通过补充适切的文化信息加强学生的文化认同，实现培养学生的文化自信的教学目的。

三、关注文化内容与教学方法的适切性，达成多元输入模态

在《语言与文化关系以及外语基础阶段教学中的文化导入问题》一文中，上海市语言教育教学研究基地首席专家束定芳教授(2008)提出了文化导入的五种方法：①注解法：将教学材料中学生理解困难的词语或者表达进行注解；②融合法：将文化内容与语言材料结合在一起，如介绍目标语文化习俗、词语掌故、历史事实等；③实践法：通过具体的语言实践学习和了解目标语社团文化知识，包括观察、看录像和电影、举办专题讲座、阅读文学作品等；④比较法：通过对比，发现学生母语和目标语语言结构和文化之间的异同，以提高文化敏感性；⑤专门讲解法：在对比学生的语言文化与目标语文化差异的基础上，选出目标语文化中较为突出的文化特征来编写教材或开设有关目标语语言文化的课程。由此可见，基于文化内容的多元化和丰富性，针对文化内容设计、量身定制教学方法是非常必要的。音像资料、影视作品、纪录片、歌曲、戏剧、文本资料、传记采访、图像文本以及各类文学作品等都是为学生了解目标语语言背后的文化内涵的窗口。努力创设营造"沉浸式"的文化格调，以多模态文化输入为语言学习做支撑。

以上教版必修三 Unit 4 文化聚焦话题 "The history of Route 66" 为例，在课程的导入环节，教师可以巧妙地运用电影《阿甘正传》中一段主人公奔跑在 66 号公路的视频材料，带着同学们"身临其境"地驰骋在 66 号公路上。在奔跑的过程中，所有对于地貌描写的词汇 cornfields、cattle farms of the West、gold mining towns、deserts and valleys 便可以自然而然地被看到，更可以被深刻地感受到。

语言学习的过程中学生会不可避免地经历或多或少的"文化震荡"(cultural shock)，以"文化适应论"为理论依据的文化导入教学设计与教学策略的运用可以在很大程度上从以下五个方面帮助学生增强文化意识、增强跨文化能力：更好阅读跨文化文本，了解文化背景；探究文化差异，反思自己的文化；结合自身实践，分享文化体验；批判性思考中外文化现象，增强文化认同感；树立文化没有优劣的观念，拓展多元化视野。

参考文献

［1］Fantini A E. Language：Is cultural and intercultural dimensions［A］. In FantiniAE(ed).

［2］束定芳. 语言，文化，外语教学［A］. 文化与语言∥［C］. 王福祥，吴汉樱，编. 北京：外语教学与研究出版社，1994：340-353.

［3］束定芳. 外语教学应在传统教学法与交际教学法之间寻求融合——李观仪先生的外语教学观及外语教学实践主张［J］. 外语界，2019(2)：8.

厘清逻辑，提升学生英语学科核心素养

——支架式教学理论在英语教学中的实践探究

张 平

众所周知，我们已进入了全球化时代、移动化时代和人工智能化时代，这股趋势不可逆转，也不必逆转。科技革命已融入我们的生活，无处不在。因此，我们的学生必须能全方位适应这个时代，成为未来世界的创造者，人类物质文明和精神文明的贡献者。所以，如何使学生成为新世纪的人才便成了教育的头等大事。

上海的英语教学经过多年的改革和实践，尤其是在 2020 年"双新"教改的背景下，在教学内容及目标方面已发生了很大的变化。2017 版普通高中英语课程标准中明确指出：英语学科核心素养由四大要素构成，即语言能力、文化意识、思维品质和学习能力。四大要素相互渗透，融合互动，协调发展，既是英语学科立德树人的育人目标，也是高中英语教育成效和学生英语学业质量的评价标准。

在四大要素中，思维品质是体现英语学科核心素养的心智特征，包括学生思维的逻辑性、批判性、创新性等方面的能力和水平。其中逻辑思维在英语学习中的作用，就好像强壮的树干之于参天大树，没有逻辑思维的支撑，英语学习是毫无效率可言的，更不用说成果了。因此，在多年的教学中，我有意识探索逻辑思维在英语教学中的应用，来帮助学生提升分析和解决问题的能力，使他们能立体地看待语篇，从而能从跨文化的视角来观察和认识世界，对事物和现象作出正确的价值判断。

一、支架式教学在英语教学中的重要性和必要性

要提高学生逻辑思维能力，有很多方法。通过多年教学实践，发现支架式教学是最为行之有效的方法之一。苏联著名心理学家维果斯基认为有效的教学

不应停留在学生的舒适区，而是应该引导学生从一个水平往更高的水平发展。而支架式教学恰恰是在学生现有的知识层面上搭建了一个支架，帮助学生理解内化知识，从而完成知识的延续。如果用建筑来作比的话，那么先由教师来完成图纸的设计，然后学生依照图纸，对知识进行处理、分析、内化和运用。即教师是知识建筑的设计者和结构的搭建者，学生就是按照图纸来施工的建筑工人，到了一定的阶段，"工人们"对图纸已了然于胸，那么他们工作起来就驾轻就熟，最终完成对建筑即知识的构建。

二、支架式教学在英语教学中的实践运用

（一）支架式教学在语篇理解中的实践运用

英语语篇理解一向是英语教学的难点。学生在阅读语篇时，通常会出现以下两个问题。首先，学生前看后忘，导致前后语篇信息理解的误差。近年来的英语语篇在其长度和思维深度方面较之以前更甚，对学生的要求也越来越高。很多学生阅读到语篇后半部分时，已忘记前半部分的内容，因此必须回头去重复阅读，导致阅读效率低下。其次，学生缺乏对文本的整体性理解，过于碎片化的理解限制了学生对文章内容的深入探究，语篇本身也失去了它应有的魅力。因此，运用支架式教学，为学生搭建一个支架，辅助学生理解语篇，是一个高效的方法。它能有效地在学生头脑中形成一条逻辑链，使学生能根据不同的语篇体裁，正确理解主旨大意及各种细节问题，从而完成对语篇的理解和探究。

上教版选择性必修一 Unit 1 主课文 *Is Chocolate the Answer* 是一篇有关"人与自我"的文章，作者试图以"chocolate"为线索贯穿全文，引导学生探究"幸福"的真正内涵，从而树立正确的人生观、价值观。如果按照传统的提问式教学方法，让学生按照问题到文章里寻找答案，那学生只是找到了单个问题的答案，而对于问题与问题间的联系并没有任何的探索。这只会让学生对文章产生碎片化理解，不能对文章产生全局性理解，更谈不上把握文章的逻辑了。所以，我在教授这篇文章时，展示了图 1 所示的支架图，帮助学生一起对文章进行全面理解。

首先，教师通过问题"What does chocolate represent in the passage?"引导学生找出"chocolate"在文章中的深层指代，即支架中的根基——happiness。然

后，用"What does(does not) chocolate depend on?"两个问题，让学生找出文章中影响(不影响)happiness 的因素。这是支架中的第一级分支。到这里为止，整篇文章的大逻辑已大致呈现，即 happiness 是什么及其决定因素。接着，以"intangible things"为小逻辑的中心，让学生在文章中找出"intangible things"的具体指向以及获取这些内容的方法，这是支架中的第二级分支。通过这一支架，学生可以明了"intangible things"在日常生活中有哪些以及有哪些途径可以获取这些东西。最后对"happiness"形成正确的认识，并能用触手可及的方法来提升自身的"happiness"。

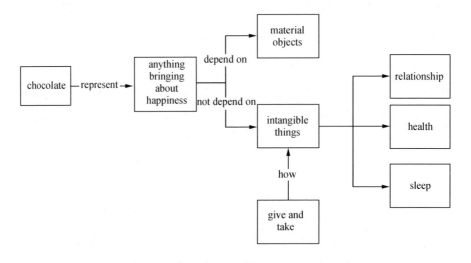

图1　知识支架图

(二)支架式教学在概要写作中的实践运用

概要写作是 2017 年上海英语高考改革后的新题型，要求学生对读过的文章(一般不超过 400 字)进行主旨大意的提炼，写一篇不多于 60 字的概括性小文章。写概要时，学生首先要厘清文章的逻辑走向，即文章的结构层次，然后用概括性词句归纳出每个层次的主要内容，最后根据文章中心适当增减细节，形成一篇合格的概要写作。这一过程综合考查了学生的阅读能力、理解能力、判断能力、概括能力、表达能力和逻辑思维能力，尤其是逻辑思维能力，它在整个概要写作中起着提纲挈领的作用。可以这么说，逻辑思维是概要写作的灵魂，没有了它，再精妙的归纳总结也只能是一具"行尸走肉"。教学实践也恰恰证明了这一点。学生在这个题型上最容易犯的错误，便是对于文本逻辑的错误判断，导致文章层次分析错误，失分严重。

如 2023 年二模嘉定卷的概要写作，这篇文章不同于常见的总分结构或总分总结构，而是采用了大总分结构叠加小总分结构的模式，这对学生的逻辑能力要求极高。在实际考查中，有非常多的学生把小总分结构误判为大总分结构中的最后一点，故而造成结构上的判断错误，从而失分。

其实，这样的错误完全可以通过支架式的结构分析来避免。教师在分析这篇概要写作时，可以用图 2 所示的框架为学生搭建起一个有关该文本的结构框架。从"teens'craze for museum（主旨大意）"到两个"phenomenon（主旨大意的具体表现）"，再到"如何吸引更多的青少年参与（第二个现象背后的具体实施方法）"。如此一来，这篇概要的逻辑结构就清晰明了，学生只要在此基础上添加必要的细节，整篇概要便可一气呵成。用支架式的方法帮助学生判别文章逻辑，可以提高概要的写作效率，经多次实践证明，确实是一个行之有效的方法。

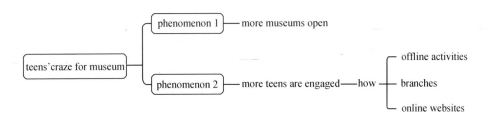

图 2 "teens' craze for museum"支架图

三、支架式教学的总结和反思

通过在英语教学中的实践运用支架式教学，教师为学生理解语篇搭设了一个构架，学生循此构架能正确梳理文本的主旨和细节，明晰作者的写作意图。通过多次实践，可以看到，学生对语篇从一开始的无从下手慢慢转变为有条理地理解语篇，最终脱离教师的辅助，能自主搭建语篇的结构层次。在这一过程中，学生自主探索的成分逐渐增加，从依赖教师的框架到最后独立搭设，甚至能在此基础上创新，这些都是教师喜闻乐见的。因此，通过这样的教学方式，学生的逻辑思维能力进一步加强，思维能力和学习能力也有了进一步的提升，这对于后续的学习和生活都是极为重要的。

基于 ELP 平台的线上线下混合式阅读教学

——利用《上海学生(英文版)》和 ELP 在线英语学习平台选择阅读教学材料的方法

冯　静

- -

一、利用《上海学生(英文版)》和 ELP 在线英语学习平台选择阅读教学的理论基础及现状

　　教育部在 2017 年新修订的《普通高中英语课程标准》中提出英语学科的核心素养由语言能力、文化意识、思维品质和学习能力四个部分组成。其中文化意识包括文化知识、文化理解、跨文化交际的意识和能力。高中生应达到的文化意识目标是理解文化内涵，获得文化知识，汲取文化精华，比较文化异同，树立正确的价值观，具备一定的跨文化交际能力。

　　《上海市中小学课程英语标准(征求意见稿)》(2006)中对高中英语学习的语言技能和态度情感做了具体要求，其中"读"的六级要求提到"能较为流利地朗读多种体裁的语言材料""能借助工具书读懂报纸、杂志、网络等媒体上的语言材料""阅读一般的科普读物""能阅读通俗的文学原著""课外阅读量不少于 30 万词(累计)"。而对课时的建议是："基础型课程部分每周 3 课时，高一高二每学期 102 课时，高三 90 课时；拓展型课程高中三年累计不超过 170 课时"。在基础型课程部分，教师对于课文一般采用精读的处理方式，很少涉及泛读，若没有课内外的泛读，则很难达到 30 万词的阅读量。虽然课文选取的是各种题材、体裁的文章，但鉴于篇幅有限，且为了让学生循序渐进地学习，对原文的某些词做了同义替换，或简化了句子结构，而这样的改变也削弱了二语阅读材料的"真实性"。相反，英语报刊阅读教学却能让学生读到真正原汁原味的材料。

创办于 1985 年的《上海学生英文报》(*Shanghai Students' Post*)隶属于解放日报报业集团，是融新闻与英语学习为一体的适合中学生阅读的英文周报。该报每期都设有专栏，由外国专家对当月国内外热点话题进行评述，内容涉及政治、教育、思想观念等。此外该报与上海市使用的牛津和新世纪两本教材相同步；从 2020 年 9 月起，又与上海外语教育出版社和上海教育出版社两本新教材同步，延伸了课本阅读。《上海学生（英文版）》在上海高中的使用面非常广泛，具有极强的教育使用价值。

该报还在 2020 年与华东师范大学外语研究中心合作推出了 ELP(English learning proficiency) 在线英语学习，ELP 指数是由华师大外语教学研究中心首创的，是关于中国人英语学习综合能力的指数体系，尤其是关于阅读能力的指标体系。该学习网站致力于"匹配阅读、精准学习"，旨在提高学生的综合阅读能力与培育英语学科核心素养。

线上和线下的报刊是了解时事与社会生活的途径，其语言鲜活，简洁精练。在英语教学中引入报刊，能使学生不断学习到与时俱进的知识和技能。作为了解各国的窗口，不仅能使学生接触西方文化，了解风土人情，其时效性、知识性和新颖性让学生能感受到世界最新的政治经济及文化动态，是不可多得的"活教材"。同时，各类语言类考试中的阅读理解所选语篇均突显多样、实用等特征，这就需要学生广泛涉猎学习素材，只有大量输入语言材料信息，把积累的语言知识不断内化，才能达到语言学习的目的。

二、利用《上海学生（英文版）》和 ELP 在线英语学习平台选择阅读教学的实践应用

我们利用《上海学生（英文版）》和 ELP 在线英语学习平台进行阅读教学，从而探索出一系列符合新课程标准和上海市市北中学教情、学情的报刊，作为教学材料补充。

（一）运用输入理论指导选材

大量的可理解性输入是二语习得的重要条件，教师应该对学生现有的认知水平有充分了解，才能保证语言的输入和学生的认知水平保持一致或略高于学生的认知水平，盲目的、不加选择的输入会对学生产生一定的负面影响，会让他们失去学习信心，产生焦虑甚至是抵触的情绪。对于教师来说，如何保证选

择的报刊文章具有可理解性是一个难点，却是选材的关键。下面讨论如何确定所选语篇的难易度和如何控制阅读量，来选择一定数量的适合学生现有认知水平的文章。

1. 确定文章难易程度

关于如何准确地判断文章的难易程度，国外很多专家曾做过大量的研究，设计制定出了各种各样测定文章难度的公式或者图表。如美国专家 Rudolf Flesch 在 1949 年设计了两种方法用来测试语篇难度（text readability），即根据每个单词的平均音节数和每个句子的平均单词数进行测定。这两种方法是公认的简易可行并至今仍然很流行的方法，具体内容如表 1 所示。

表 1　Rudolf Flesch 设计的 Flesch Reading Ease 难度指数

难度指数	难度	
90~100	很容易	(very easy)
80~90	容易	(easy)
70~90	相当容易	(fairly easy)
60~70	适中	(standard)
50~60	有点难	(fairly difficult)
30~50	难	(difficult)
0~30	很难	(very difficult)

大多数标准文件的指数为 60~70，这是美国 13~15 岁的学生能理解的水平。0~30 的指数是美国大学生能理解的水平。而单词的长度对于该指数有比较大的影响。

Flesch-Kincaid Grade Level 按照美国中小学的水平将标准文本进行评分，分数越高，显示难度越大，总共 12 级。美国大多数的文档分数在 7~8 级。

微软公司已经把这两种评分方法加入 Word（2010）软件。单击"文件—选项—校对"，在"校对"栏中勾选"随拼写检查语法"和"显示可读性统计信息"两项，即可在拼写和语法全部检查完毕后显示文章的难度指数。为了确定什么难度的文章适合高中学生阅读，我们对高考手册上提供的 2016 年上海秋季高考英语卷四篇阅读理解（除去题目）进行难易度统计，得出的 Flesch Reading Ease 和 Flesch-Kincaid Grade Level 分数分别为 89.3、2.9（A 篇 341 词）；52.3、

9.5（B 篇 146 词）；54.4、10.5（C 篇 357 词）；53.4、11.5（Section C 文本 301 词）。鉴于上海市市北中学学生的实际情况，在历次区模拟考试中 A、B 两篇基本不失分，而后两篇往往只有一半的得分率。因此可以考虑选取报刊文章的难度指数为 50~60、水平为 9 级，保证学生能顺利地愉快阅读，并且适当增加阅读难度，帮助学生挑战阅读高分。

《上海学生（英文版）》在第 1 版上的用报说明中对难度体系有相应的解释："本报基于国际通用标准，对主要语篇进行难度测试并标注难度等级。《上海学生（英文版）》难度体系分为 9 级：初中阶段覆盖 1 至 6 级；高中基础版覆盖 5 至 8 级；高中进阶版覆盖 6 至 9 级。高一上外版上教版教材必修第一册课文，难度中位数相当于《上海学生（英文版）》5 至 6 级难度；高二上外版上教版教材选择性必修第一册课文，难度中位数相当于《上海学生（英文版）》6 至 7 级难度，供参考。"我们随机选取了 6 级和 7 级的文章各两篇，用 Word 统计，以确定《上海学生（英文版）》难度。2021 年 9 月 7 日出版的基础版第 1 版 Larry White 写的 *The Coach in the Classroom*（425 词 6 级），其 Flesch Reading Ease 和 Flesch-Kincaid Grade Level 分数分别为 71.4、7.4；第 8 版 *China's Younger Generation Shines in Tokyo*（418 词 7 级）分数分别为 56.7、9.0；2021 年 10 月 5 日出版的进阶版第 4~5 版 *What I Learned from the Wildness*（397 词 6 级）分数分别为 74.7、7.0；*So，Where to Next?*（466 词 7 级）分数分别为 56.3、10.0。由此可见《上海学生（英文版）》中的 6 级文章与高考 A、B 篇难度接近，7 级文章与 Section C 难度接近，因此都适合作为泛读材料给学生阅读。

ELP 在自己的平台上有 ELP 指数运算，可以在线或上传文章后看到文章的 ELP 指数，以及显示的难度（水平级）。根据表 2，教师可以通过关键词查找语料，比较不同的难度，选取 ELP 指数在 40~70 之间的文章，符合高中生的阅读能力。

表 2　ELP 难度指数

ELP-L	难度（年级）
0~20	小学三年级及以下（very easy）
20~30	小学四年级至五年级（easy）
30~35	预备年级至初一年级
35~40	初二年级至初三年级

续表

ELP-L	难度(年级)
40~50	高一年级
50~60	高二年级至高三年级(difficult)
60~70	大学四级水平
70~80	大学六级、专业四级水平
80~100	专业八级、研究生水平及以上

2. 确定阅读量

Krashen(1981)的输入理论认为语言输入还需要有足够的量,"只有大量的语言输入才有语言习得"。普通高中英语课程标准指出高中生"课外阅读量不少于30万词""累计56~60万词"。为了达到总量,教师应该将总量细化为每学年、每周,甚至是每天的阅读量。

《上海学生(英文版)》每期一般有11篇改编自外刊或由外籍专家写的阅读文章(不包括A3版的学生习作),以每篇400字计算,一期能有4000多字,一学年40期,大约17万词,那么坚持三年是可以达到课程标准规定的总量要求的。现在利用《上海学生(英文版)》和ELP平台进行综合选材,只要保证每周4000多个词汇的阅读量,即每天差不多阅读2篇300多字的文章,就能达到总量的要求。

(二)运用图式理论指导选材

1. 选材符合学生的实际语言水平,增强学生的学习自信心

词汇、语音及语法等方面的知识,即语言图式,是内容图式和形式图式的基础,也是学生理解阅读文本的基础与保障。在前文中讨论了如何利用文本难度指数和水平级确定文章的难度,其实就是确定文章的语言图式是否符合所教学生的实际语言水平。

例如东京奥运会后,大家对于奥运健儿的表现及奥运相关话题仍然津津乐道。《上海学生(英文版)》和ELP平台都有关于这个话题的阅读材料,分别是《上海学生(英文版)》2021年9月7日基础版第1版 *Olympic Dreams are Made of More Than Gold* 和ELP的 *Tokyo Olympics Organizers Adjust Events Schedule to Beat Summer Heat*。前者全文385词,后者202词。从生词量来看,《上海学生(英

文版)》的文章标注了 6 个生词和词组，分别是 spill，exceed，dedication，applaud，strive，make a splash，其中 exceed，dedication 和 make a splash 被标记为超纲词汇，其他三个词对高一的学生来说相对简单。文章对于体育类的专有词汇都有中文标注，比如 sprinter 短跑选手、shot put 掷铅球等，但另有 commentator、scale、crown 用作动词，impressive，represent、progress、leap 是高一学生陌生的词，有的会造成理解的障碍，因此这篇文章的生词量约为 13 个。

比较两篇文章后，我们选择 *Olympic Dreams are Made of More Than Gold* 一文让学生阅读，因为该文的生词量适中，学生阅读的过程较为轻松，有助于增加他们的学习自信心。

2. 选材具有时效性和知识性，激活和构建学生的内容图式

学生想要获得有效的阅读理解，仅有语言图式是不够的，还需要文化背景知识。内容图式在一定程度上可以弥补语言图式的不足，帮助读者预测和选择有用信息，排除歧义，提高读者对文本的理解程度。因此在进行报刊阅读教学选材时，既要考虑学生对话题的熟悉程度和对于相关背景知识的了解程度，又要考虑文章的时效性和知识性，这样才能激活学生已有的内容图式，才能帮助学生构建新的内容图式。

学生已有的内容图式有两种来源，一种是来自教材中的各种题材文本，另一种是学生课余通过报纸杂志等读物获取的知识信息。对于教师来说，十分容易把握学生来自教材的内容图式，只要看一下教材的目录就能对话题有大致的了解。对于学生来说，如果读报刊文章的标题能让学生联想起学过的课文内容，那么这样的文章就适合作为课文学习的衍生阅读。如果学生对教材课文比较陌生，又有很多专业词汇，那么教师可以找难度低于课文的报刊文章，将其作为课前导读。无论采取哪种方法，学生都可以接触同话题的文章，也符合"窄式阅读"的理念。

例如上教版高一必修第一册第二单元的主题语境是人与自然——自然环境、自然遗产保护。Reading and interaction 板块的文章介绍了中国西安和意大利佛罗伦萨两座历史古城及其文化。在 Writing 板块，展示了一篇旅游博文，该博文写了作者去新西兰皇后镇旅游的情况。Cultural focus 板块的文章介绍了澳大利亚一些有趣地名的由来，视频则是关于南宁的风土人情。

《上海学生(英文版)》2021 年 10 月 5 日的 A4~5 版,有一篇文章 *Exploring the Quieter Side of Florence*,讲述作者虽然某天半夜在佛罗伦萨迷了路,但在骑车兜兜转转之时遇见了这座城市安静的一面,这份宁静源自佛罗伦萨悠久的历史,也源自其厚重的文化。这篇文章是对课文的完美补充,大多数学生都没有去过佛罗伦萨,但是在文章中却体会到了古城之美。

另外,在 ELP 平台,我们也找到了一篇描写现代北京的文章让学生泛读。该文还配有阅读理解练习,方便检验学生的阅读效果。

在两周左右的时间里,学生接触了多篇同一语境内容、同一话题的文章,体裁多样,有助于他们构建内容图式。

3. 提高词汇复现率

如今的教材编写一般以话题为主要线索,例如现在还在使用的上海牛津版教材,单词的复现率较低,是此教材编写模式的内在毛病。Thornbury 所做的研究表明,一个单词至少要出现 6 次或 6 次以上,学习者才能够习得这个单词。除了复现率以外,复现的间隔也是必须考虑的。Pimsleur 指出,复现间隔在学习的不同时期应不一样,开始时复现间隔应短一些,随着学习的深入复现的间隔可以拉长。

前文中提到,我们利用"窄式阅读"的理念,让学生两星期阅读多篇同话题的文本,多次接触某些单词,帮助他们通过语境记忆及习得词汇。另外在复现单词的时候我们也考虑到相同词汇有不同的常用义以及搭配,所以尽可能地避免频繁运用某一词,也避免过多地复现某一单词的某个常见意义。同时在选材时,还将报刊文章复现词汇考虑进去,适时呈现给学生。

三、小结与反思

在教学中,我们跟踪了学生阅读能力的发展状况,证明通过线上线下综合选材的方法,能对教材做有效的补充。我们从学生的需求出发,选取难度适中,符合"i+1"理念的阅读文章,不仅提高了学生对英语泛读的兴趣,也能帮助他们在阅读理解方面逐渐进步。学生在阅读教师们精心挑选的材料之后,能够激活已有的图式或构建新的图式,不仅拓宽了知识面,还有助于词汇学习,能在一定程度上提高英语阅读能力。

在实际教学中,因为条件的限制,学生在校没有统一的时间用于在线阅读，且不能将智能手机带进校园，原本设计的在线阅读做题方式不能顺利开展，因此只能由教师根据学生的情况按话题、阅读难度及复现率等维度，为学生选择阅读材料并讲解，也就未能充分利用线上阅读灵活性的特点。下一步，我们打算利用寒暑假的时间，采用每周推送文章，或让学生登录 ELP 平台，或寻找其他有学生和教师账号的阅读网站、App 协作阅读的形式，让学生读一些实时热点话题，以及和下学期课本内容相关的文章，为下学期的学习构建图式，确保词汇的复现，为之后的学习做好准备，以此帮助他们保持英语学习的兴趣，建立自信的学习态度。

参考文献

[1] 陈凯. 利用杂志文章进行英语泛读教学[J]. 国外外语教学，2000(2)：28-32.

[2] 陈琳. 真实材料兴趣自读法在外语学习中的作用[J]. 外语界，1996(3)：15-20.

[3] 上海市中小学课程教材改革委员会办公室. 上海市中小学英语课程标准：征求意见稿[M]. 上海：上海教育出版社，2006.

[4] 应惠兰，徐惠芳. 以学习者为中心的阅读材料的选择[J]. 外语教学研究，2005(5)：206-209.

[5] 中华人民共和国教育部. 普通高中英语课程标准：2017 年版 2020 年修订[M]. 北京：人民教育出版社，2020.

[6] CLARKE M A, SILBERSTEIN S. Toward a realization of psycholiguistic principles in the ESL reading class[C]//LONG M H, Richards J C (eds.). Methodology in TESOL: A Book of Readings. Boston: Heinle & Heinle Phblishers, 1987.

[7] KRASHEN S. The case for narrow reading[J]. TESOL Newsletters, 1981, 15(6): 23.

[8] STERNFELD S. The university of Utah's immersion/multiliteracy program: An example of an area studies approach to the design of first-year college foreign language instruction[J]. Foreign Language Annuals, 1989, 22(4): 341.

从文化知识学习到文化意识培养
——高中英语新教材(上教版)"文化聚焦"板块教学实践

韩叶淼

爱因斯坦曾经说过："Education is what remains after one has forgotten everything one learned in school." 英国作家 William Ralph Inge(威廉姆·拉尔夫·英奇)说过："The aim of (humanity science) education is not the knowledge of fact, but of values." 语言学家、教育家吕叔湘也说过："语言是人们表情达意、交流思想的工具。如果在语言教学中就语言论语言，就语言教语言，对语言系统、语言要素、语言规则条分缕析，百讲不厌，只看见工具，人就没了。"如果英语教学只强调语言工具性的一面，忽视语言的人文性，缺乏对语言所承载的文化因素的关注，那么既不利于学生语言能力的培养，也会影响语言教学的效率和质量。由此可见，正是语言与文化共生互依、密不可分的关系，使得文化成为语言教学的主要内容，文化意识培养也成为语言教学的重要目标。

新课标引领下的高中英语新教材(上教版)在每一个学习单元中新增了 Cultural focus(文化聚焦)这个板块，以一篇语篇和一段视频为载体，旨在通过文化知识的习得培养学生的文化意识，体现英语学科核心素养的价值取向。但要完成从文化知识的学习到文化意识的培养，对教师自身所具备的文化素养、视野和高度要求颇高。一些看似很简单的语言表达方式，如"Hello""Hi""How are you?"等都蕴含了丰富的文化内容，更别提新教材中有着丰富文化内容的各种语篇。部分教师不善于发现和挖掘语言教学中的文化内容，缺乏敏锐地观察、感知两种语言之间蕴含的文化差异的能力，拙于感受、理解隐藏在文化差异背后的人类共同的命运和价值追求，更懒得去分析、反思和批判语言中广泛存在的文化偏见、文化定式和刻板印象，只注重语言知识本身的习得和考试检测结果，白白浪费了教材编写者单独列出文化聚焦板块的用意。

因此，笔者认为从文化知识到文化意识，首先需要明确，文化知识指中外优秀人文和科学知识，既包括物质文明知识，如饮食、服饰、建筑、交通等，以及相关的发明与创造等，也包含精神文明知识，如哲学、科学、教育、历史、文学、艺术，还包括价值观念、道德修养、审美情趣、社会规约和风俗习惯等，这些都是学生形成跨文化意识、涵养人文和科学精神、坚定文化自信的精神源泉。然后，教师需要思考：文化聚焦板块文本中包含了哪些文化知识？我们可以怎样利用这些文化知识培养学生的文化意识？笔者通过在高一学年教学实践中的摸爬滚打，积累了一些课堂教学实践素材，从文化知识到文化意识，具体是这么做的：

一、挖掘文化内容，引导学生分析反思文化现象

以必修一 U3 文化聚焦板块阅读语篇 *A New Way of Eating*：*Online Food Delivery Services*（《线上订餐外卖》）为例，文本包括四段，分别是 introduction，benefits，drawbacks，suggestions。这样一篇讲述社会现象、分析利弊、提出建议的文章，是很好地培养学生社会责任感的载体。笔者先要求学生通过阅读深入挖掘文本中所列举的四个 drawbacks 及相应的三条建议，再通过提问的方式引导学生去分析这些建议的适切性，但这些建议并不能一一解决上面的四个问题。因此，引导学生分析、反思文本中的建议，并指导学生如何提出更有针对性的建议，这时是将文化知识转换为文化意识的良好契机。通过教师提问和小组讨论，学生意识到找到问题产生的根本原因才能提出针对性的建议。比如，文本中指出造成外卖食品安全隐患有两个原因，学生就原因想对策，提出了在网上公示食品的产地、相关部门定期抽查食品的产地等相应的建议。这些建议也许是不够成熟或不完全切合实际的，笔者就引导他们在课后继续以信息搜索、实地走访等方式了解更多外卖行业中食品安全的问题。当时正值国庆假期，也确实有学生实地走访了外卖餐馆，观察餐厅接单、制作、派单、外卖小哥取货等流程，并根据实际情况提出了建议。通过这样的方式，学生不仅可以获得解决问题的思维路径，提出具体的解决方案，更可以在此过程中感受到作为社会成员，自己是有能力对社会问题提出建设性建议的。做一个抱怨的旁观者并不能解决问题，与其坐而论道，不如实干兴邦。这是培养学生社会责任感的良好契机，同时也实现了从文化知识学习到文化意识培养的教学目的。

二、感受文化差异，引导学生理解人类共同的价值追求

以必修三 U1 文化聚焦板块阅读语篇 *A Bite of China*（《舌尖上的中国》）为例，文本介绍的是《舌尖上的中国》这部纪录片，选取了两个片段来描述中国南北不同的饮食文化，给笔者留下了开展文化教学的巨大空间：为什么过年时宁波人会吃米糕，而北方人爱吃饺子，这背后是怎样的历史文化风俗习惯？为什么这部中国饮食纪录片会在全世界范围内那么受欢迎，这背后的原因是什么，又反映了怎样的价值观念？笔者通过找细节、分析归纳、头脑风暴等教学活动，让学生在课堂上充分体验和感受文本中所呈现的南北饮食文化差异，同时要求学生在课后通过资料搜索，结合自己的生活体验、节日家庭聚餐活动等，通过小组讨论，以 mindmap 的形式梳理出中西方传统饮食背后的文化内涵，比较中国南北方的饮食文化差异或中西方的饮食文化差异，理解隐藏在这些文化差异背后的人类共同的命运和价值追求——family reunion。这样，通过对文化知识的学习和对文化差异的理解，学生具备了求同存异、各美其美的文化理解和价值取向，培养了学生具有全球眼光的文化意识和沟通交流能力。

三、探寻多元文化内涵，引导学生多元视角看世界

以必修三 U3 文化聚焦板块阅读语篇 *Clothing and Jewellery of the Miao People*（《苗族服饰》）为例，文本通过介绍苗族服饰的特点和银饰所承载的文化意义，充分展现了苗族富有特色的传统文化。笔者设计了一系列的教学活动，引导学生从学习苗服的文化知识迁移到对其他民族服饰的外观描述，并透过不同服饰去感受该服饰所承载的民族文化信息，培养对不同民族文化的探究意识，并在课后通过资料搜索等方式继续探寻不同服饰背后的人文历史、丰厚多元文化底蕴。

此外，文艺复兴的发祥地——历史名城佛罗伦萨、美国 66 号公路的故事、澳大利亚那些奇怪的地名背后的历史、北极地区圣劳伦斯岛上尤皮克人对教育的观点、位于南太平洋的巴布亚新几内亚 Carteret 岛上居民的生活方式、不同文化背景的人对于美的不同定义等等，新教材中这些语篇展示着一个多元文化的世界。教师可以设计不同的教学活动来引导学生关注文化的异同，理解多元文化的内涵，养成多元文化意识，建立正确的跨文化认知、态度和行为取向，发展不同的思维方式。

学生学习英语的目的，既不是要融入英语国家社会，也不单纯为未来能和外国人交流打下基础，而是要获得全球化背景下人的发展所必需的品格和关键能力。新教材文化聚焦板块中的语篇有着丰富的文化内容，广泛呈现了世界各地的多彩文化，尤其是中国优秀的传统文化和当代文化。古都西安的大雁塔和城墙、精美绝伦的苗族服饰、走上国际舞台的昆曲、蕴含丰富文化内涵的青团、春节的传统习俗等，这些关于中国传统文化的语篇让学生在感受中华传统文化的美好与厚重的同时，反思在全球化视野下中华传统文化的传承与发展，是非常值得我们花时间去和学生交流的。同时，也对我们英语教师提出更高要求。教师要能够敏锐地意识到文化差异，克服文化偏见，清醒认识文化意义和文化价值的相对性，用多元、平等的视角看世界、看自己、看与其他人和其他群体的关系，才能培养学生具有全球眼光的文化意识和沟通交流能力，才能真正体现英语学科核心素养的价值取向。

参考文献

[1] 中华人民共和国教育部. 普通高中英语课程标准：2017 年版 2020 年修订[M]. 北京：人民教育出版社，2020.

[2] 梅德明，王蔷. 普通高中英语课程标准（2017 年版）解读[M]. 北京：高等教育出版社，2018.

物理教研组

关于海伦喷泉[①]的教学设计与实施
——IYPT 教学一例

高兰葵

本教学案例取材于 2018 年国际青年物理学家学术竞赛第 4 题：建造一座海伦喷泉并解释它是如何工作的；研究相关因素是如何影响水柱的高度的。

本文从教学设计及教学实施过程与效果的视角来呈现这一案例。

一、教学目标

本案例为学校选修课程国际青年物理学家锦标赛（简称 IYPT）中的一部分，主要面向高一学生，计划 6~8 课时。学生具备有关大气压、液体的压强、物体的平衡、势能与动能的基本知识，在教师引导下，可以定性或半定量地解释海伦喷泉的实验原理。通过实验装置的制作、实验原理的剖析、课题的研究与汇报，培养学生的实验动手能力、物理思维能力，尤其是归纳能力、基本的科研意识与科研能力、团体合作意识。

具体目标如下：

（1）制作完成可以正常工作的海伦喷泉装置。

（2）学生可以正确地理解及表述海伦喷泉的工作原理。

（3）分组完成选定研究方向的课题研究，完成研究报告。

（4）分组进行成果汇报，按 IYPT 竞赛要求进行讨论。

---

① 又译作希罗喷泉，Heron's fountain。

（5）选拔部分学生作为校队候选人，参加区选拔，为上海市 IYPT 竞赛做准备。

二、教学内容分析

1. 实验装置简介

海伦喷泉是古希腊数学家海伦（公元 10—70 年）发明的。如图 1 所示，海伦喷泉由三个容器组成，容器间用细管相连，先在容器 2 中装一定量的水，然后向容器 1 加水，当容器 1 中的水流入容器 3 并达到一定的量时，水将从连接容器 1、2 的管中持续喷出，进入容器 1，似乎形成了一个循环。不少人会惊奇：为什么没有施加动力，水也能自动喷出。如果这样循环下去，不就是永动机吗？这也是此装置的魅力之所在，好奇心驱使人们想一探究竟。

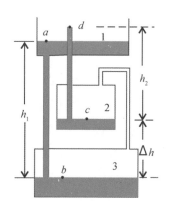

图 1　海伦喷泉结构示意图

2. 原理剖析

海伦喷泉的工作原理从定性到定量可以有不同程度的阐释，可针对学生的实际情况采取不同的教学方案。

（1）定性分析

本实验的关键是容器 2 里要有水，当在容器 1 中加水后，容器 3 中的空气被压到容器 2 中，容器 2 中的空气再将其中的水从细管中压出。在教师的适当引导下，这种解释许多学生通过观察是能够发现的，适用于实验初阶水平的研究。

（2）半定量分析

喷泉能够喷出的条件分析：容器 2 与容器 3 通过细管连通，容器 2、容器 3 中空气的压强可视为相同。未向容器 1 中加水时，系统处于平衡状态，$h_1 = h_2$；当向容器 1 中加水时，h_1 将大于 h_2，平衡被打破，容器 2 中的气体压强将大于 $p_0 + \rho g h_2$，其中的水将被压出。这种分析比定性分析稍进一步，用到了液体压强公式、大气压、物体的平衡的相关知识，通过本实验要求学生能够进行这种程度的解释。

（3）定量分析

求解在理想条件下喷泉喷出的高度。

先设喷出速度为 v_d：

如图 1，分别对 ab 段、bc 段、cd 段利用伯努利方程：

$$p_0 + \frac{1}{2}\rho_{水} v_a^2 + \rho_{水} g h_1 = p_b + \frac{1}{2}\rho_{水} v_b^2$$

$$p_b + \frac{1}{2}\rho_{空气} v_b^2 = p_c + \frac{1}{2}\rho_{空气} v_c^2 + \rho_{空气} g \Delta h$$

$$p_c + \frac{1}{2}\rho_{水} v_c^2 = p_0 + \frac{1}{2}\rho_{水} v_d^2 + \rho_{水} g h_2$$

设空气的等温压缩系数为 k，空气压缩量：

$$\Delta V = V k \Delta p$$

$$V = v_a S_a = v_b S_b = v_c S_c + \Delta V = v_d S_d + \Delta V$$

因为空气的密度远远小于水的密度，所以含 $\rho_{空气}$ 的各项认为是 0，由以上各式得：

$$v_d = \frac{1 - k\Delta p}{S_d} \sqrt{\frac{2g(h_1 - h_2)}{\dfrac{1}{S_b^2} + \dfrac{(1 - k\Delta p)^2}{S_d^2} - \dfrac{1}{S_a^2} - \dfrac{(1 - k\Delta p)^2}{S_c^2}}}$$

其中 Δp 可认为是 $\rho_{水} g h_1$。

液体喷出后做竖直上抛运动，有：

$$h = \frac{v_d^2}{2g} = \frac{(h_1 - h_2)}{1 + \dfrac{S_d^2}{(1 - k\Delta p)^2 S_b^2} - \dfrac{S_d^2}{(1 - k\Delta p)^2 S_a^2} - \dfrac{S_d^2}{S_c^2}}$$

在 a、b、c 各截面处面积远大于 d 管截面积、Δp 很小的情况下，液体最后喷出的高度约为

$$h \approx h_1 - h_2$$

因为得出了这样简单的结论，不禁让人怀疑是不是兜了圈子，而没有更直接地看出问题的实质，所以又有一种拓扑简化的解释：

图 2 为实验装置简化过程，最终简化为左右装有一定高度的液体且由底部空气隔开的 U 形管。从此图出发，可以更快捷地得出结论。

学生在研究过程中，并不需要完全理解理论分析。理论分析教师可讲解引导，并向学生提供研究方向。我们在教学实践中发现，对课题的研究往往更多

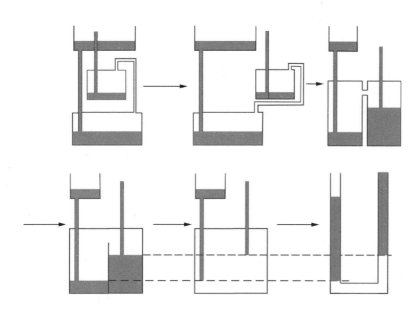

图 2　海伦喷泉拓扑简化示意图

的是要进行归纳，而归纳是现今物理教学中亟待加强的。

三、装置制作

装置制作有两套方案，第一套较为简易，在面向全体同学的选修课上可以采用。

基本材料：

三个塑料饮料瓶、三根塑料吸管或玻璃管、热胶枪、钻孔设备、美工刀。（制作过程可在各大视频平台上下载）

最终的成品如图 3 所示。

现将笔者从互联网下载的制作视频及市北中学学生张昊天制作的喷泉视频上传到百度网盘，供读者参考。

链接：https：//pan．baidu．com/s/13gqvmIXuOTwg03M53Y6fqg

提取码：yvy7

此套方案制作材料容易获取，制作过程简单，但要取得好的实验效果却并

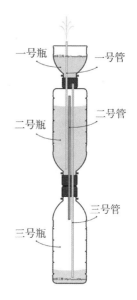

图 3　实物图

不容易，制作过程可以很好地锻炼学生的动手能力。选钻头、选吸管、钻孔、接管、胶粘密封、组件装配，每个环节对学生来说都是考验。看上去很简单，似乎不花什么时间就能完成，但大多数学生用 4 节课时间也做不出符合要求的装置，最主要的问题在于粗糙的手工导致装置气密性不好。

如果条件允许可以采用第二套制作方案，如图 4 所示，是市北中学 2018 年 IYPT 集训队的司徒曹权同学设计的制作方案。

实验器材：给水槽×1、集气瓶×2、橡胶塞×2、玻璃导管×若干、橡胶管×若干、小木块×若干、不同管径的喷嘴×若干、刻度板×若干、DIS 压强传感器×1、DIS 温度传感器×1、数据采集器×1、计算机×1。

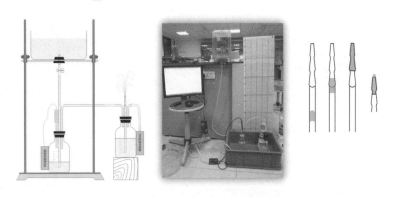

图 4　海伦喷泉探究示意与实物图

这一方案的优势是能较精确地测量喷泉出水的最大高度，能改变喷管直径、容器内气体的压强、温度，能利用 DIS 系统方便地采集、处理数据，从而对实验进行量的研究。

四、实验验证与研究

根据对实验原理的分析，可知在理想条件下喷泉喷出的最大高度为 h_1-h_2，但经过实验验证，测量值与理论值有较大的差距，距离 h_1-h_2 较远。接下来的任务就是分析原因，改进实验装置，或进行研究以对理论进行修正。通过对主要影响因素的分析，提出以下改进或研究方向：

1. 如何检测装置的气密性？如何通过改进实验器材或制作工艺来提升气密性

好的气密性是完成本实验的基本条件，虽不能算在研究范畴内，但对提高学生的实验技能有很大帮助。

2. 解释装置工作原理

可以依据学生的学习程度，提出定性分析、半定量分析、理想条件下定量分析、考虑各种现实影响因素下的定量分析等要求。

3. 定量研究最大喷水高度与 h_1、h_2 的关系

第二套制作方案作出的装置可方便地控制变量 h_1，研究喷水高度与 h_1 的变化关系，验证理论预测。

4. 研究喷出水柱的最大高度与管径及各容器横截面积的关系

由 h 的表达式可知，其与各管的管径及各容器横截面积均有关系，可选择其中一项进行研究。比如研究 h 与容器 2 横截面积的关系，因为容器 2 的横截面较大，可认为在喷水过程中液面下降速度为 0，推断 h 与容器 2 横截面无关，然后通过实验来进行验证。再比如研究 h 与喷出管管径的关系，发现实验测量与理论有出入，从公式中推导出 h 与 S_d 正相关。图 5 为司徒曹权同学的实验数据，发现在管径变化时 h 有一极值，可进一步研究出现这一现象的原因。

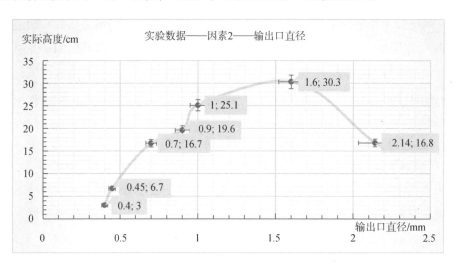

图 5　实测数据

研究粘滞阻力与液体表面张力对喷出高度的影响。

5. 从做功与能量角度进行研究

从能量角度解释工作原理，弄清此装置与永动机的区别。

6. 研究装置工作时的动态过程

如研究喷泉持续时间、喷出高度随时间的动态变化、封闭气体的压强随时间的变化及喷出高度的关系。

五、教学实施效果

各实验小组均能制作完成实验装置，但进度不同，有的 2 节课制作完成，有的 4 节课在老师的帮助下才能勉强完成。

实验中学生获得失败和成功的科研情感体验。本实验能够强烈吸引学生的注意力，学生在制作和研究过程中表现出了主动学习的态度。比如有位同学认为装置气密性不好是因为吸管强度不够，与容器胶连处易发生形变而出现隐蔽裂缝，所以认为提高管的刚性可有效改善实验效果，他就自己跑到化学实验室请求帮助，得到了口径不同的玻璃管，而且发现用三角什锦锉可以对玻璃管进行切割，实验效果提升显著，成就感满满。

各小组均完成研究报告，并制作 PPT 进行交流汇报。交流表达欲望与能力均有一定加强。

学生对实验原理的认识水平呈现出不同的层次，对利用相关物理知识进行推理的能力均有加强。更可贵的是，学生归纳意识与能力有提升，如学生总结出：液柱高度与两瓶的相对高度无关，且液柱高度可高于给水槽液面高度；在相同条件下，液柱高度与给水槽中液面距左侧瓶中液面的距离 h_1 基本满足 $h = 0.2743h_1 - 6.8473$。

司徒曹权同学谈及本实验的收获和体会时这样写道：

"经过了这一次的研究，我发现研究像是一个顽皮的孩子，你费尽心思，努力地摆平了一个冒出来的问题，但抬头一看，前面还有许许多多的问题。它们在不断敲击你内心，将你置于黑暗，同时希望的火种却又会在黑暗中顽强地跳动着。这一过程是痛苦的，却也是快乐的。在进行了一次又一次的研究后，我真正懂得了，其实科学研究也是磨砺的过程，这一过程有艰辛，有烦恼，有迷茫，也有酣畅，有惊喜，有喜悦。

我认为仅仅在课堂中学习知识，不能直观地了解知识本身在科学研究中的意义所在，比如在试卷上十分常见的一个模型，随意画出的一张图像，可真正要运用于实验，却是极其不易的。"

例谈"百变"能量守恒定律的"万般"妙用

施永华

能量守恒定律不仅是最基本、最普遍的自然规律之一，也是研究物理现象、解决物理问题强有力的"武器"。能量守恒的观点始终贯穿高中物理力学、热学、电学、光学、原子物理五大部分的教与学，是高考的重点与热点。由于能量形式各异，能量守恒定律在不同的场合有不同的表现形式，可谓"百变"，因此学生往往对能量守恒定律不得要义，不能正确、灵活、熟练地应用于实际问题的解决。笔者结合教学实践，对"百变"能量守恒定律的"万般"妙用进行总结，帮助学生更加深刻地理解能量守恒定律的内涵和本质，更好地应用能量守恒观点解决实际问题，从而可以深度培养学生的能量观念，帮助学生提升物理学科核心素养。

一、能量守恒定律在力学中的表现

能量守恒定律在力学中主要表现为机械能守恒定律，机械能守恒往往涉及动能、势能(重力势能、万有引力势能、弹簧弹性势能)之间的转化和守恒，只要符合机械能守恒的条件，无论是直线运动还是曲线运动，也不管物体所受合外力是恒力还是变力，都可应用，因而具有明显的优势。另外，在力学综合问题中，能量守恒定律还涉及机械能与内能的相互转化。

例题1：如图所示，一轻质弹簧固定于 O 点，另一端固定一小球，将小球从与悬点 O 在同一水平面且弹簧保持原长的 A 点无初速度释放，让其自由摆下，不计空气阻力，在小球摆向最低点 B 的过程中，下列说法正确的是(　　)

A. 小球的机械能守恒

B. 小球的机械能减少

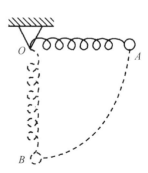

C. 小球的重力势能与弹簧的弹性势能之和不变

D. 小球与弹簧组成的系统机械能守恒

说明：本题中弹簧、小球和地球组成了机械能守恒系统，小球摆向最低点 B 的过程中小球重力势能向小球动能和弹簧弹性势能转化，能量守恒定律表现为小球减少的重力势能等于小球获得的动能与弹簧增加的弹性势能之和。答案为"BD"。

例题 2：如图是安装在列车车厢之间的摩擦缓冲器结构图，图中①和②为楔块，③和④为垫板，楔块与弹簧盒、垫板间均有摩擦，在车厢相互撞击使弹簧压缩的过程中（   ）

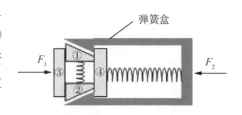

A. 缓冲器的机械能守恒

B. 摩擦力做功消耗机械能

C. 垫板的动能全部转化为内能

D. 弹簧的弹性势能全部转化为动能

说明：本题中缓冲器装置系统在车厢相互撞击使弹簧压缩的过程中，能量守恒定律表现为缓冲器减少的动能转化成了系统增加的内能和弹簧增加的弹性势能。答案为"B"。

二、能量守恒定律在热学中的表现

1. 能量守恒定律表现为：只有分子力做功，分子势能和分子动能间相互转化，但分子势能和分子动能的总量保持不变

例题 3：如图所示，甲分子固定在坐标原点 O，乙分子位于 x 轴上，甲分子对乙分子的作用力与两分子间距离的关系如图中曲线所示，$F>0$ 为斥力，$F<0$ 为引力，a、b、c、d 为 x 轴上四个特定的位置。现把乙分子从 a 处由静止释放，则（   ）

A. 乙分子由 a 到 b 做加速运动，由 b 到 c 做减速运动

B. 乙分子由 a 到 c 做加速运动，到达 c 时速度最大

C. 乙分子由 a 到 b 的过程中，两分子间的分子势能一直增大

D. 乙分子由 b 到 d 的过程中，两分子间的分子势能一直增加

说明：本题中甲乙两分子系统只有分子力做功，能量守恒定律表现为甲乙两分子系统分子势能和分子动能相互转化，总量守恒。答案为"B"。

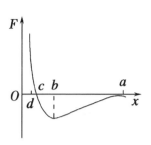

2. 能量守恒定律表现为热力学第一定律(做功和热传递都能改变物体的内能，外界对物体所做的功 W 加上物体从外界吸收的热量 Q 等于物体内能的增加量 ΔU，即 $\Delta U = Q + W$)。做功是其他形式的能和内能之间的转化，热传递是内能间的转移，热量是内能转移的量度。所以热力学第一定律的实质是能量守恒定律的具体体现

例题 4：一定质量的理想气体在某一过程中，外界对气体做功 7.0×10^4 J，气体内能减少 1.3×10^5 J，则此过程（　　　）

A. 气体从外界吸收热量 2.0×10^5 J

B. 气体向外界放出热量 2.0×10^5 J

C. 气体从外界吸收热量 6.0×10^4 J

D. 气体向外界放出热量 6.0×10^4 J

说明：本题中能量守恒定律表现为做功和热传递同时改变气体的内能，7.0×10^4 J 其他形式的能转化为内能，同时气体向外界转移了 2.0×10^5 J 的内能，导致气体内能减少了 1.3×10^5 J。答案为"B"。

三、能量守恒定律在电学中的表现

1. 能量守恒定律在电场问题中的表现

若只有电场力做功，电势能与动能之和保持不变；若只有电场力和重力做功，电势能与机械能(重力势能和动能)之和保持不变。

例题 5：一质量为 m 的带电小球，在竖直方向的匀强电场中以水平射出，小球的加速度为 $\frac{2}{3}g$，不计阻力，则小球在下落 h 高度的过程中（　　　）

A. 小球的动能增加了 $\frac{1}{3}mgh$ 　　　　　B. 小球的电势能增加了 $\frac{1}{3}mgh$

C. 小球的重力势能减少了 $\frac{2}{3}mgh$ 　　　D. 小球的机械能减少了 $\frac{2}{3}mgh$

说明：本题能量守恒定律表现为带电小球的重力势能减少，转化为带电小

球增加的动能和带电小球增加的电势能，带电小球的电势能与机械能之和保持不变。答案为"BC"。

2. 能量守恒定律在电路问题中的表现

(1)闭合电路欧姆定律体现了能量的转化和守恒。闭合电路中电源提供的能量转化为外电路获得的能量和内电路消耗的能量，即 $Eq = U_外 q + U_内 q$ 或 $EIt = U_外 It + U_内 It$。具体表现为 $E = U_外 + U_内$（普适），$I = \dfrac{E}{R + r}$（由 $E = U_外 + U_内 = IR + Ir$ 推导而得，只适用于外电路为纯电阻电路），所以闭合电路欧姆定律是能量守恒定律在闭合电路中的表现形式。

(2)非纯电阻电路中，电路消耗的电能，即 $W = UIt$ 分为两部分，一大部分转化为其他形式的能 $E_{其他}$（例如电流通过电动机，电动机转动，电能转化为机械能）；另一小部分不可避免地转化为电热 $Q = I^2 Rt$（电枢的电阻生热），根据能量守恒定律有 $W = E_{其他} + Q$。

例题 6：一个电池组的电动势为 E，内阻为 r，用它给一电阻为 R 的直流电动机供电，当电动机正常工作时，通过电动机的电流为 I，电动机两端的电压为 U，经时间 t　（　　　）

　　A. 电源在内外电路做的功为 $(I^2 r + IU)t$

　　B. 电池消耗的化学能为 IEt

　　C. 电动机输出的机械能为 $IEt - I^2(R+r)t$

　　D. 电池组的效率为 $\dfrac{U - Ir}{E}$

说明：本题能量守恒定律具体表现为电池组消耗的化学能转化为电能后，对内外电路所做的功为 W，一部分供给电动机，一部分消耗在电源内阻上，即 $W = IEt = I(U+Ir)t = (IU+I^2 r)t$；电动机获得的电能一部分转化成机械能对外输出，另一部分转化成电动机内阻发热，即 $UIt = E_机 + I^2 rt$，所以 $E_机 = UIt - I^2 Rt = (E-Ir)It - I^2 Rt = EIt - I^2(R+r)t$；电池组的效率 $\eta = \dfrac{UI}{EI} \times 100\% = \dfrac{U}{E} \times 100\%$。答案为"ABC"。

3. 能量守恒定律在电磁感应问题中的表现

"楞次定律"（感应电流的磁场总是要阻碍引起感应电流的磁通量的变化）

是能量守恒定律在电磁感应中的具体体现。电磁感应过程中产生的感应电流在磁场中必定受到安培力作用，要维持感应电流的存在，必定有外力克服安培力做功，就有其他形式的能转化为电能，当感应电流通过用电器时，电能又转化为其他形式的能，此过程是符合能量守恒定律的。

如图所示，条形磁铁在下落过程中线圈和电流表构成的回路中产生了感应电流，由楞次定律可知，磁铁的下落受到了阻碍，磁铁的机械能减少，根据能量守恒定律可知，磁铁减少的机械能转化成了回路中产生的电能。

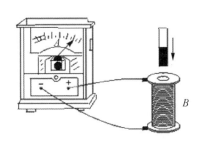

另外，理想变压器的输入功率等于输出功率也是能量守恒定律的具体体现。

例题 7：如图所示，两根光滑的金属导轨，平行放置在倾角为 θ 的斜面上，导轨的左端接有电阻 R，导轨自身的电阻可忽略不计。斜面处在一匀强磁场中，磁场方向垂直于斜面向上。质量为 m、电阻可不计的金属棒 ab 在沿着斜面与棒垂直的恒力作用下沿导轨匀速上滑，并上升 h 高度。在这过程中（　　）

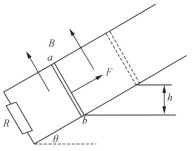

A. 作用于金属棒上的各个力的合力所做的功等于零

B. 作用于金属棒上的各个力的合力所做的功等于 mgh 与电阻 R 上发出的焦耳热之和

C. 恒力 F 与安培力的合力所做的功等于零

D. 恒力 F 与重力的合力所做的功等于电阻 R 上发出的焦耳热

说明：本题中棒所受弹力 N 对棒不做功，拉力 F 对棒做正功，重力 G 与安培力 $F_{安}$ 对棒做负功。棒的动能不变，重力势能增加，电阻 R 上产生焦耳热。能量守恒定律表现为其他形式的能通过恒力 F 做功，一部分克服重力做功转化为棒增加的重力势能，另一部分克服安培力做功转化为回路中的电能，最终转化为 R 上发出的焦耳热。答案为"AD"。

四、能量守恒定律在光学中的表现

1. 能量守恒定律在反射、折射现象中的表现

光在两种介质表面同时发生反射折射现象，不考虑其他能量损失，入射光的能量等于反射光能量与折射光能量之和，即光在两种介质表面同时发生反射折射现象时，其入射光、反射光、折射光能量也遵循能量守恒定律，这可以通过做全反射实验并观察实验现象，直观定性地加以认识。

例题 8：小林在探究光的折射规律时发现：当光由空气沿半圆玻璃砖边缘垂直射入圆心处发生反射和折射时，不断加大入射角会发生折射光消失而反射光变得更亮的情况，如图所示，老师告诉他这是光的全反射现象。课后小林查到光从玻璃射向空气时的一些数据，如下表所示。

入射角	0°	10°	20°	30°	40°	41.2°	41.8°	42°
折射角	0°	15.2°	30.9°	48.6°	74.6°	81°	90°	/
反射能量	5%	7%	26%	43%	77%	84%	100%	100%

表中数据说明：

(1)光从玻璃斜射向空气时，折射角、反射能量随着入射角的增大而_____；当入射角达到_____°时，反射能量达到 100%，就发生了全反射现象。

(2)根据光路可逆原理，当光从空气斜射向玻璃时，折射角_____入射角(填"大于""等于"或"小于")。

说明：本题表中数据说明的就是全反射实验中入射光、折射光、反射光能量也遵循能量守恒定律。答案为"(1)增大(或增加) 41.8 (2)小于"。

2. 能量守恒定律在干涉、衍射现象中的表现

不考虑其他损失，无论在哪种干涉和衍射现象中亮纹处分布的光的能量和暗纹处分布的光的能量之和等于入射光的能量。因此根据能量守恒定律理解干涉、衍射现象，就是把入射光的能量按照概率进行重新分布，分布多的地方形成亮纹，分布少的地方形成暗纹。

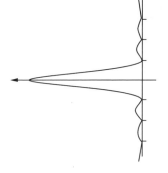

例题 9：如图是用 DIS 光传感器测量的某光学实验中光屏上的光强分布图。

（1）该图是光的＿＿＿＿＿＿＿＿ 的光强分布图；

（2）观察图中光强分布特点，请用文字归纳表述：＿＿＿＿＿＿＿＿＿＿＿＿；

（3）光产生这种现象的条件是：＿＿＿＿＿＿＿

＿＿＿＿＿＿＿＿＿＿＿＿＿＿＿＿＿＿。

说明：本题中光的衍射的光强分布图中"中央明条纹最宽最亮、亮度和宽度依次向两侧递减"的特点很好地体现了能量守恒定律。答案为"（1）衍射 （2）中央明条纹最宽最亮、亮度和宽度依次向两侧递减 （3）障碍物或缝的尺寸可以跟光的波长相比，甚至比波长还要小"。

3. 能量守恒定律在光电效应现象中的表现

当入射光的频率高于极限频率时，光子能量 $h\nu$ 传递给电子以后，电子摆脱束缚要消耗一部分能量（逸出功 W），剩下的能量以光电子的动能 E_k 形式存在，这样光电子的最大初动能满足 $E_{km} = h\nu - W$，此为爱因斯坦光电效应方程，因此爱因斯坦光电效应方程是能量守恒定律在光电效应现象中的具体体现。

例题 10：关于光电效应，下列说法中正确的是（ ）

A. 发生光电效应时，入射光越强，光子的能量就越大

B. 不同金属产生光电效应的入射光的最低频率是相同的

C. 金属内的每个电子可以吸收一个或一个以上的光子，当它积累的动能足够大时，就能发生光电效应

D. 如果入射光子的能量小于金属表面的电子克服原子核的引力而逸出时所需做的最小功，便不能发生光电效应

说明：本题中 D 选项就是 $E_{km} = h\nu - W$ 的具体应用。答案为"D"。

五、能量守恒定律在原子物理中的表现

1. 能量守恒定律在氢原子能级跃迁问题中的表现

各能级间的跃迁（包括电离）都是符合能量守恒定律的。依据玻尔理论，氢原子在各能级间跃迁时，只能吸收或辐射能量值刚好等于某两个能级之差的

光子，即光子能量值为 $h\nu = E_n - E_m$ ，多了或少了都不行。如果光子(或实物粒子)与氢原子作用而使氢原子电离(绕核电子脱离原子的束缚而成为自由电子，即 $n = \infty$ 的状态)时，则不受跃迁条件限制，只要所吸收光子能量值(或从与实物粒子碰撞中获得能量)大于电离能即可。

例题 11：欲使处于基态的氢原子激发，下列措施可行的是（　　）

A. 用 10.2 eV 的光子照射　　　　　　B. 用 11 eV 的光子照射

C. 用 14 eV 的光子照射　　　　　　　D. 用 10 eV 的光子照射

说明：本题基态氢原子向激发态跃迁，能量守恒定律表现为只能吸收能量值刚好等于某激发态和基态能级之差的光子。由氢原子能级关系不难算出，10.2 eV 刚好为氢原子 $n = 1$ 和 $n = 2$ 的两个能级之差，而 10 eV、11 eV 都不是氢原子基态和任一激发态的能量之差，因此氢原子只能吸收前者，再被激发，而不能吸收后二者。对 14 eV 的光子，其能量大于氢原子电离能 13.6 eV，足可使其电离，故不受氢原子能级间跃迁条件限制。由能量守恒定律可知，氢原子吸收 14 eV 的光子电离后产生的自由电子仍具有 0.4 eV 的动能。答案为"AC"。

2. 能量守恒定律在计算核能时的表现

在无光子辐射的情况下，核反应中释放的核能转化为生成新核和新粒子的动能，在此情况下可依据能量守恒定律和动量守恒来计算核能及其分配关系。

例题 12：两个氘核聚变产生一个中子和一个氦核(氦的同位素)，若在反应前两个氘核的动能均为 $E_{k0} = 3.35\ \text{MeV}$ ，它们正面碰撞发生核聚变，且反应后释放的能量全部转化为动能，反应后所产生的中子的动能为 2.49 MeV，求该核反应所释放的核能。已知氘核的质量为 $m_H = 2.0136u$ ，氦核的质量为 $m_{He} = 3.015u$ ，中子的质量为 $m_n = 1.0087u$ 。

说明：本题能量守恒定律表现为反应前后能量守恒。设反应前氘核动量的大小为 p ，反应后生成的中子和氦核动量的大小分别为 p_n 和 p_{He} ，其动能分别为 E_{kn} 和 E_{kHe} ，反应所释放的核能为 ΔE ，则由能量守恒定律得：$2E_{k0} + \Delta E = E_{kn} + E_{kHe}$ ，结合动量守恒定律得：$p = p_n + p_{He}$ ，又因为 $E_k = \dfrac{p^2}{2m} \propto \dfrac{1}{m}$ ，所以

$\dfrac{E_{kHe}}{E_{kn}} = \dfrac{m_{He}}{m_n} \approx \dfrac{3}{1}$ ，联立各式解得：$\Delta E = 3.26\ \text{MeV}$ 。即在这个衰变过程中释放出 3.26 MeV 的能量。

"双新"背景下，物理实验教学创新初探

尚宣廷

随着科学技术的不断进步和建设中国特色社会主义的发展需要，国家再次强调教学应该以人为本的教育方针和立德树人的根本任务。新一轮的教育改革拉开了序幕，"双新"背景下教师如何让不同层次的学生通过学习知识进而提升自己的核心素养，显得更加重要。

学科核心素养是学科育人价值的集中体现，是学生通过学科学习而逐步形成的正确价值观念、必备品格和关键能力。物理学科核心素养主要包括"物理观念""科学思维""科学探究"和"科学态度与责任"四个方面。其中"物理观念"主要包括物质观念、运动与相互作用观念、能量观念等要素；"科学思维"主要包括模型建构、科学推理、科学论证、质疑创新等要素；"科学探究"主要包括问题、证据、解释、交流等因素；"科学态度与责任"主要包括科学本质、科学态度、社会责任等要素。学科核心素养不是靠口头传授，关键在学生发挥主体作用，理解、体验、动手、动脑，手脑并用。

物理是一门实验学科，学生通过实验去学习物理规律，认识世界。在物理教学中，如何利用好实验去提高学生的核心素养是物理教师需要思考的问题。物理实验包括但不限于教师的演示实验、教材中的自主活动和学生实验，其他如学生在家做的实验，学校成立的 IYPT 实验室的实验，都是学有余力的学生进行的实验探究。2022 年暑假，在带领学生准备课题参加上海市第七届中学生物理学术竞赛的过程中，笔者看到学生从最初的困惑到后来的成功，看到学生知识运用、模型建构、科学探究等核心素养的明显提高及在遇到困难和问题后的冷静应对以及在这次实验准备过程中的成长。

为何有如此的效果？主要是对物理实验教学做了一些创新探索。重要的是站在学生立场重新审视高中物理实验教学，学生立场是立足于学生或站在学生角度，观察事物和处理问题时所处的地位和所抱的态度。眼下物理实验教学的

现状与不足，就是缺少学生立场，缺少对学生需要的研究。德国教育家第斯多惠曾说过，教学必须符合人的天性及其发展的规律。所以，教师要以促进学生生命成长为目标，一切从学生的需要出发，教育才有可能真正地发挥作用。最为重要的是让学生的学习真正发生。为此，笔者努力激励、唤醒和鼓舞，让学生回归于观察实验和表达的探求天性。

结合之前带 IYPT 延拓课的教学经验，将其与教材中的实验课进行比较，做一点创新探索。

一、学生是真正的设计者

教材中的实验课，是面向全部学生的，通常要保证大多数学生能够在一节课里去探究相关的实验现象。实验的设计和所用的仪器已经确定，在实验课上，学生按照老师的要求去探究实验现象，得出相应的实验结果。

以"探究加速度与物体受力、物体质量的关系"为例。在探究加速度和合外力的关系时，提前将需要的轨道、小车、砝码、小桶、位移传感器等器材放在学生面前。虽然学生可以根据桌面上的仪器设计实验方案，但是设计的实验方案是受到限定的。甚至有些学生直接去翻阅教材，依葫芦画瓢，失去了实验课的探究意义。

中学生物理学术竞赛中的实验课题则是仅仅给学生一个问题，学生需要自己设计实验，根据实验的设计自行准备仪器、探究问题。学生可以经历实验从猜想、设计到完成的整个过程。即学生利用所学知识对问题进行猜想，然后根据自己的猜想去购买实验器材，组装实验装置，在实验中改进或者重新设计实验装置，在不断的失败中去一步步地改进实验。学生作为整个实验的设计者，主观能动性很强，而且竞赛中的实验课题是开放性的，网上没有现成的解决方法，需要学生一步一步地猜想、设计、验证。笔者绝不越俎代庖，只是鼓励他们奇思妙想，发挥聪明才智。

二、学生是真正的探究者

教材中的实验课，一般是根据教学的需要让学生探究，得到特定的结论。有些学生在实验之前就已经知道了实验的结果是什么，在实验过程中失去了探究的乐趣，因此在做实验的时候，草草了事，做一组符合结论的数据，就算完成实验，从而也就认为科学研究是件很简单的事情。

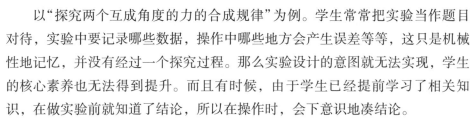

以"探究两个互成角度的力的合成规律"为例。学生常常把实验当作题目对待，实验中要记录哪些数据，操作中哪些地方会产生误差等等，这只是机械性地记忆，并没有经过一个探究过程。那么实验设计的意图就无法实现，学生的核心素养也无法得到提升。而且有时候，由于学生已经提前学习了相关知识，在做实验前就知道了结论，所以在操作时，会下意识地凑结论。

中学生物理学术竞赛中的实验题目，大多数是开放性的题目，没有标准答案，在网上也很难搜到相关的结论。学生要想研究问题，得出相关结论，必须要经过一个实验探究过程。以2022年上海第七届中学生物理学术竞赛课题"永不沉默的圆盘"为例。题目是：将一个中心有孔的金属圆盘沉入装满水的容器中，当一个垂直的水流击中圆盘中心时，它可能会漂浮在水面上，解释这一现象并研究相关参数。学生们在定量研究流量和金属圆盘漂浮的关系时，发现很难界定金属圆盘下沉的那个时刻。于是，学生们转为将力传感器悬挂于金属圆盘，测定金属圆盘竖直方向上的力的方式，通过水给金属圆盘的力的大小变化与其他因素间的关系，间接研究参量对该现象的影响。学生们从开始第一套方案的设计到最终实验方案的确定，经历了五天的实验探究过程，在探究过程中不断思考影响圆盘浮起来的因素，并探究能否测得所需要的实验数据。

学生在实验探究中围绕问题来寻找证据，提出假设，验证结论，解释现象，沟通交流，查找资料。在实验的改进过程中，不断发现问题、解决问题，批判性思维和创新思维都得到了良好的提升，也对科学探究、科学态度与责任有了更真实的感受。在整个过程中，笔者是他们的伙伴，鼓励他们争辩、互助、合作。

三、学生是真正的受益者

教材中的实验课，受场地的束缚，通常只能在实验室进行。所以，教材中的实验一般是经过设计的，学生在实验室短时间内就可以完成探究。

但是对于 IYPT 实验中的课题，往往需要经过一个较长时间的探究过程。学生能够体会一个问题从猜想到解决的整个过程。学生在实验过程中发现理想模型与实际情况之间的差距，激发了他们旺盛的求知欲，强烈的好奇心，探究的意识。物理实验过程中，学生可能会经历一次次的实验失败，在一次次的失败过程中需要保持足够的韧劲，才能够在一次次反思和实验的改进中取得最终的胜利。

发现寻求真理的趣味。在探究过程中，学生立足所学知识，通过不断创新，大胆假设，改进实验，同时脚踏实地利用所得到的实验数据和实验结果去解释实验现象，在不断接近事实真相中获得成功。

综上所述，笔者深切体会到物理实验教学需要努力改进、努力提升。要用好教材中的物理实验，先通过教材中的物理实验让学生体验实验探究的过程，激发学生的学习兴趣，让学生喜欢实验，喜欢物理学科。然后在日常教学中，根据教学需要，设计一些难度不大、可操作性强的实验让学生自愿完成，学有余力的学生可以通过实验进一步提高自己的科学探究能力。最后，对于层次比较高而且想在物理学习上获得更大提高的学生，可以利用好学校的 IYPT 实验室、IYPT 延拓课和每年的上海中学生物理学术竞赛。不同层次的学生，能够根据自己的学习需求，选择不同层次的实验探究，在实验探究中去深化对物理观念的理解，提升自身的科学思维和科学探究素养，形成自己的科学态度与责任，为自己将来的发展奠定坚实的基础。

参考文献

尹超. 基于学生立场的学校组织变革研究[D]. 天津：天津师范大学，2018.

化学教研组

基于化学学科核心素养导向的学习活动设计
——以高三复习课"走近氮元素"为例

蔡岚静

《普通高中化学课程标准(2017 年版 2020 年修订)》(以下简称《课程标准》)中提出,化学教学要以发展化学学科核心素养为主旨,重视开展"素养为本"的教学,注重真实问题情境的创设,注重基于"学习任务"开展学科素养培养的教学,注重教学内容的结构化设计,激发学生学习化学的兴趣,促进学生学习方式的转变,培养学生的创新精神和实践能力。

一、案例概述

在高三化学第一轮复习中,元素化学知识是重要部分,一般考试评价中占比约为 30%。但是元素及其化合物知识点种类繁多、性质琐碎、反应规律复杂,往往造成学生无法理清知识脉络,前学后忘的结果。为了更好地帮助高三学生重构元素化学的知识体系,笔者立足老教材,参考新课标、新教材,选取非金属元素中氮族元素为单元复习内容,以"走近氮元素"为课例,以"自然界中氮的循环图"作为问题情境导入,引导学生从物质类别、元素价态的视角构建以氮元素为核心的元素及其化合物相互转化的知识网络,认识氮族元素化合物,继而掌握非金属单元复习方法和通过模型认识物质世界的思维方式,全面落实化学学科素养。

二、活动背景

《课程标准》中对化学学科核心素养的描述涉及五个方面,"科学探究与创新意识"属于科学认识发生和形成范畴;"宏观辨识与微观探析"属于认识化学的视角,"变化观念和平衡思想"属于认识化学变化的视角,它们都是化学思维方式,而"证据推理与模型认知"属于化学思维方法,以上三个方面均属于科学认识发展范畴;"科学态度与社会责任"是化学认识的价值,它属于科学认识价值范畴。(图1)化学学科核心素养充分体现了科学论的思想。

图1 化学学科核心素养逻辑图

基于新旧教材内容,结合高三学生的学情,在本课时的教学中落实如下三个目标以突出学科核心素养。目标①从氮元素、氮原子的微观结构分析出发,帮助学生建立以氮元素形成的物质类别和元素价态转化的思想方法,完善含氮物质间相互转化的知识结构,夯实核心素养中"科学认识发展";目标②以"自然界中氮的循环图"为主题,帮助学生认识含氮物质间相互转化具有的实际意义和价值,引导学生应用物质间相互转化的思想解决生活中氮的氧化物造成污染的实际问题,夯实核心素养中"科学认识发生与形成";目标③抓住"自然界中氮的循环图"中反硝化过程的分析,帮助学生辩证地认识土壤中微生物的价值,引导学生从学科互融的角度综合认识自然界中的各种元素生态循环对人类生产、社会发展的重要作用,夯实核心素养中"科学认识价值"。

三、活动过程

1. 根据学生学情,创设课堂问题情境

教学片段一:用准确的化学学科语言表述氮的不同微粒结构

师:化学学科中,对于元素性质的认识一定离不开"化学元素周期表"。(展示元素周期表,如图2)

①请学生表述氮元素在周期表中的位置。

②请学生对周期表中氮元素符号和数字的信息进行准确表达。

③请学生用化学语言描述各种氮原子结构图的意义。

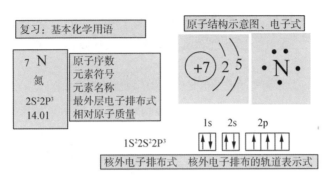

图 2　氮元素与氮原子

设计意图：化学学科是在认识原子、分子等微观粒子的基础上研究宏观物质的组成、结构、性质、转化及其应用的一门自然科学。每门学科都有其专业术语。针对学生常常会混淆学科语言体系的问题，教师在高三元素复习课中设计此教学环节，目的是引导学生重视辨析宏观量元素和微观量原子结构的表述区别，夯实化学学科语言体系。

教学片段二：在实验室模拟"大气固氮"现象

师：在实验室模拟大气雷电活动时氮气和氧气之间会发生哪些物质变化？（此视频来自"空中课堂"）实验装置如图3，大家可以看到一个普通矿泉水瓶，里面充满空气，密封环境下在瓶的两端分别插入电极，再通电流以模拟雷电状态。

图 3　实验装置

问：①发生了什么现象？

②物质间发生哪些化学反应？

③塑料水瓶有没有变瘪？请你用所学的知识来解释看到的现象。

设计意图：化学是一门以实验为基础的自然科学，实验可以综合考察学生观察、分析、思考、判断等能力。高三学生往往在气压问题的实验分析上存在一定困难。实验室模拟大气雷电现象进行情境问题设计，目的在于启发学生多角度分析思考物质变化过程中存在的其他原理，例如气体压强问题、反应能量问题等。通过跨学科综合实践，学生运用多个学科的知识、观念与方法提高分析、解释、判断、解决问题的能力，落实科学思维品质。

2. 根据不同教材，创设课堂问题情境

教学片段三：探究物质类别和氮元素化合价间的转化关系

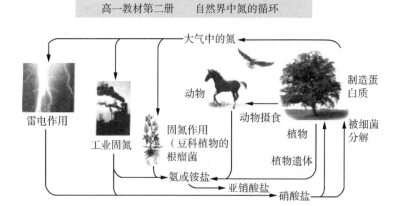

图 4　自然界中氮的循环图

师：这是我们老教材高一课本中的"自然界中氮的循环图"（图 4），请同学们结合已有化学知识，回答下列问题。

问：①图中含氮元素的微粒有哪些？

②固氮的含义是什么？

③请分析大气固氮、生物固氮和工业固氮三种固氮方式中，分别存在哪些含氮物质之间的转化关系？

④含氮物质间发生这些变化最根本的原因是什么？

设计意图：教材是教学的重要依据，利用教材中已有的素材，引导学生观察、思考和讨论，同种元素形成的不同物质之间的转化关系是由于物质中所含相同元素化合价有变化引发的，不同物质按照物质形成的方式均有不同的分类，由此可以进一步引导学生探究物质类别和元素化合价间转化的关系，即"价-类"二维图，落实证据推理和模型认知的思维方法。

教学片段四：比较新旧教材对于氮的循环知识描述的差异

师：对于老教材中氮的循环图，有一处老师产生了一些疑问，土壤中的含氮物质是如何通过转化形成无害物质排入大气的，从而形成氮元素的循环？老师通过阅读上海科技出版社（化学必修教材 2021 年 1 月版）第一册第三章的内容，解决了这个问题。

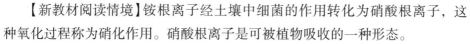

【新教材阅读情境】铵根离子经土壤中细菌的作用转化为硝酸根离子，这种氧化过程称为硝化作用。硝酸根离子是可被植物吸收的一种形态。

$$\overset{-3}{N}H_4^+ \xrightarrow{\text{土壤中的细菌}} \overset{+3}{N}O_2^- \xrightarrow{\text{土壤中的细菌}} \overset{+5}{N}O_3^-$$

在氧气不足的条件下，土壤中的细菌又将硝酸根转化为氮气，且从土壤中释放出来。这是硝酸根在土壤中细菌的作用下被还原的过程，称为反硝化作用。

$$\overset{+5}{N}O_3^- \xrightarrow{\text{土壤中的细菌}} \overset{+2}{N}O \xrightarrow{\text{土壤中的细菌}} \overset{+1}{N}_2O \xrightarrow{\text{土壤中的细菌}} \overset{0}{N}_2$$

师：通过以上知识的阅读，让我们一起来思考和解决下面的问题吧！

【例题】细菌可以促使铁、氮两种元素进行氧化还原反应，并耦合两种元素的循环。耦合循环中的部分转化如图5所示。

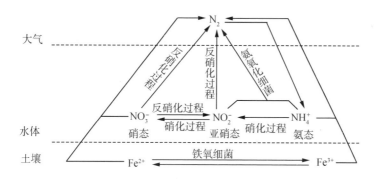

图5 铁和氮的耦合循环

请结合图5，回答以下问题。

①图5所示氮循环中，属于氮的固定过程的是_____。

②硝化过程中，含氮物质发生_____（填"氧化"或"还原"）反应。

③土壤中的铁循环可用于水体脱氮（脱氮是指将氮元素从水体中除去），用离子方程式表示酸性环境中 Fe^{2+} 脱除水体中硝酸根离子的过程：_____。

设计意图：课前深度理解教材、挖掘可利用的相关信息是教师打造良好课堂教学活动的基础和前提。通过对新老版教材中自然界中氮循环知识的对比和补充学习，引导学生更深入地理解含氮物质间循环转化的逻辑关系，全面掌握氮循环知识，提高发展学习理解能力、问题解决能力和综合实践能力。

3. 根据生活实际，创设课堂问题情境

教学片段五：揭示工业合成氨在人类生活中存在的价值和意义

师：氮循环的存在实现了自然界中动植物的生命延续，人类参与自然界中的氮循环的方式之一就是工业合成氨。世界上曾有三位科学家，弗里茨·哈伯、卡尔·博施和格哈德·埃特尔，分别在人工固氮原理的研究方面为人类的发展作出了突出的贡献，被授予诺贝尔化学奖。科学家们进行了6000次试验，研究了2500种催化剂，最终发现含铁元素多组分混合物催化效果最好。

问：在合成氨工业中，你觉得科学家遇到的最大问题是什么？为什么？

生：氮气占空气总量的78%，分子结构非常稳定，氮氮三重键具有很高的键能，要使氢气和氮气发生反应必须找到高效的催化剂。

师：非常好！依据合成氨的工业合成流程图，原料气的净化至关重要。一般合成氨工业中原料气（N_2、H_2 及少量 CO 的混合气体）在进入合成塔前常用 $Cu(NH_3)_2CH_3COO$ 溶液来吸收原料气中的 CO，此反应正方向为放热反应，化学方程式为：

$$Cu(NH_3)_2CH_3COO(aq) + CO(g) \rightleftharpoons Cu(NH_3)_2CH_3COO \cdot CO(aq) + Q$$

问：①为何需要除去原料气中的 CO？欲充分吸收 CO，适宜的条件是什么？

②吸收 CO 后的醋酸铜氨溶液经过适当处理又可再生，恢复其吸收 CO 的能力以供循环使用。醋酸铜氨溶液再生的条件又是什么？

设计意图：工业合成氨是科学家们为了人类生存，提高粮食产量，历经一代代人的学术研究，创造的实践成果。教师将知识点与生产生活实际相结合设计的情境教学环节，既促进学生认识理论和实践相统一，又增强社会责任感教育，提升化学学科价值。

教学片段六：分析使用氮肥对人类生存的优劣评价

师：氨气可直接溶于水，得到氨水，也可以与酸反应得到铵根，形成许多铵态氮肥。为什么我们不直接用氨水作氮肥？

生：氨水易挥发，氮元素易流失；氨水呈碱性，不易运输、储备。

师：请你说出氮肥的分类方法。氮肥在施用时有哪些注意点？过度使用氮肥会对环境造成哪些损害？

生：目前氮肥主要分为三类，即硝态氮肥、铵态氮肥和有机氮肥。氮肥对土壤、大气和水体都会造成不良影响。氮肥在施用时要注意深施盖土。

设计意图：学生的复习活动针对复习任务而设置，此环节的复习任务是掌握氨气的化学性质，活动设计主要引导学生思考：氨气通过化学变化得到的两

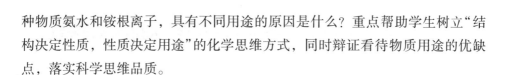

种物质氨水和铵根离子，具有不同用途的原因是什么？重点帮助学生树立"结构决定性质，性质决定用途"的化学思维方式，同时辩证看待物质用途的优缺点，落实科学思维品质。

四、效果与反思

1. 落实核心素养，重点在研究教材

教材作为承载课标要求与教学功能的重要资源，是教师组织课堂教学设计进行前期研究和学习的重要依据。教师需要理解教材的知识体系和活动主线，从而思考如何进行课堂学习活动设计，如何使课程内容结构化，才能满足学生学科能力发展的需求。此堂高三复习课综合参考了2008年8月第1版的化学拓展型课程（试用本）教材和2021年1月第1版的化学必修（第1册）教材关于非金属氮元素的知识内容，进行了前期的比较、整理、分析和研究。设计了新教材内容的情境化阅读环节，培养学生阅读教材专业术语的能力，帮助学生理解教材文字背后蕴藏的原理，有助于学生扩大知识视野，全面审视化学问题，提升学生学习能力。

2. 落实核心素养，聚焦活动设计

教材依据知识难度构建了"因地制宜"的学习活动系统，有些具有强结构特征，有些具有弱结构特征，教师需要挖掘隐含在正文或图表中的关键信息，找到主题线索，设计有效的活动环节，更顺畅地推进学生学科能力发展。例如"走近氮元素"课堂活动设计中，教师围绕自然界中含氮元素物质间相互转化的主线，设计了多种情境问题进行讨论，生活实践问题的解决、环境保护问题的治理等，在润物细无声中发展学生学科能力，落实学科素养。

3. 落实核心素养，关键在把握学情

学生永远是知识学习的主体，本堂课的教学设计较好地兼顾了前期高三一轮复习过程中学生的学情，坚持问题导向延伸学习任务，情境的设置更贴近学生的真实需求，教师在学习设计中帮助学生完成从不知到知的转变，从不解到理解的升华，引导学生主动参与有意思、接地气、沉浸式、有收获的化学课堂体验，不断挖掘自我潜力，促进学生学科素养的培育。

立足综合实践活动课程 巧设化学创新实验课程

——"植物型护手霜制取及产品检测改进"教学实录及反思

韩 艳

综合实践活动课程是通过探究、服务、制作、体验等方式，培养学生综合素质的跨学科实践性课程。综合实践活动课程强调学生运用学科知识，提升学生综合素质，改变学生单一的学习方式，培养学生社会责任感、创新精神和实践能力。化学学科作为一门实验学科，以化学实验为主的探究活动，可以激发学生的学习兴趣；以生活情境为本的研究和实践，可以让学习与生活建立有机联系。化学创新实验课程的开设，将化学学科的创新精神和实践能力等核心素养融入综合实践活动课程中，培养学生综合核心素养。

一、课程背景

依据教育部印发的《中小学综合实践活动课程指导纲要》、《上海市教育委员会关于印发〈上海市普通高中课程实施方案〉的通知》(沪教委基〔2021〕35号)，以培养学生综合素质为导向，根据学生个性化发展需求，开设综合实践活动课程，体现课程教学目标，注重课程实施过程，强调学生探究体验，鼓励学生动手实践。

学科素养是新课程标准下的产物，是在学习和实践某一学科知识过程中所形成的以该学科特征为基础的理论知识、专业技能、品质以及学习经验的综合。化学核心素养在某种程度上表明了新形势下化学学科的教学目标、育人要求，将化学知识转化为一种具体的能力用以解决生活、工作和学习中的具体问题。

二、课程概况

上海市市北中学的化学创新实验课程经过课程研究和课程建设，立足综合实践活动课程的教学目标，渗透化学学科核心素养，以满足学生个性特长及学科能力发展需要，形成自身的兴趣爱好或特长。课程从多方面考察学生的能力，其中包括创新精神和实践能力，以探究经验的获得和实践活动的体验为主导，以自主探究作为主要学习活动方式，以培养学生的探究意识、探究技能、探究气质为主要目标的一种综合实践活动课程。

我们根据综合实践活动课程及化学学科特点，结合学生兴趣和体验式探究学习方式，研发了化学创新实验校本课程植物型化妆品制作及产品检测，该课程结合绿色化学的理念和化学实验操作，选择天然植物油为主要原料，开设系列化妆品制作的研究性学习活动，促进学生体验实践活动过程。

课程的实施培养了学生查阅文献能力，学习了植物有效成分的提取方法和操作技能，掌握了化妆品的配方体系、制取方法及制备工艺，知道了化妆品理化评价指标及掌握了相关的检测方法，从而提升了学生的实验能力、研究和创新能力。

课程的设置，选择由浅入深，课程内容涉及化妆品定义及化妆品配方设计、制作操作的理论知识学习，实验仪器的操作学习，课程先后制作了美容香皂、润唇膏（唇膏）、玫瑰纯露、香薰蜡片、香薰蜡烛、护手霜、护肤乳（面霜）、芦荟凝胶、柴胡洗手液等产品。主要原料选择天然植物型原料：油相选择蜂蜡、大豆蜡、乳木果油、牛油果油、葡萄籽油、橄榄油等，水相选择蒸馏水、去离子水、甘油、玻尿酸等，香味添加选择植物精油。

三、课程资源

1. 普通化学实验室

2. 主要试剂

草本植物、植物油、去离子水（或蒸馏水）、简易乳化剂、可食用色素等。

3. 主要实验仪器

基础化学实验仪器	恒温干燥箱
旋转蒸发仪（带水浴锅）	离心机
磁力搅拌器（带水浴锅）	电导率仪
中药粉碎机	皮肤水分检测仪
超声波清洗机	紫外可见分光光度计
索氏提取器	光学显微镜

四、"植物型护手霜制取及产品检测改进"单元教学活动的实施

（一）试剂及仪器

（1）试剂：植物油（橄榄油、乳木果油）、蜂蜡、蒸馏水（去离子水）、甘油、玻尿酸原液、乳化剂、消毒酒精。

（2）仪器：烧杯 50 mL、烧杯 100 mL、玻璃棒、酒精灯、石棉网、分装罐、棉棒、离心机、电导率仪、皮肤水分检测仪。

（二）单元课时安排

（1）创新实践活动准备阶段——2 课时。

（2）创新实践活动实施阶段——2 课时。

（3）创新实践活动交流反思——2 课时。

（4）自主创新实践活动阶段——2 课时。

（三）单元教学实施阶段

1. 第一阶段——创新实践活动准备阶段

首先布置预习作业：（1）护手霜的成分及其功效是什么？（2）在制作护手霜的过程中，重要的步骤是什么？

将学生分组，通过查阅资料，完成预习作业，在下一节课，以 PPT 形式呈现小组的预习作业。在小组汇报中，能基本阐述清楚护手霜（润肤）中主要使用的原料及其功效。这一作业的完成体现了学生文献搜索能力、知识汇总能力，但对于如何亲手制取护手霜，学生们呈现出理论与实践脱离的状态。

接着，笔者根据学生的预习汇报，梳理了植物型护手霜制取所需要的原料

及制取步骤：原料主要分为油相和水相，油相是植物油和蜂蜡；水相是去离子水（或蒸馏水）、甘油、玻尿酸原液，还有防腐（抗菌）剂。

最后，笔者提出一个问题：如何让水相和油相互溶呢？学生们通过事先的预习，很快地给予了答案——乳化剂。随后在课堂上，笔者做了"水油相融"的课堂演示实验，展现了乳化剂的神奇，并进一步阐述了乳化剂的原理及乳化剂在化妆品制作工艺中的重要性，引导学生用化学知识、化学原理去解释生活中的现象。

2. 第二阶段——创新实践活动实施阶段

给出实验步骤：

（1）先在一个 50 mL 的烧杯中装入油相：橄榄油和乳木果油共 10 mL，再加入 1~2 g 蜂蜡，然后加热融化（此处加热温度不宜过高，固态融化即可）；

（2）在加热期间，同时准备另一个 100 mL 的烧杯，在里面加入蒸馏水40 mL、甘油 5 mL、玻尿酸原液 5 mL；

（3）加热水相，使水相和油相温度差不多；

（4）取下装有水相和油相的烧杯，将两个烧杯里的物质混合，再加入 1~2 mL 乳化剂；

（5）用玻璃棒搅拌，使水相和油相混合均匀，过一会儿，就会呈现乳液状；

（6）记录实验数据和现象，完成实验报告。（图 1）

图1　实验成品

根据预先提供的实验步骤及配方，学生分组进行实验实践活动。在活动过程中，老师是观察者，观察学生在实践活动中出现的问题，并做好记录。

待护手霜成品制作好后，让学生们互相试用制作的成品，记录试用后的感受，完成实验报告。

3. 第三阶段——创新实践活动交流反思阶段

创新实验实践活动之后，各组学生总结活动体验及活动反思，制作一份实践过程汇报书或汇报表，并互相交流学习。

通过交流，收集各组的反思：（1）乳液状和霜状如何在制作过程中实现？

(2)如何使护手霜适合春夏天和秋冬天？(3)能否增加护手霜的功效？(4)在初步的感官评价之后，如何对护手霜的理化指标进行检测？

结合学生们汇报中提出的反思点，笔者会根据观察时做的记录，反馈收集的信息，给出几点建议：(1)油相加热温度不能过高，因为植物油含有不饱和键，若加热温度过高，会使其氧化；(2)水相需要预热到油相温度，再与油相混合，若直接混合会出现棉絮物质；(3)加入乳化剂数滴，然后要用玻璃棒搅拌，乳状会慢慢出现，不要急着再加乳化剂，否则护手霜质地会太厚重。

最后，笔者提出了新的问题：化妆品性质检测方式有多种，感官评价是最易实施的，那如何细化感官评价指标呢？除了感官评价，我们利用实验室的仪器还能完成哪些评价指标呢？希望学生根据初次的实践活动体验及反思，让各组对配方进行改进，设计产品评价表，为再次实践做准备。

4. 第四阶段——自主创新实践活动阶段

经过文献查询—实践活动体验—反思总结，学生们将理论知识运用于实践活动体验中，在实践的过程中，发现新问题，带着问题进行再次创新实践活动，寻求解决问题的方法和途径。

通过自主创新实践活动的实施，各组对反思问题做了相应的思考和实践活动：

(1)乳液状和霜状如何在制作过程中实现？

该组学生通过自主实验活动，发现状态与乳化剂的用量有关，乳化剂少就会呈现乳液状，乳化剂多就会呈现霜状。他们在查阅文献时发现，乳化剂有冷作型和热作型，如果选择冷作型乳化剂，可以在常温条件下乳化油相和水相，并在自主创新实践活动中做了尝试，制作步骤简单，但产品的稳定性还有待于进一步加强。

(2)如何使护手霜适合春夏天和秋冬天？

这个问题其实是护手霜的质地是偏水润还是偏油润。该组学生通过自主实验活动发现这取决于水相和油相的比例。他们查阅文献发现，油相比重适当提高，更有利于皮肤的吸收和保护，通过不断地调整水油比例，找到了较为满意的配比。

(3)能否增加护手霜的功效？

该组学生发现，有关功效的物质有很多，是否可以自行选择一些中药成分

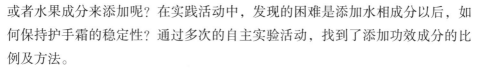

或者水果成分来添加呢？在实践活动中，发现的困难是添加水相成分以后，如何保持护手霜的稳定性？通过多次的自主实验活动，找到了添加功效成分的比例及方法。

（4）如何对护手霜的理化指标进行检测？

通过查阅文件及教师引导，该组学生采用皮肤水分检测仪检测护手霜的保湿效果；采用离心机检测产品的稳定性；采用电导率仪检测产品的pH。

每组学生根据各自组的反思点，进行自主实践活动探究，完成一款较为成熟的护手霜产品，再次进行交流，同时每位学生完成一份有关实践活动的研究性报告。

五、总结和展望

首先，化学创新实验课程的实施，从前期的预习，到实践活动体验，再到实践活动体验交流和反思，最后到提出创新实践新方向，再次通过实践活动探究，完成实践活动的产品制作，撰写研究性报告（论文）。教师是实践活动的体验者、引导者、观察者、推进者。教师需要做好前期的实验准备，完成创新实践活动体验过程，预设实验实施过程中可能出现的问题，创设实践活动问题情境，营造师生间学术研讨的氛围。

其次，天然植物油制作护手霜，原料来自植物油，操作过程简单易上手，通过实验，引导学生了解了一些化学物质的作用和功效，引导学生用化学知识理解油相和水相融合的原理，引导学生用化学思维去解决问题。

再次，自主创新实践活动实施阶段体现了学生的主体性、教师的辅助性和引导性。课程充分发挥了学生的主观能动性，培养了学生的学习兴趣，增强了学生的实验操作和创新能力。学生通过探究实践活动验证自己预设的想法，通过实验实践活动作出自己预设的产品，再对产品进行评价，实现了理论付诸实践，充分体现了综合实践活动课程的意义。

参考文献

［1］王和.基于发展学科核心素养的高中化学实验教学实践与思考［J］.西部素质教育，2016（20）.

［2］李文萱.课程的校本化开发与实施［J］.现代教学，2006（12）.

政治教研组

基于培养理论联系实际能力的实践探究
——以"创新引领高质量发展"一课为例

梁　萍

　　高中思想政治课是立德树人的关键课程，它对帮助学生树立正确的"三观"，增强中国特色社会主义道路自信、理论自信、制度自信、文化自信起着重要的作用。在教学中，通过学习活动设计培养学生理论联系实际探究问题的能力，才能避免空洞的说教；通过活动体验和社会实践促进学生理解理论来源于实践，又能指导实践，从而激发探究社会问题的兴趣，提高解决实际问题的能力。

　　本节课将二十大报告主要精神与高中学业水平等级考试的相关知识结合起来，引导学生理解和认同新时代创新发展理念，明确创新在新时代新征程发展中的重要位置，理解创新对推动我国经济高质量发展的意义和举措，认同党和国家现阶段采取的一系列创新政策和措施，深化对习近平新时代中国特色社会主义经济思想的认识。

一、基础

（一）尊重学生认知规律

　　培养学生理论联系实际分析问题的能力必须遵循学生的认知规律，由易到难，由浅入深地提出问题、设计活动，激发学生通过已有的知识探究新问题的兴趣，拓展思维的广度和深度。把握学生的学情以调整预设，使教学符合学生的需要，提高课堂教学效益。

　　高三学生对于创新的重要地位、创新对高质量发展的作用已经有了比较清晰的认识，也能够比较完整地分析在经济全球化背景下，创新发展与提高我国国际竞争力的关系，以及对于保护知识产权有利于实施创新发展战略也有了一定的理论认识和具有了一定的法治意识。但是，学生对于创新引领高质量发展的理解还存在一定的局限性，对于创新和我国经济社会发展各方面的联系还不能进行深入分析。笔者就从多个不同角度设计活动，引导学生理解"创新引领高质量发展"的意义和方式。

（二）加强新理论的学习

　　理论来源于实践，科学理论又指导实践。新时代中国特色社会主义的伟大实践产生、形成了一系列新的思想、新的观点、新的说法。我们只有加强理论学习，才能紧跟时代步伐，才能有效地指导学生活动，使培养学生理论联系实际的能力更有针对性。

　　"创新引领高质量发展"这一课结合了二十大精神，因此在课前我们就要熟读二十大精神，按照教材体系，将二十大报告内容进行分类梳理，分析与教材的结合点，实现与教学的有机融合。注重讲深讲透理论，讲清楚新观点新论断新思想的历史脉络、理论来源和科学内涵等。

二、对"实际"的认识

（一）引导学生联系中国发展的实际，尤其是新时代以来中国特色社会主义发展的实际

　　思政课就是要紧跟时代步伐，引导学生全面认识、理性分析当前国家发展中的社会问题，培养科学精神和辩证思维；进而通过生动、具体、丰富的案例和素材促进学生关心国家大事，厚植爱国情怀。本节课的教学按照高中学业水平等级考试的要求引导学生结合新时代改革开放和社会主义现代化建设的具体实际，阐释创新对于抓住新一轮科技革命和产业变革的重大机遇、推进经济社会高质量发展的重要性以及发挥创新的引领作用，探究实现高水平科技自立自强、推动我国高质量发展的途径，从而理解和认同新时代创新发展理念，明确创新在新时代新征程发展中的重要地位，认同党和国家现阶段采取的一系列创新政策和措施。

（二）联系学生的实际

1. 生活实际

由于高三学生已经积累了一定的生活经验，因此引导学生将教材理论与自身的生活实际相结合，往往会给学生带来非常直观的感性认识，促使学生更容易理解基本原理，并且能够深刻体会到学科知识对于自己生活的重要价值，从而促使学生持续学习。比如，本节课笔者展示我国近十年科技、经济等方面取得的成就后，设计了活动，请学生联系自己的生活，从"衣食住行"方面谈谈创新与每个人生活的关系。学生迅速地罗列出最近几年自己生活中因创新而带来的变化，领悟到科技创新为人们生活提供的便利对社会产生的深远影响，进一步激发学生思考创新发展能够不断实现人民对美好生活的向往，从而产生政治认同感。

2. 学习实际

联系自己的学习实际，也就是要引导学生从自身现有的学习基础出发，通过已经掌握的知识结构推进认知结构的重组。从学生现实的学习基础出发，可以有效减少学生学习的畏难情绪，激发他们探究问题的兴趣，促进学生之间的合作，提升全体学生的学习能力。

高三等级班大多数学生对于教材的结构体系已经很熟悉了，本节课围绕"创新引领高质量发展"这个主题设计了一个学生活动，要求学生从经济的角度阐述创新如何引领高质量发展。这个问题的答案不局限于一篇课文，要求学生以必修二的"我国的经济发展"为重点，兼顾必修二模块的其他几课，统筹国内国际的经济发展，完整地梳理出一条线索。这种方法可以促进学生将知识融会贯通，避免机械、刻板的背书，提高学习的效率。

三、途径

（一）将营造平等民主的氛围与有效的教学指导相融合

培养学生理论联系实际分析问题的能力要重视学生学习的主体作用，提高学生独立思考问题的能力，激发学生的创新意识，这就需要构建平等的师生关系，创造一个和谐融洽的环境。教师在平时要以身作则，取得学生的信任；要与学生保持交流和沟通，让学生有亲切感。在学习活动中，要尊重学生的思想，消除学生紧张、焦虑的情绪，让学生敢于发表不同意见。只有让学生感受到"海阔凭鱼跃，天高任鸟飞"，才能点燃起学生参与学习的热情，推动学生主动参与社会政治生活的讨论和实践，主动运用所学的理论来分析、解决社会问题。

同时，尊重学生主体地位的同时不能忽视对学生进行有效的指导。教师的指导有利于学生把握正确的认识、分析问题的方向，掌握有效的方法，并为学习活动所要达到的预期目标提供多种可能实现的途径。比如在本节课中谈到"要健全新型举国体制实现科技自立自强"，学生最先想到的是"中国社会主义制度的优越性""中国共产党领导的重要性"，而对于其他角度，他们往往缺乏深入思考。笔者启发他们从国家的角度、从国际和国内关系的角度进一步分析，得出"政府的经济职能、宏观调控""利用国内国际两个市场、两种资源"等线索。

（二）将教材资源与时政新闻、社会热点相联系

新教材是教学和学习的基本依据，教师要钻研新教材、用好新教材，才能使学生学会理论联系实际分析问题的正确方法。正如叶圣陶先生说的，教材只能作为教课的依据，要教得好，使学生受益，还得靠老师的善于运用。高中思想政治课的新教材中设置了"探究与分享""专家点评""相关链接"等环节，在教学中可以"就地取材"，充分利用和挖掘这些资源启发学生理论联系实际进行思考和探究。在本节课中，笔者要求学生利用新教材"相关链接"中关于"实体经济"和"供给侧结构"的内容结合材料"我国装备制造业的发展历程"来思考我国装备制造业对保障国家安全的重要性。学生从材料中提炼信息，整理出一条比较完整的逻辑线索，在此过程中学生强烈地感受到全面掌握理论是要立足于科学的分析、解决社会问题上的，进而激发学生讨论探究的热情。

（三）将学习活动的多样性与有效性相结合

学习活动的开展应当"立足于学生现实的生活经验，着眼于学生长远的发展需求"，结合中国特色社会主义建设生动丰富的典型事例创设真实的教学情境，提高学生理论联系实际分析问题的能力，并且在参与探究实际案例的过程中，坚定国家立场，增强政治认同，进而内化为学科核心素养。学习活动既可以是个人思考活动，也可以是小组合作探究活动；既可以是思维活动，也可以是体验活动；既可以是课内活动，也可以是课外活动。但所有活动都必须围绕

教学目标，突出教学重点，解决教学难点。比如在本节课前，笔者要求学生收集我国近十年科技、经济等方面取得的成就，引导学生了解创新的具体表现，体会创新是引领发展的第一动力，创新驱动发展战略作为我国发展的核心战略之一，有力回应着构建新发展格局、推动高质量发展的时代课题。课内，设置了情境体验："我"与创新的关系，激发学生思考创新发展能够不断实现人民对美好生活的向往，从而产生政治认同感；通过阅读《我国实施的一系列知识产权重大举措》和《中国的全球创新指数排名变化》等材料，运用小组合作探究"创新理念如何推动经济高质量发展"，激发学生思考创新发展能够不断实现人民对美好生活的向往，从而产生政治认同感；引导学生归纳出建设现代化体系是转变经济发展方式、优化经济结构、转换经济增长动力的迫切要求。

在高中思政教学中推进"六个必须坚持"的科学世界观与方法论
——以高三时政专题课"理解中国式现代化内涵"的教学设计为例

俞开娴

党的二十大报告提出的"六个必须坚持",是我们党首次从世界观和方法论的哲学高度深刻阐述党的创新理论的基石以及推进理论创新创造的根本遵循。这也要求高中思想政治课在教学中坚持运用科学世界观和方法论指导学生理解党的发展理念与政策,提高学生理论素养与政治觉悟。以下以一节高三时政专题课"理解中国式现代化内涵"为例,浅谈如何运用"六个必须坚持"引导学生理解中国式现代化的底层逻辑,深入理解中国式现代化的科学性、系统性、多样性与统一性以及所反映的价值观,提高学生的政治理论素养,树立实现中国式现代化的信心,坚定为中国式现代化奋斗的决心,进一步培养学生科学的世界观与方法论。

一、教学内容分析

党的二十大精神融入高中思政课的教学实践,是高中思政教学实践与时俱进的体现,给思政教师提出新的要求。要求思政教师在进行思政教学设计时,以培育学生科学的世界观与方法论为目标,积极融入中国特色社会主义新的理论成果。

本节课是一堂时政专题课,主题是"理解中国式现代化内涵"。中国式现代化是二十大报告的新亮点,深刻理解其内涵为学生树立实现中国式现代化的信心、坚定为中国式现代化奋斗的决心打下重要的理论基础。以往的教学设计强调马克思基本哲学原理与中国式现代化内涵的联系,引导学生理解内涵的底层逻辑，现在在新的理论发展的要求下，在马克思哲学的基础上，进一步拓展了"六个必须坚持"作为中国特色社会主义的世界观与方法论。教师在教学设计时可以指导学生理解中国式现代化的科学性、系统性、多样性与统一性以及所反映的价值观，使学生明确中国式现代化内涵提出的理论逻辑与历史逻辑，进一步提升学生的政治核心素养。

二、学情分析

本教学设计的授课对象是上海市市北中学高三等级班的学生，基本学情表现为：其一，前期第一轮知识点复习已经完成，学生有了一定的教材知识积累，材料分析能力也有一定提高；其二，二十大精神在寒假期间已组织学生做了一定的了解，对于中国式现代化主题有了一定概念性了解；其三，除了以上两点外，学生对于小组合作与交流也较为熟悉，适合开展小组合作学习。

三、教学目标与教学重点与难点

教学目标：运用"六个必须坚持"世界观与方法论，指导学生理解中国式现代化的科学性、系统性、多样性与统一性以及所反映的价值观，使学生明确中国式现代化内涵提出的理论逻辑与历史逻辑，进一步提升学生的政治核心素养。

教学重点与难点：理解"六个必须坚持"是马克思主义哲学基本原理的拓展，运用"六个必须坚持"解释中国式现代化的底层逻辑，理解中国式现代化的深刻内涵。

四、教学过程

本节课教学分为四个部分。

第一部分是背景资料导入。

一是熟悉中国式现代化内涵的背景资料，了解从提出实现"四个现代化"到提出中国式现代化的历史历程，理解中国式现代化内涵发展的历史逻辑。二是梳理马克思主义哲学基本原理与"六个必须坚持"之间的理论联系。引导学生从马克思主义哲学基本原理角度理解中国式现代化提出的理论依据，进一步用"六个必须坚持"去理解中国式现代化内涵的理论逻辑。

第二部分是以小组合作学习形式，分析中国式现代化内涵的具体内容。

以坚持人民至上，坚持自信自立，坚持守正创新，坚持问题导向，坚持系统观念，坚持胸怀天下即"六个必须坚持"为主题，结合马克思主义哲学的唯物论、辩证法、认识论、历史唯物论等原理，联系内涵的具体内容，寻找中国式现代化的根本价值、独特气质、理论品格、科学意识、辩证思维与宽广格局。

第三部分是学生对于中国式现代化的内涵理解的归纳与总结。

这一部分是在上一个活动环节的基础上，总结六个小组的发言，形成对中国式现代化内涵的总体理解。同时，在此环节中也可以通过学生对于基本问题的回答，反馈学生对于"六个必须坚持"科学世界观与方法论的运用情况，反馈学生对于中国式现代化内涵的理解程度。

第四部分是作业布置。

(1)"中国式现代化是马克思主义中国化时代化的理论成果，'六个必须坚持'是贯穿这一理论体系的立场观点方法。"请学生谈一谈对这句话的理解。

(2)请学生运用问题导向、系统观念的方法论对自身高三复习情况进行具体分析，尝试为自己制订一份适合自身条件的高考最后冲刺阶段复习计划。

通过课后作业巩固课堂理论素养的提升成果，并且利用体验式作业深化对于科学世界观与方法论的认知，强化理论与实际的联系。

五、教学设计成效

这堂课的教学设计成效主要表现在以下三个方面：

其一，践行了二十大精神进课堂的时代要求，使高中思政课程紧跟时代发展的需求。通过加强学生对于中国式现代化内涵的理解与认识，进一步引导学生树立中国特色社会主义世界观与方法论，深化对于新时代中国特色社会主义思想的理解与认同，为学生将来积极投身社会主义现代化建设事业打下良好的思想基础。

其二，进一步探讨了有效的教学活动形式，本课以小组合作探究为主要形式，以学生为主体，一方面提高了学生的理论分析综合能力，另一方面提高了学生的表达能力、组织能力、合作沟通能力，进一步提升了学生的综合素质，同时提升了教学的有效性。

其三，本课教学坚持实事求是的原则，注重学生具体学情的把握，在问题设置、作业布置中能紧密联系学生实际，增强学生的学习体验感，将抽象的理论知识内化为学生在学习生活中能够运用的思维模式与工具，使知识点真正落实到学生的行动中去。

　　同时，此教学实践也留下很多问题值得进一步思考，比如，如何实施更有效的、多元化的课堂形式，学生如何开展更多维度的调研，什么样的思政教学内容更能紧密结合社会实际，更有助于学生实际问题的解决，等等。对于这些问题的解决，我们思政教师也要在教学中坚持"六个必须坚持"，使思政教育真正成为学生们正确实现人生价值、报效祖国的思想指引。

"双新"课程背景下如何更好地和00后学生交流

——思想政治必修四第一课"追求智慧的学问"教学案例分析

李 懿

一、"双新"课程背景下面对学生变化的思考

过去课程有过于注重知识传授的倾向，新课程标准的"新理念、新方法"，更强调形成积极主动的学习态度，体验获得知识与技能的过程或学会学习，形成正确的价值观。

在这些年的教学过程中，其实也一直试图转变单纯知识上的传授，想通过加强和学生的互动来提高学生对于政治学习的兴趣。所以课堂上观察学生的学习状态，课后和学生通过各种方式沟通也成为一种了解学生的很好的模式。在和他们的沟通交流中，发觉不同年代的学生差异性还是蛮大的。

80、90年代的学生由于社会信息传播的限制，他们获取信息的方式还是相对比较传统，当时学生的个性也是普遍比较内敛的，不太会主动表达自己的想法、思路和困惑，所以课堂上要完全让学生来推动是存在一定的困难的。

00后的学生明显有了变化，他们在信息爆炸的时代主动或被动地吸收到了大量的讯息，在对各类信息的分辨上，他们受限于自己年龄层的认知，无法直接对于信息作出肯定的判断，但在对于信息的思考过程中，他们会展示出他们的无助，也会表现出他们的无所畏惧。笔者在课后翻过他们的阅读书籍，发现他们看过《共产党宣言》，看过海德格尔的《存在与时间》，甚至会看诺贝尔文学奖获得者的原版书。他们试图去了解世界，可并不了解那些基础知识的时候，他们就会非常的困惑，所以在准备讲解必修四"哲学与文化"第一课哲学起源的时候，笔者就打算更换以往介绍各个伟大哲学家的方法，而把姿态放低，让学生对于起源这个部分有更多的思考。

二、"追求智慧的学问"教学设计以及课堂案例教学

(一)"追求智慧的学问"教学设计的思考

"追求智慧的学问"是"哲学与文化"第一课时的入门课,这节课的设计对于以后学生上哲学课会有一个比较重要的作用,一旦在第一课的学习中让学生明白哲学的作用,知道哲学不再是枯燥难懂的代名词的时候,之后的哲学学习会顺利很多,也可以让他们自觉地树立科学的世界观和方法论。

这一课学生应了解的知识部分是哲学的本义、来源和作用,识别世界观和方法论,感悟哲学与我们的生活息息相关,在关键能力的要求上需要感悟生活中处处有哲学,可以联系生活中的事情分析其哲学道理,能认同哲学对于人生的意义和价值,学会思考生活中富有哲理的事例,体会哲学是一门热爱智慧、追求智慧的学问,也能积极树立人生目标,不懈奋斗。

所以在课程引入方面,做了多方面的思考。如果只是给学生捏造一个"实例",会让已经有一定阅读量的"见过世面"的学生无法投入;如果引入最新发生的社会事件或是新闻,学生确实很有代入感,但由于社会事件或新闻的涉及面比较广,在引发学生思考的时候,总会容易出现关注点不集中,或是学生更愿意讨论并不是教师引导的关注点。

因此在案例设计上,笔者找寻了一些资料,其中很赞同华东师范大学童世骏教授在关于西方哲学的论著中提到的"儿童也能提出哲学观点"的看法,决定从这个视角出发,精选了个人自身、价值观和美学分析几个角度,让学生在课堂上进行分析。

(二)"追求智慧的学问"课堂案例教学

在高中政治课教学中案例教学可以让学生更好地关注问题,引发研究。引导学生自己感悟其中的思想,引导学生总结归纳,培养自主探究的意识,同时也可以展示差异,碰撞思维。通过不同的案例展示差异引起思考,在思考和寻求对策的过程中共享解决问题的经验。最后让学生主动参与,促进发展。

运用案例教学注重调动学生的实践经验,展现案例,缩短理论与实际的差距,有利于调动学生主动参与的积极性,培养解决问题的能力。

在"追求智慧的学问"的教学实践中,由柏拉图的"wondering"引入,试图让学生回忆自己童年时期的 wondering。为了启迪学生分享他们最初对于这个

世界的好奇和思考，笔者和他们先分享别人童年时被记录下来的"哲学思考"。

第一个案例是读幼儿园的汤姆，他在去幼儿园的路上和母亲谈了他的忧虑：如果自己忘记了自己的名字，那自己还会存在吗？第二个案例是一个小朋友邀请幼儿园伙伴来家里做客，小伙伴一定要玩某种游戏，而这个小朋友却偏偏想玩另一种，妈妈让他加入小伙伴，让他别那么自私。他说：一个人的自私就是自私，两个人的自私就不是自私吗？第三个案例是一个小姑娘去蝴蝶园，看到了很多漂亮的蝴蝶，然后跟爸妈说她喜欢这些蝴蝶，后面她问爸妈："是因为蝴蝶漂亮我喜欢还是因为我已经喜欢蝴蝶才喜欢它。"

这三个案例笔者在不同班级分别和学生探讨了，果然这三个案例就像一个个钥匙。学生们对于三个案例中小朋友的看法的第一反应都觉得他们妙语连珠，思维敏捷，其次感觉自己似乎也有过类似或者其他一些对于这个世界的思考，只可惜没有记录下来。

之后就开始对于案例作了很热烈的探讨，比如案例一里提到的名字和本人之间的关系，有同学说，其实不是名字问题，而是对于社会的认同。笔者觉得这个方向非常好，于是就开始引导他们说，如果班级里某一个同学点名册上的名字是张三，同学说他是张三，老师也说他是张三，他自己会不会承认自己叫张三呢？那这样似乎小朋友的想法也不那么幼稚了，问题转换成了究竟是要认同别人的看法还是坚持自己的观点，那人存在这个世界上被认定的究竟是自己的名字还是自己本身呢？同时也有同学分享了他们看过的书籍和电影，比如有一位同学分享了他看过的希区柯克执导的《失踪的女人》，这部电影里提到的内容也和案例一中小汤姆的思考不谋而合。

学生在分析人对于事物思考的思维方式、在对于事物的现象和事物本质中的关系时可能会有更进一步的理解，自此也对于世界观、人生观、价值观有了一定的涉及。此时笔者再提出哲学的本意是爱智慧或追求智慧，以及为什么我们要去学习哲学，目的是能明智，能更清楚地认识世界，能让人的生活更美好。而在面对复杂事物的时候，该怎么更清楚、更正确地认识世界就需要有正确、科学的思想的指引，这个时候学生对于马克思主义作为科学理论的出现就更期待了。

三、对于"追求智慧的学问"的教学反思

课堂中在对哲学知识的讲解中，引入和分析都用案例是一个非常有效的方

法，只是对于案例的采用必须要精选，一则要符合时代的特征，尽管有一些实例很典型，但已经和时代有了一定的距离。二则就是要考虑受众群体，现在00后的学生对于事物的接受度很高，但同时也很挑剔，所以不如化繁为简，从他们自己的实例出发，从他们的生活出发，更能引起他们对于学习知识的兴趣。

当然在课堂上教师对于政治案例讨论作出评价，指明其中的关键性问题，为后续的政治课堂教学打好基础，也可以试着把课堂内容改编成问题，然后提供给学生们作为练习。这有助于提高学生的质疑能力和提问解答能力，也能使学生获得更多的思考机会。

基于学科核心素养的议题式学习活动设计与实施

——以"始终坚持以人民为中心"一课为例

时瑾梦

一直以来，高中思想政治学科承载着立德树人的重要功能。在遵循新课程标准和使用新教材的"双新"时代，思政课也要以新的课程理念和思维方式打开。在"双新"背景下，为全面落实思政课"政治认同、科学精神、法治意识和社会参与"的核心素养，为学生奠定适应终身发展和社会发展需要的必备品格与关键能力，普通高中思想政治课程标准 2017 年版倡导实施"围绕议题，设计活动型学科课程的教学"。因此，议题式学习活动的设计与实施，无疑是"双新"背景下落实新课程理念的重要路径。在教学实践中，要通过创设"活"情境，提炼"精"问题，引领"正"能量，着力提升课堂品质，渗透学科核心素养。

一、创设"活"情境：用"小课堂"连接"大社会"

思想政治课的内容与社会生活联系紧密，但由于课本的局限性，它与学生的实际存在一定距离，而教学情境的创设可以弥补这一不足。在教学中，教师可依据教材内容选取基于现实生活的、学生所关心的或有能力关注的问题，用"小课堂"连接"大社会"，引导学生在关注社会现实中夯实对学科基本观点的理解和认同，促进学生形成正确的价值判断。

以"始终坚持以人民为中心"为例，教材中有关于十八洞村的相关资料，但教材滞后于时代，且由于篇幅的限制，关于十八洞村变迁材料涉及的相关信息还是太过简单。教学中，教师可以将这一素材进行深度拓展、开发和利用，为此可以作如下的学习活动设计：

（1）播放视频：《脱贫前的十八洞村》，让学生直观感受 2013 年前十八洞村因群山阻隔而交通不便，人们生活非常贫困，为之后十八洞村发生巨变形成鲜明对比作好铺垫。

（2）分小组设置任务学习单：

①了解十八洞村的现状：查阅资料，2013 年以来十八洞村各方面发生的巨变（如产业发展、乡村面貌、人民生活……），要求内容充实，呈现形式多样（视频、文字、图片、表格、数据等）。

②探寻十八洞村发生巨变的原因：结合我国精准扶贫采取的政策和做法，从内因和外因角度对这一问题作出阐释。

③展望十八洞村的未来：结合《国民经济和社会发展第十四个五年规划和 2035 年远景目标纲要》，立足十八洞村的实际，从经济、文化、社会等多方面对其未来发展作出展望和规划。

在课堂实践中，教师可结合学生对十八洞村现状的介绍，提取出最能体现十八洞村变迁以及最能因变迁而给学生带来震撼的内容，使学生充分地感受十八洞村的今昔巨变，为后续探究变化原因作好铺垫。在对原因的探究中，学生找到了促成十八洞村变迁的诸多因素，如：政府驻村扶贫工作队指导；村里返乡青年开办农家乐、发展乡村旅游；村民发展苗家刺绣及猕猴桃种植产业；国家发放退耕还林及生态林建设补助；银行提供扶贫专项无息贷款；等等。在此基础上，教师要引导学生从内因和外因两个角度理解脱贫攻坚的成功既离不开政府政策的扶持，也离不开贫困地区人民内生动力的激发。

借助真实复杂的情境，精巧设计问题，可以激发学生学习和思考的内生动力，让学生学会自己去寻找、去探究，从而加深对学科基本观点的内化理解，进而促进学生"在真实情境中解决真实的问题，促进学生真实地发展"。

二、提炼"精"问题：用议题促进深度学习

（一）议题式教学的基本设计

议题式教学有别于问题式教学，问题式教学中的问题可以是教师根据教材内容设计的问题，也可以是教学过程中生成的问题，这类问题往往有参考答案；而议题式教学则是由教师通过研究课程标准、依据教材解析、立足学情分析而确定的可以统摄课程的议题，由总议题和分议题组成。它突破了单一问题的局限，使议题分析具有开放性和综合性，有利于学生思维品质的提升与学科核心素养的构建。就议题的呈现方式来说，新课标明确规定：活动设计应有明

确的目标和清晰的线索，统筹议题涉及的主要内容和相关知识，并进行序列化处理。这里的"序列化处理"，就是在对议题的设计中要充分考虑教学活动推进和学生思维进阶的渐进性和上升性，研究议题呈现的展开逻辑，创设能清楚体现教学逻辑、符合教学需要的议题，让学生通过对这些议题的探究和讨论，推进学科内容的深度学习。

在"始终坚持以人民为中心"一课中，借助十八洞村的具体情境，可设置如下议题。

总议题：中国共产党如何保持和践行初心？

在总议题的基础上可进一步设置如下子议题（每个子议题下可进行探究与分享一系列问题）：

子议题一——看变迁：从十八洞村的变迁看党的人民性——①自 2013 年以来，十八洞村发生了哪些方面的巨变？②十八洞村的变迁如何体现党的性质、宗旨？

子议题二——探原因：从十八洞村的变化理解党的执政理念——①十八洞村为什么会发生巨变？②十八洞村的巨变折射出党怎样的执政理念？

子议题三——畅未来：践行初心，巩固脱贫成果——①十八洞村的未来会怎样？你的依据是什么？②十八洞村的成功脱贫对新时代推进乡村振兴有何重要意义？③十八洞村的脱贫经验能够为世界减贫提供样板吗？

通过主议题和子议题的组合可以使课堂内容更为全面地呈现出来，更好地促进学生深度学习。

（二）议题选择的要点

作为教学设计的关键，议题的选择要特别注重三个方面：

（1）学科性：新课标中强调，议题既要包含学科课程的具体内容，又要展示价值判断的基本观点，要有助于思想政治学科知识的掌握和运用，有助于思想政治学科核心素养的形成和培养，同时它还要有教育的价值，即学生通过对议题的讨论能形成对学科价值的认同。

（2）情境性：议题的设计离不开情境的创设，在选用议题情境时，需要综合考虑各种因素，从"学生的已知、学生的未知、学生的能知、学生的想知、学生怎么知"等方面综合考虑，合理确定议题的深度、广度和复杂程度，让学生想参与、能参与、参与后能有收获。

（3）序列性：议题作为课程组织的线索，每个议题都不是孤立存在的、碎片化的，而是既环环相扣又环环相生的，既要避免出现学习者所需学科基础知识、基本能力上的断层，也要避免知识能力的简单机械重复，应基于学生认知规律层层递进。

三、引领"正"能量：讲好中国故事，让思政课更有温度

高中思想政治课以其特有的学科特点，向学生传递马克思主义科学理论，使学生能够树立正确的世界观、人生观和价值观，把个人价值的实现同党和国家的前途命运紧紧联系在一起。高中政治教师担负着学科教育的重任，只有充分利用好政治学科资源，发挥政治学科优势，才能真正在课堂中实现正能量的培育和传递。

在"始终坚持以人民为中心"的课例中，作为精准扶贫的首倡地，十八洞村的变迁故事是我国脱贫攻坚这一伟大工程的一个缩影，是讲好中国共产党执政理念的绝佳故事。讲好这个故事对于学生把握中国共产党与人民的关系，感悟中国共产党的人民情怀，理解中国共产党立党为公、执政为民的执政理念，自觉坚定坚持中国共产党的领导至关重要。学生在自主探究十八洞村变迁的过程中，充分感受到其以"首倡之地当有首倡之为"的使命担当，大胆探索、攻坚克难，探索出一系列可复制可推广的模式和经验，既映照着贫困山区的华丽蜕变，也指引着人们在精准扶贫迈向乡村振兴的道路上砥砺前行。变迁所带来的华丽蜕变是学生能直接看到的现象，在课堂教学中我们更要引导学生透过现象看本质，感悟变迁背后折射出来的精神伟力，它是我们党带领人民脱贫攻坚的伟大精神，是一种百折不挠的愚公精神、大公无私的奉献精神、紧跟时代的创新精神、求真务实的实干精神和敢闯敢干的奋斗精神。这种伟大精神是中国共产党人的精神谱系，是中华民族精神的生动写照，是中国价值的充分彰显，这恰恰是我们需要从课堂教学中挖掘出的正能量，是我们需要对学生讲好的中国故事。

思想政治课的关键是"政"，它要求教师在教书育人的过程中积极传导主流意识，在深化教学改革创新中大力弘扬正能量，将正确的政治立场和政治标准融于课程标准，引导学生牢记时代担当和历史使命，坚持中国道路、弘扬中国精神、凝聚中国力量。为此，思政课的教学要强化价值引领，引导学生学会用马克思主义的立场观点方法观察、分析和解决现实问题，增进价值认同；要

善于从马克思主义原理和实践的结合上关注社会现实，回应学生的关切，增强思政课的情感认同；也要引导学生在知行合一、学以致用上下功夫，把爱国情、强国志转化为报国行，渗透行为认同。

总之，在"双新"背景下，要充分落实思政学科的核心素养，需要广大教师深入研读新课标、新教材，基于新课程标准的目标、理念，读透新教材的结构、内容，把握新教材的逻辑；同时，需要教师继续转变课堂教学方式，把议题创造性地转化为贴近时代、贴近生活、贴近学生的活动，力求"课程内容活动化"和"活动设计内容化"，计学生真正学起来、探究起来、思考起来，使课堂活动有知识性内容加以支撑，有文化传统和人文情感加以支撑，更有社会责任感和价值观的引导加以支撑。

参考文献

李勤. 议题设计的"六原则"[J]. 思想政治课教学，2018(10)：38-41.

历史教研组

单元学习活动十一　走向整体的世界

罗　明

【学习内容】

本单元的主题"走向整体的世界"根据《中外历史纲要（下）》第三单元的内容而确定，以 15、16 世纪大航海及其全球影响为单元学习活动的内容支架，包括"全球航路的开辟"和"全球联系的初步建立与世界格局的演变"。其逻辑关系是：厘清新航路开辟的动因、条件、过程和全球其他航路的开辟；理解全球航路联通对世界历史发展的重要影响，引发各领域全球性的联系和流动，世界由分散走向整体，深刻影响了世界格局的演变和世界历史的走向。在此过程中，欧洲尤其是西欧突破古代分散、平衡的多元文明格局，主导了世界整体化进程，这亦是近代世界格局演变的重要特征。

【学时安排】

环节 1 和环节 2 用时 1 课时；环节 3 组织学生呈现、交流基于子目"人口迁移与物种交换"的主题式研究型学习的成果，用时 1 课时（不包括学生课外研究的时间）。

【学情分析】

高三学生已在高二学习了《中外历史纲要（下）》第三单元，已具有基础史事的知识储备，对有关生计经制的概念或术语也有一定的了解。但如何立足新的角度解释新航路的开辟？世界如何走出分散、走向整体？世界整体化进程的特征是什么？如何理解马克思"世界史不是过去一直存在的；作为世界史的历史是结果"的观点？学生对这些问题的整体把握会存在一定难度。这就需要开展基于必备知识的单元学习活动。在实施过程中，需要发挥学生的主体作用，

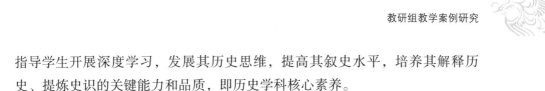

指导学生开展深度学习，发展其历史思维，提高其叙史水平，培养其解释历史、提炼史识的关键能力和品质，即历史学科核心素养。

【学习目标】

发挥学生的主体作用和能动性，基于知识储备，围绕"为什么发生于15、16世纪，为什么是欧洲"的问题，从动因、条件等多个角度，运用唯物史观的历史合力论解释包括新航路在内的全球航路的开辟，提升符合历史实际的历史解释能力；基于"世界市场""经济体制""近代世界格局""全球人文生态格局"建立全球联系，立体地认识近代世界整体化的特征，习得基于历史时空建构历史逻辑的方法，提升历史思维，培养历史的格局意识和宏观意识；15、16世纪是世界历史发展的重要节点，理解"世界史不是过去一直存在的；作为世界史的历史是结果"，从纵向与横向两个维度辩证认识大航海时代对世界历史发展的意义，培养世界意识，提升凝练史识的能力。感悟人类早期文明的多元性、共容性和近世文明的不平衡性，认同世界各区域、各民族共同推动了人类文明的进步。

说明：课文中粗体字呈现的是依据《普通高中历史课程标准》并结合学习内容，拟定的学科核心素养目标。

【重点难点】

重点：多角度解释新航路开辟的背景与原因；基于全球联系，立体地认识近代世界整体化的特征。

说明：这是本单元教学的核心知识和逻辑主轴，故将其作为教学重点。

难点：认识15、16世纪是世界历史发展的重要节点，理解"世界史不是过去一直存在的；作为世界史的历史是结果"。

说明：这是经过本单元的学习和深度思维，最终要达到的史识目标，故将其作为教学难点。

【学习过程】

环节1：新航路的开辟为何发生于15、16世纪，为何是欧洲尤其是西欧主导了全球航路的开辟？

步骤一：认识15世纪的欧洲文明与非欧洲区域文明，尤其是亚洲文明与非洲文明相比，并非具有天然的优势，"欧洲中心"的格局并非自古存在。进而立足本环节的核心问题"新航路的开辟为何发生于15、16世纪，为何是欧洲尤其是西欧主导了全球航路的开辟？"展开第6课的教学，从动因、条件等多元

因素解释新航路开辟的背景及原因。立足学理重点解析其中三点：（1）从 14 世纪世界气候环境的变化以及瘟疫对欧洲社会经济产生的影响切入，基于文字史料的阅读和信息提取，设计"经历了巨大灾难、劳动力缺乏的欧洲为什么会出现农奴制瓦解、人身依附关系松散的现象""这一现象对商业贸易有何影响""西欧封建社会内部滋生了怎样的新因素"等层层递进的问题链，进而引出"资本主义萌芽""资本""货币"等概念，从历史本相上厘清线索，解释积累资本、寻找黄金、开拓市场是西欧人开辟新航路的社会经济因素。（2）"精神动力"除了延续人文主义因素的说法之外，还要强调西欧城市运动催生思想观念的变化所产生的影响。（3）用好包括地图在内的图像史料，突出知识、技术发明与运用之间的逻辑关系。

步骤二：出示世界地图轮廓图，调动学生的知识储备，指导学生分析地图信息，标识包括新航路在内的全球主要航路的路线图，整理全球航路联通的知识体系，体会 15、16 世纪"大航海时代"的特征。立足"大航海时代"的特征，通过解释，从新航路的开辟和全球航路的开通开阔人类认识世界眼界的史实、提升人类认识世界能力的角度，来帮助学生加深认识与理解。其方法是出示不同历史时期欧洲人绘制的四幅世界地图，通过比较地图信息差异来达到上述认识目的。

步骤三：布置作业。视课堂教学时间或采用课堂练习或采取课后作业的形式。

阅读下则材料，回答问题：

从 1460 年开始，扩张活动在世界上遥遥相隔的国家内，星火燎原般迅速展开……这一现象并不像有些历史学家说的那样，仅仅是欧洲扩张的现象，而是全球扩张的现象。世界并没有被动地等待欧洲的扩大，以使其像被魔棒点中那样得到改变，其他社群早就在创造自己的奇迹，使国家成为帝国，使文明得到开化。

——［美］菲利普·费尔南德兹-阿迈斯托《世界：一部历史（上）》

问题：史家认为，15 世纪的扩张活动不仅仅是欧洲扩张现象，而是全球扩张现象；其他社群早就在创造自己的奇迹。这些观点是否有道理？请结合史实加以说明。

提示：基于所学概述古代区域文明的多元特征以及主要原因。结合《中外历史纲要（下）》第二单元所学，列举非洲、亚洲、美洲等区域文明的成就，了解 15 世纪欧洲文明并非具有天然的优势，理解上述说法的合理之处。

阅读下则材料，回答问题：

谓大陆人民，不习海事，性或然也，及观郑君，则全世界历史上所号称航海伟人，能与并肩者，何其寡也。郑君之初航海，当哥伦布发现亚美利加以前六十余年，当维哥达嘉马发现印度新航路以前七十余年。顾何以哥氏、维氏之绩，能使全世界划然开一新纪元。而郑君之烈，随郑君之没以俱逝。……则哥伦布以后，有无量数之哥伦布，维哥达嘉马以后，有无量数之维哥达嘉马。而我则郑和以后，竟无第二之郑和，噫嘻，是岂郑君之罪也。

——梁启超《祖国大航海家郑和传》

问题：概括梁启超的观点，回答梁启超提出的问题。

提示：结合中国明朝的社会特征及郑和航海的动机和影响，结合中世纪晚期西欧社会特征尤其是资本主义萌芽引发的对财富、市场、传教和土地等的不断追求，解释郑和之后无第二郑和，而西欧航海具有持久性的原因。

设计意图："新航路开辟的动因与条件""新航路的开辟""其他航路的开辟"等相关内容既有与以往教材相似或相同的表述，也有诸多历史的新解和新说。如何体现新教材的特点和理念，对于熟悉的、公开教学常选的内容如何进行创新教学，其根本在于基于历史本相、遵循历史逻辑而开展历史教学。因此，步骤一突出旧知如何新解，由于新教材没有专门章节解释欧洲资本主义是如何萌芽的，这是学生知识体系的断章，因此从 14 世纪气候变化及瘟疫切入，分析中世纪晚期西欧社会的变迁与运动，借助观点型文字史料，帮助学生理解"资本主义""资本""货币"这些必要的知识与概念，为后续的历史解释作铺垫。另外，跳脱出泛泛而谈新航路开辟的知识与技术条件，引导学生体会运用多学科知识解释历史现象的过程。围绕核心问题即在 15 世纪多元、平衡的世界区域文明的态势下，为何西欧成为打破平衡、开辟全球航路的主导？聚焦"15、16 世纪"的时间概念和"西欧""全球"的空间概念，通过比较历史地图信息，体会 15、16 世纪全球海路联通的时空特征，丰富对特定时空概念的理解，认同唯物史观的历史合力论；在以多元、多源史料创设的历史情境中，树立史料实证意识，感悟人类早期文明的多元性、共容性和近世文明的不平衡性。

环节 2：世界如何由分散走向整体，近代世界整体化的特征是什么？

步骤一：立足本环节的核心问题，以"世界市场开始形成""经济体制深刻嬗变""近代世界格局初现""全球人文生态格局变革"为小单元，以"世界由分

散走向整体"为中单元，设计小单元→中单元架构的主题教学活动，基于历史叙事解答"世界如何由分散走向整体，近代世界整体化的特征是什么?"的问题，由此建立完整的、具有逻辑的认知体系。

(1)基于历史地图概述全球交换与联系是如何将印度洋贸易体系与太平洋贸易体系、大西洋贸易体系联成世界贸易网络，促进世界市场开始形成的，明确这一过程的主体或主导者。

(2)厘清"商业革命""价格革命""股份制"等核心概念之间的逻辑关联，说明欧洲传统经济和社会关系是如何瓦解的、欧洲经济体制发生了怎样的嬗变。

(3)基于区域分析近代西欧国家运用怎样的手段或方式在海路可以达到的范围内影响着世界格局的演变。

(4)简述 1500 年以来全球人文生态格局的变革，了解欧洲在此过程中的主导作用。(单元学习活动的第 2 课时交流主题为"1500 年以来全球人文生态格局的变革"的研究型学习成果)

步骤二：布置作业。视课堂教学效果决定选取下列习题中的一道作为课堂教学的总结。

问题 1：以下列主题为"世界由分散走向整体"的知识结构图(图 1)(即结构性板书)为支架，以"走向整体的世界"为主题，以文字形式表述"世界市场开始形成""经济体制深刻嬗变""近代世界格局初现""全球人文生态格局变革"之间的逻辑关联，并概括近代世界整体化的特征。(字数为 400 字左右)

提示：结合课堂教学笔记，扣住四个小单元之间的"逻辑关联"，组织文本。要求语言凝练、条理清晰、主题突出。

问题 2：阅读下列两则材料，谈谈你对马克思"世界史不是过去一直存在的；作为世界史的历史是结果"这一经典论述的看法。

材料一：美洲的发现、绕过非洲的航行，给新兴的资产阶级开辟了新天地。东印度和中国的市场、美洲的殖民化、对殖民地的贸易、交换手段和一般商品的增加，使商业、航海业和工业空前高涨，因而使正在崩溃的封建社会内部的革命因素迅速发展。

——[德]马克思，恩格斯《共产党宣言》

材料二：世界史不是过去一直存在的；作为世界史的历史是结果。

——《马克思恩格斯选集》(第 2 卷)

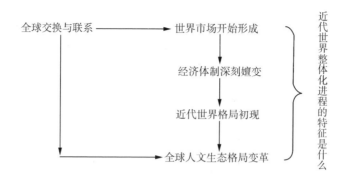

世界由分散走向整体

图1 "世界由分散走向整体"的知识结构图

提示：帮助学生在阅读材料的基础上发掘启思点，即立足世界历史的纵向发展与横向发展两个维度及其辩证关系进行思考，并结合所学开展讨论，发表己见，进而加深理解大航海时代对推动世界历史大转折时代到来的重大意义。

设计意图：世界如何走出分散、走向整体？世界整体化进程和世界格局演变的特征是什么？如何理解马克思所言"世界史不是过去一直存在的；作为世界史的历史是结果"？仅仅零碎的史事识记和简单的概念术语解释，是不足以解答这些深层次、需深度思考的问题的。这就需要开展基于必备知识的深度教学：在教学中引领学生深度观察历史空间的联系与变迁，拓宽视域，勾连全球联系，初步建立史事逻辑；在教学中指导学生深度阅读和解释典型史料，运用问题驱动，启发学生认识世界整体化进程的特征，在阐释问题或观点中，习得"思考—质疑—反省"的思维方式，提升历史解释和提炼史识的能力，发展历史思维；在教学中通过开掘新视角，独辟蹊径，重组教材，有机融入研究学术成果和其他学科的关联知识，为提升学生深度学习能力、培养学生研究能力奠定基础；认同唯物史观关于生产力等经济因素是人类社会历史发展的决定性因素的理论。

环节3：交流主题为"1500年以来全球人文生态格局的变革"的研究型学习成果。

步骤一：布置学习任务。

（1）主题：1500年以来全球人文生态格局的变革。

（2）形式：学生可以单独或以小组合作的形式，确定一个或多个角度展开研究。

(3)时长：10天~15天。

(4)支架：提供参考书目《哥伦布大交换——1492年以后的生物影响和文化冲击》《世界史：大时代》《1493：物种大交换开创的世界史》《枪炮、病菌与钢铁：人类社会的命运》，以供研究之需；提供校图书馆、上海图书馆官网的"书目查询"、中国知网和国家哲学社会科学文献中心等学术资源网站，搜集查阅所需资料，以保证研究的严谨性。

(5)结题：以研究报告或小论文形式提交研究结果。（字数1000~1200）

步骤二：中期指导。

利用课余时间收集研究型学习过程中的问题，进行包括查阅资料、提炼观点、撰写论文或报告等方法上的指导。

步骤三：交流成果。

(1)利用1课时的课堂教学时间，交流共享研究成果，可采用PPT演示、小视频播放、宣读成果以及讨论等多种形式，以充分了解大航海以来我们居住的星球所发生的剧变。

(2)与交流成果同时展开的是学业评价过程，评价以学生自评、生生互评、教师点评的方式展开。（后附"评价量规"）

环节4：学习活动总结。

学生经过上述学习环节，提炼本单元活动的内容立意：15、16世纪是大航海时代，以新航路开辟为主的全球航路的开通开阔了人类认识世界的眼界，提升了人类认识世界的能力。15、16世纪是人类社会的大转折时代，全球航路的联通促进全球交换与联系的深度扩展，深刻改变了世界；在世界由分散走向整体的过程中，欧洲尤其是西欧突破古代分散、平衡的多元文明格局，主导了世界整体化进程，这亦是近代世界格局演变的重要特征。

设计意图：进一步深化对"走向整体的世界"的理性认知，观察及评价学生的历史思维及历史解释水平。

【评价量规】

学生自评量规

请依据以下维度给自己打分，每项 5 分，5 分表示最高分，1 分表示有待努力。

（1）阅读是否深入透彻，是否能比较、综合不同史料，得出合乎逻辑、客观适切的认知，是否能透过表象把准问题的脉搏；

（2）研究框架和步骤是否清晰，是否运用多种检索方式查找史料，是否对所搜集史料的可靠性进行了评估，是否使用了充足的第一手史料和第二手史料；

（3）文本写作是否能充分表达自己的看法，研究成果是否基于多种史料信息来源，是否初步具备说理论证的基本写作技能，是否对所搜集的史料信息进行了合理的组织和总结；

（4）交流环节是否能从容表达认知，是否能尊重观点异己者，是否能在交流中完善自己的看法；

（5）研究过程是否有优点，待改进之处是否改进，改进是否合理。

教师评价量规

教师依据中期指导和交流表现以及以下维度对学生进行评价，每项 5 分，5 分表示最高分，1 分表示有待努力。

（1）阅读目的是否明确，阅读时间和数量是否充分，是否能复述或诠释阅读内容；

（2）研究框架和步骤是否清晰，是否运用多种检索方式查找史料，是否对所搜集史料的可靠性进行了评估，是否使用了充足的第一手史料和第二手史料，是否能运用史学方法和学史技能质疑求真；

（3）文本写作是否遵循史论结合的原则，论点是否突出，论据是否充分，是否具有创新型思维，是否能运用唯物史观分析解决问题，情感态度是否符合心理特征，价值观取向是否正确，结构是否条分缕析等；

（4）交流表达是否富有逻辑、清晰流畅，修辞是否适切，观点是否客观，是否仔细倾听他人的想法并给出回应性的思考，与他人是否互动或对自己所做内容是否进行修改。

他者（其他学生）评价量规

其他评价者可以参照上述两个层面的项目，在聆听过程中有针对性地进行评价，还可以结合自己的研究情况谈谈借鉴之处和启示。15分为最高；13～15分为表现总体优秀；10～12分为良；7～9分为一般；5～6分为合格；最低分为5分。

设计意图：以学生为本，组织多视角、多维度、多层次的高阶学习活动，设计与社会历史发展、学生学习经验密切相关的问题，并适度引入前沿学术成果。在开放式的学习和评价环境中，充分发挥学生的主体性和团队的作用，让学生在解决学习问题的过程中理解历史，培养学生自主从事学习研究历史的能力；在阐释学习问题的过程中学习解释历史的方法，提升学生口头、文字的叙史能力；让学生在互评和他评中认识他人之长处、汲取他人之经验，以促进自我的再提升和发展。学科代表综合参与交流同学的自评、他评和师评，作为考量平时学业水平的依据之一。

【单元学习活动反思】

单元十一的学习活动的设计与实施遵循《普通高中历史课程标准（2017年版2020年修订）》的相关说明："通过了解新航路开辟所引发的全球性流动、人类认识世界的视野和能力的改变，以及对世界各区域文明的不同影响，理解新航路开辟是人类历史从分散走向整体过程中的重要节点。"单元设计要基于基础知识，又要高于基础知识。由此，以课程标准为指导，确定单元学习活动的素养目标，并结合学业质量水平要求，以问题探究的形式呈现单元学习活动的逻辑环节。通过实施学习活动的3个环节，学生深度观察全球航路开辟带来的历史空间的联系与变迁，理解15、16世纪是人类社会大转折时代，全球交换与联系促进了世界由分散走向整体。单元学习活动在体现单元整体性和逻辑性的同时，要注重发挥学生的主体作用，学生在深度学习中思考，提升历史解释能力，树立历史时空观念，体验唯物史观方法论的运用，培养宏观视野和世界意识。

解答环节2的问题2"谈谈你对马克思'世界史不是过去一直存在的；作为世界史的历史是结果'这一经典论述的看法"，需要具备充实的知识、宏阔的视野、说理论证的历史解释能力以及一定的史学理论基础，而学生的认识水平及学习能力还不足以全面、准确地理解这一问题。教师需从以下两方面引导学生：（1）人类历史发展为世界历史，包括纵向发展和横向发展两方面。纵向发展指向生产方式的演变和由此引起的社会形态的更迭。横向发展指历史由各地区间的相互闭塞到逐步开放，由彼此分散到逐步联系密切，发展成为整体的世界历史。15、16 世纪之前，由于生产方式没有超出自然经济的范畴，各民族、各国、各地区间相互闭塞的状态依然存在。15、16 世纪，西欧资本主义的萌芽与生长，包括新航路探索在内的全球航路的开辟，西欧国家的海外殖民扩张，以及世界市场的形成，过去长期存在的各国、各地区、各民族间的闭关自守状态在很大程度上被打破，整个世界在经济、政治、文化等方面逐步成为联系密切的、相互依存又相互矛盾的一体。这是经历了 15、16 世纪世界历史大转折的结果。（2）推动历史横向发展的决定性力量仍然是物质生产的不断发展。物质生产方式不断发展，人们对新地区的开拓、与相邻地区交换和交往的规模不断扩大，社会分工、地区分工和民族分工成为必要，由此不断突破彼此闭塞的状态，愈来愈互相依存，这也就是人类历史逐步发展为世界历史、世界由分散走向整体的过程。可见，纵向发展的水平和程度制约着横向发展的规模和程度。同时，横向发展又对纵向发展具有反作用，若横向发展与一定阶段的纵向发展相适应，就能促进和深化纵向发展。以 15、16 世纪大转折时代为例，这个时代西方国家的海上商业扩张和殖民活动，使世界各地区之间发生了前所未有的密切交往。这种世界性的密切交往促进了资本的原始积累，促进了资本对传统生产方式的进一步瓦解，为后来资本主义大工业的出现奠定了坚实基础，由此，"人类社会开始进入大变革时代"。而美洲印第安文明虽然曾达到较高水平，但缺少与其他地区的横向联系；非洲文明和亚洲文明虽然存在与其他地区的横向联系，但自身缺乏物质生产方式的纵向发展；只有欧洲尤其是西欧将纵向发展和横向发展统一在了世界历史发展的进程中。因此，欧洲尤其是西欧主导了近代世界的整体化进程。

　　或可阅读吴于廑所著《世界历史》（中国大百科全书出版社 2010 年版，第 26 页至第 40 页，第 70 页），在阅读经典中提升历史认识。

地理教研组

气压与风的等值线图判识

蒋黎敏

一、学习活动设计背景

案例依据普通高中地理教科书上海版必修一主题 5 的内容进行学习活动设计。本主题内容对应的课标要点是"运用示意图等，说明大气受热过程与热力环流原理，并解释相关现象"。大气运动原理是高中地理自然地理教学中的重点和难点，有较强的逻辑性，对学生的逻辑思维能力有较高的要求。大气运动现象是生活中的日常现象，学生有一定经验，为学生在生活中验证原理创造了条件。依据课标要求，教学中应注重大气原理和现象的逻辑关联性，强调运用原理解释现象的方法和过程，重视实践性；应突出示意图的教学功能，借助各种示意图描述地理现象，呈现地理原理。该学习活动的设计案例，以等值线图为工具，通过读图、用图、绘图、析图等实践活动引导学生应用大气水平运动（即风）的形成原理解释自然界风的形成过程，判识风向和风力等生活中常见的大气运动现象，建立过程性思维，开展表现性评价。

二、学习活动目标意图

风是生活中常见的自然现象。该活动引导学生用科学的视角认识风的成因，用科学的方法判断风向和风力。联系生活实际，运用地理原理解释生活中的现象，学以致用。

风向和风力具有区域差异性。该活动运用区域水平气压场图，发挥两大功能。其一展示区域气压空间分布特点，加强区域认知，帮助学生认识区域差异性的具体表现。其二为学生创设了风向和风力判断的实践操作空间，建立气压分布与风向、风力之间的逻辑联系，帮助学生理解形成区域差异性的原因，形成符合逻辑的综合思维。通过活动，学会水平气压场图的读图基本方法；能运用区域气压分布，判断不同地区大致风向，比较不同地区风力大小；理解风向和风力的主要影响因素。

地图配合相关资料说明为学生自主学习和探究提供依据，为学习过程中地理学习技能的提高提供资源。活动按照学方法、用方法、变方法的思路设计，试图引导学生在理解风向和掌握风力判断方法的基础上，通过地图信息获取，在特定区域展开实践，在实践的基础上学会变通，促进对"风"的深度学习，逐步提高学科素养水平。

三、学习活动资源建设

（一）在近地面，风向和风力主要受三个力的共同影响

水平气压梯度力、地转偏向力和摩擦力。水平气压梯度力是形成风的直接原因，其方向垂直于等压线，从高压指向低压。地转偏向力与风向垂直，只改变风向，不改变风力。背风而立，北半球地转偏向力的方向偏右，南半球地转偏向力的方向偏左。摩擦力的方向与风向相反，一般不改变风向，却改变风力。在水平气压场图中，若不考虑摩擦力的影响，一般可根据单位水平距离的气压差来判断比较不同地区的风力大小。

（二）展示某地某季节近地面水平气压场图（图1）

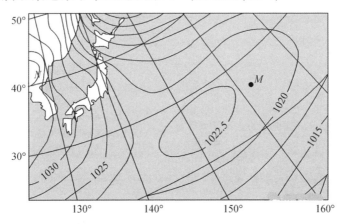

图1　某地某季节近地面水平气压场图

四、学习活动过程设计

(一)学习活动设计

(1)讨论：图1表示该地区冬夏哪个季节的气压分布？说明判断理由，分析形成原因，并形成学习报告。（表1）

表1　学习报告

学习报告
判断季节： 判断理由： 分析成因：

(2)读图1，根据材料提示，用箭头画出 M 点大气受到的水平气压梯度力 F、地转偏向力 N、摩擦力 f 的方向，并判断 M 点的大致风向，用箭头 V 表示。

(3)比较图1中 M 和 N 两地的风力大小，并说明判断依据。

(4)若将图1的比例尺扩大10倍，那么风力判断结果与之前相比有何变化。

(二)活动进程(表2)

表2　活动进程

活动环节	教师活动	学生活动	设计意图
1. 复习热力环流	出示"某地某季节近地面水平气压场图"，指导读图，引导逻辑分析	复习并应用热力环流原理进行综合分析，识别图示地区，根据气压分布判断季节	图示展现了热力环流原理在特定区域的表现。借助区域，巩固原理，提高区域认知和对热力环流的理解应用水平。用气压—热量—季节相联系的方法解决问题，提高综合思维能力和地理实践力

续表

活动环节	教师活动	学生活动	设计意图
2. 作图，判风向	说明风的受力过程和特点，指导正确的作图方法，开展表现性评价	绘制大气的受力方向，判断风向。理解影响风向的综合因素，学会判断风向的基本方法	引导学生依据材料作图，在实践中科学认识影响风向的综合因素，学会判断和解释生活中的风向，提高地理实践力。借用物理学科的受力分析方法，解决地理问题，在学科融合中培养综合素养，提高学科素养水平
3. 据图比较风力	说明风力判断的主要方法，指导读图	读图，依据等压线分布特点，比较两地风力大小，并说明判断依据，理解影响风力大小的主要因素	通过读图比较，学会水平气压场图表达风力的方法，提高在图中提取分析信息的能力，掌握据图判断风力的基本方法，提高对区域风力差异的认知能力
4. 不同读图条件下风力判断	说明地图要素变化，引导分析对风力判断的影响	依据比例尺概念，实践风力判断的方法，比较不同读图条件下风力判断的差异	灵活应用风力判断的方法，掌握不同读图条件下的判读方法，牢记根据图判断风力时需要考虑多种因素，逐步提高地理实践力

五、学习活动评价设计

高中地理新课标明确了完成地理学科学习任务后，学生学科核心素养应该达到的水平，各水平的关键表现构成评价学业质量的标准；提出了学生思维结构评价、表现性评价等评价建议，用评价引导学生在地理学习中学会认知、学会思考、学会行动。

等值线图是完成各学习任务的核心工具，学生运用等值线图获取信息、解决问题，该学习活动属于典型的地理学科技能实践活动，表现性评价有利于对学生在活动过程中的学习态度、努力程度、地图运用、问题解决能力等作出综合评价。运用风的形成原理和影响因素判识风向和风力是核心学习任务，任务各环节逐步推进学生思维发展过程，帮助学生对大气运动建立较为完整的认识过程。该学习活动属于典型的地理综合思维建构活动，思维结构评价有利于直接反映学生通过活动达到的思维发展水平。按照课标要求，依据学习活动特点，从表现性评价和思维结构评价两方面设计活动评价标准和方法，如表3、

表4所示。

表 3　气压与风的等值线图判识学习活动学生表现性评价量规

	水平等级	学生表现
实践态度	水平 1	对活动有一定兴趣，但有时态度随意，面对困难无从下手，不能自主解决
	水平 2	对活动有较高的兴趣，能主动参与，按要求分步完成学习任务。能正确面对遇到的困难，积极研究问题解决的方法
	水平 3	对活动有浓厚的兴趣，能主动参与，按要求分步完成学习任务。有主动探究意识和实践意识，能独立面对困难，积极研究并提出合理的解决措施
绘图技能	水平 1	不能确定力的作用方向，绘图表达风向有误。绘图方法不合理，绘图结果缺乏科学性
	水平 2	明确力的作用方向，能按照要求用正确的方法绘图，有科学性，但绘图结果美观度和清晰度不高
	水平 3	明确力的作用方向，能按照要求用正确的方法绘图，绘图结果科学、美观、清晰
知识运用	水平 1	能读图获取气压数据信息，但对热力环流原理不熟悉，依据原理判断季节、说明理由存在困难。能用风的某一影响因素判断和解释风向风力，但运用要素单一，依据不足，不能独立完成学习任务
	水平 2	能读图获取数据信息，熟悉热力环流原理，能依据原理初步判断季节，简单说明理由。能运用多个影响因素，从多个角度综合判断和解释风向风力，基本能独立完成学习任务
	水平 3	能读图获取数据信息，理解热力环流原理，能依据原理准确判断季节，说明理由逻辑性强。能整合数学、物理等多学科知识，运用多个影响因素，从多个角度综合判断和解释风向风力，独立完成学习任务
逻辑表达	水平 1	语言随意，逻辑不完整，表达不清晰
	水平 2	语言表达、逻辑结构清晰完整，但地理学科用语使用较少，专业性不强
	水平 3	能使用地理学语言，体现学科专业性。语言表达、逻辑结构清晰完整

表4　气压与风的等值线图判识学习活动学生思维结构评价

学生回答	学习结构反映的思维结构
学生1：太难了，思维跟不上，无法理解风的形成原因，无法判断风向和风力	无结构：基本无法回答问题
学生2：图中有气压的区域差异，风从较高气压区域吹向较低气压区域	单点结构：能依据水平气压差判断大致风向，不能考虑其他因素对风向及风力的影响
学生3：风向受到水平气压梯度力、地转偏向力、摩擦力等多个力的共同作用。风力取决于单位水平距离的气压差，在图中既要看气压差的大小，还要看水平距离的长短	多点结构：能依据水平气压梯度力、地转偏向力、摩擦力等多个力的作用，综合判断风向。能依据气压差、水平距离等因素综合比较风力变化
学生4：风向受到水平气压梯度力、地转偏向力、摩擦力等多个力的共同作用。在近地面受气压梯度力影响，风向从高压到低压，受地转偏向力、摩擦力影响逐渐形成与等压线斜交的风向。风力取决于单位水平距离的气压差，在图中既要看气压差的大小，还要看水平距离的长短。比例尺变化，改变了水平距离，风力判断结果相应改变	关联结构：能依据水平气压梯度力、地转偏向力、摩擦力等多个力的作用和相互关系，综合判断风向。理解不同力对风向的影响，建立风向与力的逻辑。能依据气压差、水平距离等因素综合比较风力变化，能建立单位水平距离气压差与风力大小之间的关联性

六、学习活动设计小结

从教学内容看，学习活动创设了区域背景，促进了"风"的深度学习。在复习"风"的成因后，引导学生实践风向和风力的判断方法，研究影响风向和风力的综合因素，带领学生对自然界的"风"有更深入的理解。将大气水平运动原理落实到区域中，促进对"风"的区域差异性的理解。从教学方法看，整个活动过程实践性突出，有原理在区域中的应用实践，也有读图、作图等地理学习技能实践。教师对实践过程有科学指导，并进行及时评价。该学习活动学科特色鲜明，素养培养指向性明确。

地理实践力素养导向下的情境化问题式教学设计

——以"海水的性质"为例

翟绪芹

一、基本概念

情境化问题式教学是指立足于含有真实事件和真实问题的情境，提出一个大问题，围绕问题设计不同层次的问题链条，通过问题链串联起地理知识的学习，最终实现解决问题、培养核心素养目标一种教学模式。地理实践力素养是指在考察、调查和实验等地理实践活动中所具备的品质和行动能力。培养地理实践力有助于增强学生的行动意识和提升学生的行动能力，更好地在真实情境中观察和感悟地理环境及其与人类活动的关系。而以相应情境作为学生学习的基础和背景，同时围绕问题设计不同层次的问题链条，让学生参与整个问题解决的过程，有利于实现培养地理实践力、立德树人的目标。

二、课标解读

课标中对于"海水的性质"的教学要求是"运用图表等资料，说明海水性质对人类活动的影响"。"说明"是指引导学生根据相关图表等资料归纳并解释海水温度、盐度、密度的水平分布和垂直分布规律，再结合生活实际举例说明其对人类活动的影响，如图 1 所示。

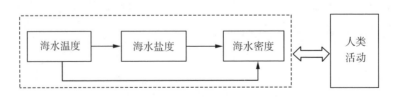

图 1　海水的性质知识脉络

三、设计思路

情境要源自生活和具有体验的真实性，还要跟学科知识紧密关联。但在实际生活中，很难找到能够与课堂知识完美契合的情境，因此为了课堂教学的顺利进行，需要教师根据真实情境来创设情境。

"海水的性质"主要包括海水温度、盐度和密度的水平分布和垂直分布的规律及成因，海水温度、盐度和密度的变化与人们生产生活的关系等内容。笔者选择海洋生物鳕鱼，创设了"鳕鱼妮莫"这一角色，以"妮莫"的故事为情境，结合问题串联海水的性质及相关知识体系，如图 2 所示。

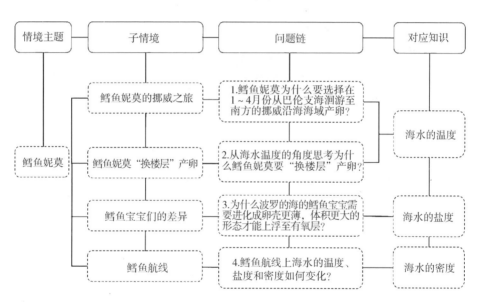

图 2　海水的性质教学设计流程图

四、教学目标

通过读图、绘图等方式，归纳海水温度、盐度、密度的水平和垂直分布规律(地图素养、地理实践力)；能够说出海水的性质的影响因素，根据某地的自然环境，推测其海水的性质(综合思维、区域认知)；判断鳕鱼航线中的海水盐度、温度和密度的变化，理解海水的盐度、温度和密度之间的相互联系(综合思维)；理解全球气候变化对海水性质的影响，形成科学开发和保护海洋的理念(人地协调观)。

五、教学过程

（一）海水的温度

情境背景：鳕鱼妮莫

妮莫是一条大西洋鳕鱼，属于生活在近海底层和深海中下层的冷水性鱼类，一般栖息水温在 0~10 ℃之间，其广泛分布在北欧至加拿大及美国东部的北大西洋寒冷水域。不同年龄阶段的鳕鱼对水温的要求不同，研究发现，成年鳕鱼喜好较冷海水，而幼年鳕鱼则喜好较暖海水。妮莫已经成年，其一家生活在北欧的巴伦支海海域。

情境一：妮莫的挪威之旅

每年 1~4 月，妮莫和它的同类们都将向南跋涉 1 000 多公里，到达挪威附近海域"休产假"，完成产卵后便回到北部的巴伦支海，这种行为称为洄游。

问题 1：妮莫为什么要选择在 1~4 月份从巴伦支海洄游至南方的挪威沿海海域产卵？

1. 表层海水温度的季节变化

【教师活动】打开 MeteoEarth 软件，定位到巴伦支海海域，选择 1 月和 8 月表层海水温度图，比较同一海区水温的差异，让学生寻找规律。

【教师总结】鳕鱼洄游季节的选择与生长地的水温有关，同一个海区，海水的温度具有季节变化。巴伦支海海域水温夏季较高、冬季较低。

2. 表层海水温度的纬度变化

活动 1：根据北大西洋表层海水温度分布图，画出 20°W 沿线北大西洋表层海水温度随纬度变化图（图 3）。

【设计意图】通过思考鳕鱼洄游季节的特点，让学生理解海水温度随时间变化而变化，借助信息技术软件让学生获得直观的感受，培养读图能力。以鳕鱼的洄游路线体现海水温度的变化，通过绘制海水温度随纬度变化图，培养地理实践力。

3. 海水温度的垂直变化

情境二：鳕鱼妮莫"换楼层"产卵

鳕鱼妮莫在巴伦支海时一直生活在 150~200 m 深度的水域，那里水温适

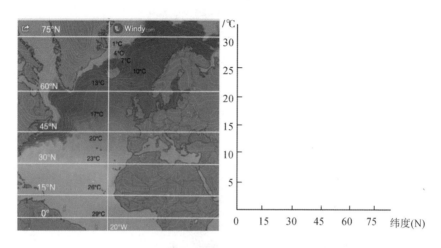

图3　北大西洋表层海水温度随纬度变化图

宜，但洄游至挪威沿海时，会上浮至10~45 m深度的水域产卵。

问题2：从海水温度的角度思考为什么妮莫要"换楼层"产卵？

活动2：读北大西洋三个观测站水温随深度变化曲线图（图4），完成下列任务。

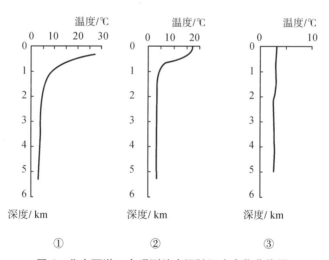

图4　北大西洋三个观测站水温随深度变化曲线图

（1）三个地点按照纬度高低排序依次是_____，判断依据是_____。

（2）三个地点的海水温度的垂直变化规律是_____

_____。

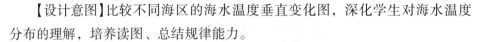

【设计意图】比较不同海区的海水温度垂直变化图，深化学生对海水温度分布的理解，培养读图、总结规律能力。

【教师总结】利用模式图总结海水温度的分布规律，并理解太阳辐射是海水温度变化的主要热源，也是造成海水温度变化的主要原因。

（二）海水的盐度

1. 海水的盐度水平分布

【教师活动】介绍海水的盐度的基本概念即每千克海水中溶解的盐类物质的质量，一般用(‰)表示，推测影响海水的盐度的因素有盐类物质质量和淡水量。盐类物质主要来自陆地上的岩石和土壤，在短时间内不会出现大的变化，因此短时间内影响海水盐度的因素是淡水量。

活动3：观察世界海洋年降水量和年蒸发量的变化(图5)，在图中标识出不同海域海水盐度的高低特征，并归纳世界海水盐度的水平分布规律。

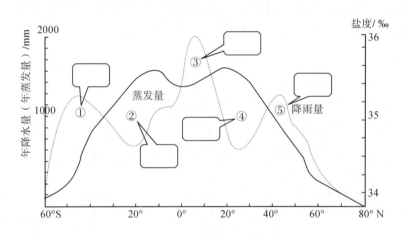

图5　海洋年降水量和年蒸发量示意图

【设计意图】比较世界海洋年降水量和年蒸发量的收支差异，推测世界海水盐度的水平分布规律，理解地理要素之间的联系，培养问题解决能力。

2. 影响海水盐度的因素

情境三：鳕鱼宝宝们的差异

经过了漫长的旅程，妮莫终于到达了挪威沿海，并在较温暖海域里产下了鳕鱼宝宝。鳕鱼宝宝为浮性卵，需靠海水的浮力才能上升至含氧量较高的表层海水中，以浮游生物为食，孵化期在 4 个月左右。研究发现，与大西洋的鳕鱼宝宝相比，波罗的海鳕鱼宝宝的卵壳更薄、体积更大、质量更轻。

问题 3：从海水盐度的角度思考为什么波罗的海的鳕鱼宝宝需要进化成卵壳更薄、体积更大的形态才能上浮至有氧层？

活动 4：根据鳕鱼的形态差异，判断波罗的海盐度与北大西洋相比是偏高还是偏低？结合所给材料(图 6)分析波罗的海特殊的原因。

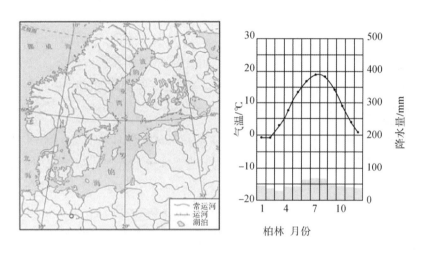

图 6　波罗的海及附近区域水系、柏林气候特征图

【设计意图】通过鳕鱼卵形态的差异，引出不同海区海水盐度的差异，提升学生探究兴趣，理解海水的性质对海洋生物的影响。通过分析波罗的海与北大西洋盐度的差异，理解影响海水盐度的因素，提升区域认知和综合思维素养。

（三）海水的密度

情境四："鳕鱼航线"

随着保鲜技术的发展，大西洋鳕鱼也逐渐地进入中国人的餐桌，深受消费者欢迎，假设一条载满鳕鱼的货轮从挪威出发，到达上海，途经北大西洋、地中海、红海、北印度洋、马六甲海峡，再经过南海北上，到达上海。

问题 4："鳕鱼航线"中海水的温度、盐度和密度如何变化？

活动 5：据海水密度的纬度分布图完成"鳕鱼航线"中海水性质和吃水深度的变化，填写表 1。

表1 "鳕鱼航线"中海水的性质与吃水深度的变化

航线	温度	盐度	密度	吃水深度
挪威—上海				

【教师活动】展示海水密度的纬度分布图,总结规律,引导学生思考影响海水密度最主要的因素是温度。除此之外,海水的密度还会受到压强的影响,思考随深度的增加海水的密度会如何变化?

【设计意图】"鳕鱼航线"从挪威至上海,经过了不同海区,海水的温度和盐度也会随之改变,通过"鳕鱼航线"以总结海水温度和盐度的纬度变化,推测海水密度的纬度变化,构建海水的密度与温度、盐度之间的联系。

(四)总结升华

【教师活动】由于人类肆无忌惮地捕猎和全球海洋环境变化,大西洋鳕鱼的产量急剧下降,鳕鱼妮莫及后代可能无法继续续写大西洋鳕鱼家族的故事。而决定鳕鱼妮莫家族命运的不在于它们自身,而在于人类,只有开展合理的人类活动,树立和谐的人地关系,才能让鳕鱼将故事延续下去。

六、结语

海水的性质包括海水的温度、盐度和密度,三个要素之间彼此相互联系,对人类活动和海洋生物产生着影响。但在教学时容易将三个要素分开讲解,让学生产生割裂感,这是本主题教学处理时的难点。因此本节课以"鳕鱼妮莫"作为情境案例,将海水的性质与海水生物鳕鱼的生活习性相融合,用一个个问题串珠成链,将情境贯穿于课堂教学中,通过解决一个个问题帮助学生构建"温度、盐度和密度"的知识体系,深化对海水性质的理解。但基于情境创设的问题式教学设计有一定的困难,一般也只出现在公开课或比赛课上,原因是选择一条与知识结构相呼应的、贯穿课堂的情境明线并不容易,需要教师不断地拓宽知识面与眼界,深入挖掘多种素材,丰富优化情境,从而提高教学质量。

参考文献

[1] 宗燕，翟红云，蒲海燕."一境到底"教学模式在高中地理教学中的应用研究——以"自然环境的整体性"为例[J].地理教学，2023(1)：5.

[2] 马巍，王民.情境教学的课堂评价与教学改进研究——以"资源枯竭型城市的发展方向"为例[J].地理教学，2020(4)：11-13，29.

生物教研组

基于科学思维，培养社会责任
——"表观遗传机制调控基因表达"的学习活动设计与实施

张 博

《普通高中生物学课程标准（2017 年版 2020 年修订）》提出了高中生物学学科核心素养的四个维度：生命观念、科学思维、科学探究和社会责任。在以培养核心素养为宗旨的理念指导下，教师应该积极倡导以科学情境为主线贯穿课堂，挖掘和提炼情境中的生物学问题，并围绕问题设计学习活动。通过学习活动激发学生的好奇心和求知欲，引导学生认识生命现象，形成相关生命观念，逐步养成科学思维的习惯，掌握科学探究的思路和方法，并利用生物学知识主动参与社会议题的讨论，承担社会责任等。

本文以"表观遗传机制调控基因表达"一课为例，集中阐述以贯穿式的科学情境为主线，围绕学科核心素养的学习活动设计。

一、教学内容分析

"表观遗传机制调控基因表达"部分是 2017 年版课标中新加入的内容，对应模块 2 遗传与进化中的概念 3（遗传信息控制生物性状，并代代相传）的 3.1.5"概述某些基因中碱基序列不变但表型改变的表观遗传现象"。在教材中，这部分内容位于必修 2 第一章第 3 节的第 2 目"表观遗传机制调控基因表达"。

本部分内容教材从三种主要的调控机制来阐明表观遗传是如何通过不改变基因序列而调控基因表达的。三种机制都配备了案例和示意图，尽可能直观展示。

二、概念梳理

根据 2017 年版课标中的学科核心素养和学业质量要求，教师对本部分内容进行了概念梳理。学生通过这部分学习，应该能够运用结构与功能观，通过归纳与概括、演绎与推理等科学思维，理解基因的表达过程中某些结构的改变会使基因的表达被促进或被抑制，从而使表型发生可遗传改变的表观遗传现象和机理；通过相关实例认识到表观遗传一定程度上体现了生物对环境的适应，初步形成进化与适应的生命观念；通过情景案例的分析，学生能够理解生命和环境之间的作用是相互的、复杂的，认同保护环境、健康生活的重要性，树立一定的社会责任感。通过这部分内容的学习，学生应该达到学业质量水平 2 的要求。（表 1）

表 1　生物学学科核心素养学业质量水平 2

生命观念	科学思维	社会责任
结构与功能	归纳与概括	
基因序列没有改变，但表达过程中某些结构的改变使表达被促进或被抑制，而使表型发生可遗传改变	表观遗传的概念	理解生命和环境之间的作用是相互的、复杂的
进化与适应	演绎与推理	
表观遗传现象体现了生物对环境的适应	分析案例，判断是否为表观遗传现象，并能够运用相关知识解释其原理	认同保护环境、健康生活的重要性

三、活动目标

（1）结合情境中表观遗传现象归纳概括表观遗传的概念。

（2）结合情境说明表观遗传现象，并运用结构与功能观阐明基因表达调控的机制。

（3）通过表观遗传实例，理解生命与环境之间的相互作用，以及保护环境、健康生活的重要性，树立社会责任感。

四、活动内容及过程

1. 情境导入，设疑启思

"学起于思，思起于疑。""疑"是激活、唤醒思维的刺激因素。将教学内容以问题的形式贯穿在情境中，根据学生的具体情况、教学内容和生活实际，营造一种科学、真实且富有吸引力的信息气氛，以激发学生的兴趣与动机。

通过查找文献，教师选取蜜蜂、蚂蚁这类具有社会性的集群昆虫作为情境导入教学，提出问题：蜂后与工蜂性状不同的原因是什么？在此情境中，蜂后、蚁后与工蜂、工蚁在外形和分工上都有很大的差异，且这些差异主要与表观遗传的调控有关；同时，学生对这一自然现象普遍知晓，容易激发学生兴趣和探索欲。

2. 问题引导，构建概念，发展思维

欲阐明蜂后与工蜂性状不同的原因，学生首先结合已有知识，通过小组讨论作出合理推测。根据学情，预设学生的推测主要集中在蜂后与工蜂的基因序列不同上。接着教师提供资料(图1)，蜂后与工蜂可由遗传上相同的幼虫发育而来，不同的是饲喂蜂王浆的幼虫最终发育为蜂后；结合工蜂基因内部的结构示意图(图2)以及教材有关 DNA 甲基化、RNA 干扰以及组蛋白修饰部分的图文介绍，引导学生再度讨论分析，并认识到之前有关基因序列不同的推测不成立；进一步分析得出基因的结构修饰，如 DNA 甲基化、组蛋白乙酰化等是使昆虫的基因表达出现差异的原因。再接着，教师引导学生尝试归纳 DNA 甲基化等改变了基因的什么，又保留了什么。引导学生归纳出表观遗传的概念。

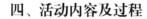
Fertile queens and sterile workers are alternative forms of the adult female honeybee that develop from genetically identical larvae following differential feeding with royal jelly. We show
由基因相同的幼虫通过饲喂蜂王浆发育而成

图1　有关幼虫通过饲喂蜂王浆发育成蜂后的报道　　图2　工蜂基因内部的结构示意图

这一环节，旨在根据已有知识以及相关信息，引导学生运用推理与演绎的科学思维作出合理推测。因为在本单元的第二节学生已经掌握了遗传信息的表达、生物的性状主要通过蛋白质表现等知识；在本节的第一课时也学习了细胞分化的本质是基因选择性表达的结果等，因此该任务也是对前面知识的回顾。

学生在阅读资料以及小组合作讨论分析的过程中，运用结构与功能的生命

观念，通过归纳与概括、演绎与推理等科学思维，理解基因的甲基化使基因序列不变而结构改变，导致基因的表达被抑制这一表观遗传机制；引导学生运用归纳与概括的科学思维归纳总结出表观遗传的概念。

接着教师继续展示研究资料：科研人员通过 RNA 干扰（RNAi）技术，将某 DNA 甲基转移酶进行处理，结果幼虫的发育产生了蜂后浆样的影响（图 3）。

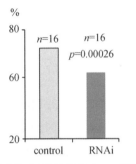

(a) 处理前后蜜蜂的某基因DNA甲基化比例

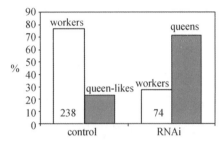

(b) 处理后成年蜜蜂中的表型类别个体数及其百分比（蜂后、工蜂以及类蜂后）

图 3　相关研究资料

教师提出问题：图 3 结果的内在分子机制是什么？通过科研数据引导学生运用表观遗传的原理和演绎推理的科学思维解释这一实验现象。学生通过分析，结合基因甲基化的比例，分析得出 DNA 甲基转移酶被沉默后，基因的甲基化水平下降，从而模拟了蜂后体内甲基化程度低的状况，使更多的幼虫呈现蜂后的体征。此时，教师进一步引导学生归纳，这一结果提示 DNA 甲基化具有遗传效应。

3. 案例分析，提升思维，树立责任感

为了让学生认识到表观遗传的遗传效应，教师展示实例：动物实验中的相关发现，①雄性大鼠父亲高脂饮食，可从其女儿胰腺组织的 DNA 上发现异常甲基化；②雄性大鼠父亲低蛋白饮食，其后代肝脏细胞中与胆固醇代谢有关的基因表达发生改变；③糖尿病前期小鼠的精子细胞 DNA 存在异常甲基化，后代发生糖尿病的危险性增加；④吸烟和不吸烟男性精子中有 28 个 siRNA 存在差异；⑤肥胖小鼠精子有 11 个异常的小 RNA，通过这些 RNA 可以将胰岛素抵抗传递给后代。学生通过归纳总结，得出 DNA 甲基化以及 RNA 干扰等是可以遗传的。

教师进一步引导学生谈谈以上事实对他们今后的行为和习惯有什么启示。学生根据实例，不难理解生命和环境之间的相互作用，以及保护环境、健康生活的重要性，从而树立一定的社会责任感。

五、反思与改进

本课的学习活动设计基于科研实例创设情境，具有较强的思维含量。通过资料数据的内容提炼和问题挖掘，对学生的科学思维进行训练提升；通过层层深入的问题设置引导学生认识表观遗传的本质，形成生命观念，树立社会责任感。

由于学习活动内容量较大，因此对教师和学生都提出了一定的挑战。在实践中，教师可根据班级学生的实际情况对教学内容进行删减、重构，根据课堂效果和学生反馈进行适时、适量的调整，以适合学生的学习。因为只有符合学生认知水平而又富有挑战的学习活动才能引发学生的学习兴趣，达成学习目标。

基于科学思维，培养探究精神
——"DNA 的复制和转录"的学习活动设计与实施

孙莉玮

《普通高中生物学课程标准（2017 年版 2020 年修订）》（以下简称"新课标"）指出，课程标准之一是凝聚学科核心素养，它是学科育人价值的集中体现。生命科学是自然科学中的一门基础学科，是研究生命现象和生命规律的科学。该学科的核心素养由生命观念、科学思维、科学探究、社会责任四部分组成。

核心素养的落实贯穿在教材编写、课堂教学及考试评价中，而课堂教学中基于科学史分析、观点论证、模型构建、实验设计的探究性学习是落实生物学学科核心素养的关键。

本文以高中生物必修 2"DNA 的复制和转录"一课为例，阐述以贯穿式的科学情境为主线，基于科学思维、培养科学探究精神的学习活动设计。

一、教学内容分析

该节内容对应模块 2 遗传与进化中的概念 3（遗传信息控制生物性状，并代代相传）的 3.1.3"概述 DNA 分子通过半保留方式进行复制"和 3.1.4"概述 DNA 分子上的遗传信息通过 RNA 指导蛋白质的合成"。在教材中，这部分内容位于必修 2 第一章第 2 节，即"遗传信息通过复制和表达进行传递"。新教材上一共包括四目，即"DNA 半保留复制使完整的遗传信息传给子细胞""转录使特定信息从 DNA 传递到 RNA""翻译使遗传信息从 RNA 传递到蛋白质""遗传信息的传递具有方向性"，教材通过图文结合的形式介绍了 DNA 复制、转录、翻译的过程，从而总结出中心法则的概念以及部分 RNA 病毒遗传信息传递方向的特殊规律，这些分子机制为后面学习基因的选择性表达、减数分裂、孟德尔遗传定律等打下了基础。

二、概念梳理

根据《普通高中生物学课程标准(2017 年版 2020 年修订)》课标中的学科核心素养和学业质量要求，教师对本部分内容进行了概念梳理。学生通过这部分学习应该能够达到学业质量水平 2 的标准，形成"遗传信息精准复制及表达与DNA、RNA、核糖体等的结构密切相关"的结构与功能观、"生物通过生殖、发育、遗传来实现生命的延续和种族的繁衍，进化的本质是遗传物质的改变"的遗传与进化观；通过对"遗传信息复制表达的实质"的理解提高归纳与概括能力，通过"DNA 复制方式假说"的演绎推理、"蛋白质的遗传密码组成假说"的演绎推理，提高演绎与推理的能力。运用遗传与变异的观点，解释常规遗传学技术在现实生产生活中的应用，建立一定的社会责任感。(表 1)

表 1　学科核心素养(学业质量水平 2)

生命观念	科学思维	社会责任
结构与功能	归纳与概括	
遗传信息精准复制及表达与 DNA、RNA、核糖体等的结构密切相关	遗传信息复制表达的实质	运用遗传与变异的观点，解释常规遗传学技术在现实生产生活中的应用
遗传与进化	演绎与推理	
生物通过生殖、发育、遗传来实现生命的延续和种族的繁衍，进化的本质是遗传物质的改变	DAN 复制方式假说演绎推理；蛋白质的遗传密码组成假说演绎推理	

三、活动目标

(1)分析科学史资料，总结 DNA 复制的条件，培养科学思维。

(2)通过分析材料、设计实验并合理推理实验结果，培养逻辑思维，提高科学探究能力。

(3)通过对"验证 DNA 指导蛋白质合成"实验的设计，知道 DNA 与蛋白质之间具有第三者，提高提出合理假设和科学探究的能力。

(4)结合"DNA 复制过程和所需条件"及对实验结果和"细菌内化学成分分析"实验的分析，说出转录的具体过程和所需条件，培养科学思维。

（5）从结构与功能相适应的角度解释 DNA 分子能够精准复制、RNA 分析精准形成的原因。

四、活动内容及过程

1. 旧知导入，温故而知新

"温故而知新，可以为师矣。"学生在复习旧知的过程中会产生新的理解和疑问，再解决疑问习得新知。该循序渐进的过程符合学生的认知逻辑，有利于培养学生的核心素养。因此在该节学习活动设计中，教师首先展示旧知"噬菌体侵染细菌"过程图（图 1），引导学生回忆噬菌体 DNA 复制的条件、方式、过程。

2. 利用科学史，发展科学思维

接下来教师展示材料：1956 年美国生物化学家 Arthur Kornberg 将大肠杆菌细胞破碎后，在其中加入 4 种脱氧核苷酸（实际上是 4 种脱氧核苷三磷酸），对其中一种核苷酸用同位素进行标记，经保温孵育后测定 DNA 含量，发现并没有 DNA 合成。再加少量大肠杆菌 DNA 以及大肠杆菌 T2 噬菌体 DNA 和 ATP，然后将上述混合液置于 37 ℃ 的环境中，静置 30 min，发现放射性标记已经进入 DNA。Kornberg 测定了新 DNA 的碱基排列顺序，发现它们与模板 DNA 上的碱基序列非常相似。

引导学生阅读材料并思考：事先加入的 4 种脱氧核苷酸起什么作用？大肠杆菌研磨液为 DNA 复制提供了什么条件？如果不加模板 DNA，那么新 DNA 可以合成吗？

材料来源于科学史，具有较高的科学性，学生在分析总结的过程中发展了科学思维。

3. 利用论证式教学、模型构建，提高科学思维和探究能力

那么 DNA 复制的方式是怎么样的呢？接下来教师继续展示材料。

资料一：沃森和克里克提出假说——遗传物质是进行自我复制的，且复制方式为半保留复制。这一假说提出后，有学者也提出了全保留复制等不同的观点和假说。那么究竟哪种假说才是正确的呢？

资料二：同位素标记法是生物科学中一种常用的技术，利用 ^{15}N 可以标记 DNA 分子中的含氮碱基，使 ^{14}N 的 DNA、^{15}N 的 DNA、$^{14}N^{15}N$ 的 DNA 的密度

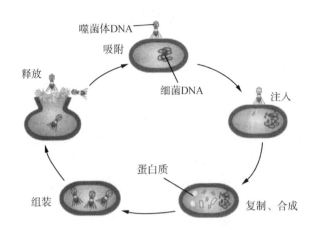

图1　噬菌体侵染细菌的过程

不同。

资料三：6 mol/L 的氯化铯溶液密度大约是 1.7 g/mL，将 6 mol/L 的氯化铯溶液进行离心会形成 1.65 ~ 1.75 g/mL 的密度梯度，^{14}N 的 DNA、^{15}N 的 DNA、$^{14}N^{15}N$ 的 DNA 在 6 mol/L 的氯化铯溶液中离心后会进入与自身密度相近溶液的区域，从而分散开来。

学生 4 人为一小组，选择认可的观点(全保留复制或者半保留复制)后设计实验，绘图推理实验结果，之后小组代表进行论述，小组间互评。论证能力是科学思维的重要组成部分，在这个过程中，需要学生通过分析实验案例材料、设计实验并合理推理实验结果，提高了演绎推理能力，同时也在设计实验的过程中提高了探究能力。

教师继续展示材料：1963 年，Cairns 用放射自显影的方法第一次观察到完整的正在复制的大肠杆菌 DNA，他将 ^{3}H-脱氧核苷标记大肠杆菌 DNA，铺在一张透析纸上，在显影后的片子中看到 DNA 的全貌，阐明了 DNA 复制以半保留的方式进行，并且是边解旋边复制。

学生通过对上述资料的讨论，对 DNA 复制过程有大致的框架，教师引导学生用完整的语言表述 DNA 复制的过程：主要包括起始、延伸、终止三个过程；而模板则是能提供合成一条互补链所需精确信息的核酸链。

DNA 的复制是一个动态过程，若仅通过讲授法教学，学生掌握起来较困难。学生自主得出 DNA 复制的过程既有利于他们加深理解，还有助于探究精神的培养。

4. 设计实验，培养探究精神

在学习了 DNA 复制后，转录也就迎刃而解了。教师以噬菌体作为线索，继续展示"噬菌体侵染细菌"过程图（图 1），引导学生思考如何设计实验验证噬菌体 DNA 指导蛋白质合成。

那么如何设计实验验证呢？教师用 PPT 展示几种实验材料，引导学生选择材料设计实验，验证噬菌体 DNA 指导蛋白质合成（图 2）。由于学生在 DNA 复制的学习活动中知道了科恩伯格所做的体外合成 DNA 的实验过程，而本实验的设计与其类似，因此学生可借鉴科恩伯格实验的思路选择实验方案，能得出"DNA 不能直接指导蛋白质合成"的观点。在实验设计的过程中有助于探究精神的培养。

图 2 "验证 DNA 指导蛋白质合成"实验设计

接下来教师通过展示图片"细菌内化学成分分析"（图 3）引导学生寻找 DNA 和蛋白质之间的"第三者"RNA；通过展示噬菌体 DNA 与细菌 RNA 分子的部分碱基序列（图 4），引导学生理解 RNA 序列与 DNA 有关；学生通过对"DNA 复制过程"模型构建的回忆，自主探究出 mRNA 形成过程，并利用"RNA 模板是 DNA 一条链还是两条链"的实验分析来验证猜想。

最后，教师展示 DNA、RNA 结构图片，引导学生运用结构与功能相适应的观点，总结 DNA 分子能够精准复制、转录的原因。

五、反思与改进

综上所述，该节学习活动设计以噬菌体为主线，贯穿 DNA 复制、转录等内容，通过大量的科学史材料分析、观点论证、模型构建、实验设计、图片比较等培养学生科学思维，并基于科学思维培养探究精神。在该学习活动中，学生能主动参与知识的生成过程，有利于实现"从教中心转向学中心"背景下的课堂教学转型，切实体现"以生为本、以学为主"的新课程教学目标，为促进教育与教学的全面性、发展性打下基础，激发教学活力，提高核心素养。

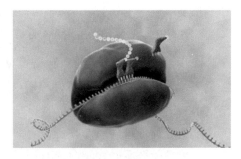

图3　细菌内化学成分分析

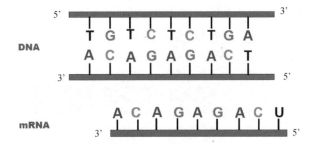

图4　噬菌体 DNA 与细菌 RNA 分子的部分碱基序列

但是课程内容量多、难度较大、知识抽象且较枯燥，结果不一定能达成预期目标。因此后续需要基于学情分析进行修改，并在一次次的实践中不断打磨，从而呈现更好的课堂，让学生发展思维、充分探究。

参考文献

[1] 赵占良. 对生物学学科核心素养的理解（一）：生命观念的内涵和意义[J]. 中学生物教学，2019(6)：4-8.

[2] 唐志哲. 高中生物教学营造主动探究学习情境初探[J]. 教育科学论坛，2010(08).

[3] 李昕，兰富刚. 基于核心素养的高中生物学单元教学设计[J]. 课程研究益智，2021(09).

[4] 陈丽. 运用生态性学习理论设计单元学习活动：以高中生物必修 3"生态环境的保护"单元活动案例剖析[J]. 中学生物性，2013(29).

艺术教研组

"艺术与科学的融通之道"课程实践案例研究

潘志芸

一、案例背景

本单元作为高一第二学期的第一个单元，教学设计主要采用了创设情境、问题引导以及示范演示、模仿表现、合作探究等教学方法，引导学生的研究性学习。除了课程内容的学习以外，主要目标为引导学生掌握自主学习的方法与路径，及如何在学习中发挥主观能动性。

教材采用上海市高中《艺术与科学》之"艺术与科学的融通之道"。本单元包括三个主题：①艺术家的科学兴趣；②科学家的艺术情怀；③传统工艺的科学与艺术。在第一个主题中，充分感受艺术家对科学题材的表现，以艺术的方式表达其个人对科学发现的感悟；第二个主题中，能体会科学家对艺术的钟爱之情，了解艺术与科学在创造方面的共通性；第三个主题，通过传统工艺作品去探寻人类高超复杂的技艺。

二、课堂生成描述

本单元总体设计以"现代媒体艺术展"为开篇，创设情境，激发兴趣，引出课题，提出单元学习总任务及课堂活动交流任务，帮助学生了解本单元持续四课时的学习目标，引导学生明晰接下来艺术课程的学习中，需要进行的研究性学习。

整个单元教学流程如下（图1）：

图 1　整个单元教学流程

　　第一课通过创设情境、范例赏析、思考研究等活动，使学生感受到艺术家与科学之间有着千丝万缕的联系，小组分析探讨课堂活动"达·芬奇展"如何进行；第二课"达·芬奇展"学生汇报，通过个案延伸感受艺术家借助科学技术，激发想象力、创造力，体会感性与理性思维的相互作用；第三课通过作品欣赏了解工艺美术中的实用性与艺术性、民族性与时代性、技术性与美观性，引导学生在完整的工艺流程中感受和理解鲜明的民族风格和地方特色工艺品种和技艺，体会工艺作品中蕴含的力学、数学、美学和哲学的智慧，所体现的中华民族深刻的文化内涵；第四课以学生自由探索研究设计的"灯具/家具的综合艺术作品设计"为媒介更进一步感受现代实用家具艺术中的艺术性与科技性的融合。

　　在单元教学实施过程中，课堂活动"达·芬奇展"与最后一节课学生汇报创意家具设计环节最为积极，大家对感兴趣的话题讨论得非常热烈，经过充分的准备都胸有成竹。现将"达·芬奇展"部分学生的发言摘要如下（图2）：

图 2　学生发言

　　浦桢怡：在达·芬奇的手稿当中，我们发现一幅创作于 1502 年类似卫星地图的手绘图。我们查阅过资料，在达·芬奇的时代标准地图一般是鸟瞰图，在山上观测绘制。而达·芬奇受维特鲁威的罗马工程师提出的"平面地图"概念的启发，可能使用了一种能测量角度的圆盘，由小指针来标记街道的拐角与一个基准点之间的角度，他必须在每一个拐角处都进行测量，才能准确地将城墙呈现在纸上。我们认为达·芬奇画的伊莫拉虽然有缺点，但它是一个从主观神话的到客观地理的巨大转变，在 16 世纪初期，它就是地图的科学未来。

刘天羽：达·芬奇的画稿中所附的文字基本上都是镜像的。镜像书写法是他一生专注使用的书写法。他的手稿都是用左手反写的"镜像字"，一般人没办法看懂，我们认为用这种保密法来保护自己的知识产权，达·芬奇可谓是做到家了。我们小组成员尝试着以这种方式书写，发现好困难的。不过也有医学家的观点认为，达芬·奇如果是不刻意就写出镜像文字有可能是脑部疾病的征兆或结果，例如中风。

聂浩然：我们小组认真研究了达·芬奇睡眠法，它将人类习惯的单次睡眠过程分散成多个睡眠周期进行，以达到减少睡眠时间的睡眠方式，又称多相睡眠或多阶段睡眠法。达·芬奇一生有如此大的成就，与他发明的这种睡眠方法有很大关系。他通过对睡与不睡的硬性规律性调节来提高时间利用率，每工作 4 小时睡 15 分钟。一昼夜花在睡眠上的时间累计只有不足 1.5 小时，却争取到更多的时间进行其他的工作。所以我们小组经过一周的实验，小睡打盹，结果比起长时间的睡眠来说，在提神醒脑方面确实更加有效。

胡庭帝：我们小组研究的是达·芬奇的维特鲁威人及他的镜像文字，《维特鲁威人》看起来是一个单幅的图画，但它实际上有 16 种不同的姿势。当你这样看这幅画时，画面就变得多维度且全息。这幅画的主旨，是关于"比例"；在显著的表层意义之外，《维特鲁威人》还有另一层内涵，正方形代表阳刚，而圆形表示阴柔，维特鲁威人是完美的人体的典型范例，正方形和圆形结合，在灵性上象征了阴阳的完美平衡。

课堂内的讨论气氛异常活跃，发言水平也很高，学生们对其他小组的演讲的点评也是经过周密的思考，最后教师对学生的评议进行了点评并小结：同学们认真研讨达·芬奇的近 400 件油画、素描习作和手稿，包括他的书信、伊莫拉地图、关于阿诺河改道的设计图纸以及大量刻画人体肌肉、血管器官的解剖图等，通过同学们的细细解说与阐述，大家都从不同角度更深入地了解了达·芬奇的艺术作品。虽然有些地方仍然艰深难解，但我们可以从这些或优美或壮丽的艺术线条和笔触中，感受他内心的热烈与希冀。这位怀着无穷的好奇与创意的天才画家，除创作了《最后的晚餐》《蒙娜丽莎》等多部惊世画作外，还涉猎数学、地质学、解剖学、天文学、机械制造学等多种学科，也希望同学们在学习之路上也如他一般不断地追求进步，永远不知疲倦。

本单元最后一课为单元作业汇报与小结，此环节为本单元的创意呈现，深受学生们的喜爱。

1. 作业主题

尝试运用新技术、新材料构思灯具和家具设计方案，体现中国传统文化特色，小组分享交流。

2. 作业要求

(1)通过图书馆及网络资源搜集各类灯具和家具设计，了解其艺术设计理念和文化内涵。

(2)将中国古典样式与现代科技相结合，关注中国传统文化，提高民族文化认同感，提高对艺术设计的兴趣。

(3)探索当代最新科技在材料、技术、制作方面的体现，畅想未来，激发学生探索科技的兴趣。

3. 设计意图

实践环节，教师提供传统及现代的家具设计方案作为借鉴参考，学生自主研究并完成学习单，做到人人参与；在学习单的基础上进行审美评议，深化教学目标。

学生在教师的指导下查找资料，独立思考，认真填写学习单(图3)：

图3 自主完成学习单

学生完成的学习单作业(图4):

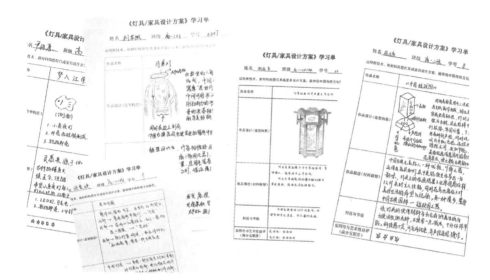

图4　学生完成的学习单作业

学生进行自我创意设计阐述(图5):

图5　学生阐述自我创意设计

三、教学反思

本单元为四课时教学,教师引导学生探究艺术与科学的相互影响,发现科学中的艺术美和艺术中的科学美,激发创造性思维,尝试理解科学技术创造中的人文精神。教师在课前仔细选择教学素材,反复斟酌达·芬奇最具有代表性的作品,为有效启发学生的探索欲,借助软件 Adobe Premiere 自制教学视频《达·芬奇》,在引导环节使用,激发浓厚兴趣,优化教学环节。在课堂活动"达·芬奇展"中,学生自由选择达·芬奇某个领域的作品进行研究并表达,这个环节设计为小组演讲形式教学，这些汇报内容充分展现了学生的多维探索与语言锤炼。最后单元汇报环节，教师以体验式教学方法组织学生，使学生获得亲身实践创作，印象更深刻，也进一步深化了教学目标。此环节要求学生完成学习单任务，学习单可以帮助学生从审美与科学角度深入思考，并大胆发挥想象力进行创想与设计。在完成学生自评互评后，发现学生在进行语言评议时充满自信，课堂气氛活泼生动。这种体验式教学方法在高中的艺术课中比较常用，能够培养学生良好的思辨能力，锻炼口才和文采，激发想象力，提高艺术创造力。

在单元学习中，学生通过感受、体验、欣赏、探究、项目活动等学习方法，认识艺术进步与科学的发展中的相互融合与促进，借助电影、美术及其相关艺术形式，感受中外科学家对艺术的热爱，从科学探究的艺术中获得灵感，激发想象力、创造力的事例，领悟感性与理性思维的相互作用，加深对艺术的理解和不懈追求探究艺术与科学的相互影响，激发创造性思维，发现科学中的艺术美和艺术中的科学美，感受并理解科学技术创造中的人文精神。

基于学科核心素养的中学音乐课程实践研究

叶 涛

音乐作为一种艺术、一种意识形态，反映出的是人类生活与其思想感情，在陶冶道德情操、提升审美情趣等方面具有不可替代的作用。同时，音乐对人们形成正确的人生观、价值观和审美观具有重要作用。

音乐核心素养是指学生通过音乐课程的学习，初步掌握一定的音乐知识与技能，形成音乐学科的素养，并与其他学科的素养有机结合形成个体核心素养。音乐鉴赏是高中音乐学习的重要内容，是音乐素养培养的重要途径。高中音乐教学作为义务教育阶段初中音乐教学的延伸，在全面培养学生音乐学科核心素养方面的作用不容忽视。高中的音乐鉴赏教学，可以使学生的音乐审美能力和文化感知能力不断得到提升。高中音乐鉴赏课应当让学生在感受、体验音乐作品魅力之时，在审美感知、音乐表现、音乐文化理解方面得到整体提升。音乐核心素养的培养离不开准确定位的音乐鉴赏教学，准确定位的音乐鉴赏教学能够促进音乐素养的培养。

笔者分享的教学内容是选自上海市高中《音乐》教材高中一年级第六单元"阳春白雪"中的第一节课、第二节课，结合单元主题，以与主题相关的其他艺术作品作为补充，从题材、文化等不同角度整合教学资源，立足人文主题构建单元。本单元由第一节"艺术歌曲——优雅含蓄的三位一体"、第二节"组曲——如诗如画的音乐长卷"、第三节"室内乐——密友间的对话"三个教学材料构成，在教学材料的组织过程中进一步关注学科德育的有效渗透，为艺术课程的深入实施提供支持。

教授的第一节"艺术歌曲——优雅含蓄的三位一体"、第二节"组曲——如诗如画的音乐长卷"，从教学实践中笔者觉得特别值得关注或研究的部分是学生所参与的实践活动。比如：讲述第一课时，为了让学生理解和认识什么是艺术歌曲、什么是艺术歌曲的三位一体，如何分析艺术歌曲的词、曲、伴奏这三者之间的联系与交融，笔者采用的方法是先让学生欣赏舒伯特最具代表性的艺术歌曲《鳟鱼》中的一个片段，并附上原文歌词和中文翻译；通过对歌曲背景的讲解、旋律以及钢琴伴奏的简单分析，使学生对艺术歌曲的特点有一个初步的了解，结合《音乐词典》及《新格罗夫音乐与音乐家辞典》中对艺术歌曲的解释，可以归纳出艺术歌曲的共性包含以下几个方面：①品位高雅的歌词境界；②高度艺术性的旋律创作；③配合默契，甚至具有独立声部的钢琴伴奏。接着笔者利用一首经典的中国艺术歌曲《问》作为案例，从歌词、旋律、伴奏这三个方面一步步带领着学生进行分析、理解、验证，使学生进一步了解到艺术歌曲的构成以及三位一体的重要性；为了加深学生对于艺术歌曲三位一体的理解与判断，设计了一个活动实践环节，选取了《教我如何不想她》这首经典的艺术歌曲作为分析对象，结合学习任务单，让学生在课堂现场分小组尝试进行讨论、分析、体验并整理，通过自主式学习进一步加深对艺术歌曲以及三位一体的深入理解，真正做到学以致用。

以下是设计的学习活动：

以《教我如何不想她》为例理解艺术歌曲的三位一体
（学习活动设计）

1. 活动设计

本活动属于第六单元"阳春白雪"第一节"艺术歌曲——优雅含蓄的三位一体"的教学。在本节课活动目标、学习内容与要求设计明确的基础上，以分析、演唱等多样的体验活动，在艺术与文化相关联的情境中引导学生理解音乐表现要素在音乐情感和思想内涵表达中的作用。通过小组合作在"体验活动"的艺术实践中，尝试通过对艺术歌曲的词、曲、伴奏这三个方面的独特性与关联性分析来进一步理解艺术歌曲的三位一体，进而提升学生审美感知和文化理解的能力，坚定学生的文化自信，形成尊重文化多样性的人文情怀。为让活动更具体、明细，设计了三份表格（表1、表2、表3）。

表1　活动属性表

主要内容	音乐必修1《音乐鉴赏》(下)第六单元第一节"艺术歌曲——优雅含蓄的三位一体"		
活动名称	内容要求	具体要求	学业质量水平
以《教我如何不想她》为例理解艺术歌曲的三位一体	1	1.3	1-1
		1.4	1-2
		1.5	2-2
		1.7	1-3
活动目标	1. 歌曲中的"她"代表谁呢？ 2. 当内心感觉不安的时候音乐带给你怎样不同的感受？ 3. 分析一下《教我如何不想她》其中的词、曲、伴奏的艺术表现		
学习方式	师生讨论 小组合作 探究学习		
评价标准	见表2		

表2　课堂学习活动评价表

水平	内容	自评	互评	师评	总评
优良	结合作品创作背景，能够非常清晰地分析出《教我如何不想她》中词、曲、伴奏之间的联系和艺术性表现				
合格	结合作品创作背景，能够比较准确地分析出《教我如何不想她》中词、曲、伴奏之间的联系和艺术性表现				
不合格	不能够分析出《教我如何不想她》中词、曲、伴奏之间的联系和艺术性表现				

表3　小组合作经历与过程记录

活动名称	以《教我如何不想她》为例理解艺术歌曲的三位一体
小组成员分工	
内容分析	
1. 歌词	

续表

活动名称	以《教我如何不想她》为例理解艺术歌曲的三位一体		
2. 旋律			
3. 钢琴伴奏			
分析结果	优良	合格	不合格
以《教我如何不想她》为例理解艺术歌曲的三位一体	从词、曲、伴奏三方面阐述完整且明确，能够理解艺术歌曲的三位一体	从词、曲、伴奏三方面阐述比较完整，能够理解艺术歌曲的三位一体	不明确且不完整，不能阐述

2. 设计说明

(1)本学习活动侧重课程内容1，基于通过欣赏艺术歌曲作品，探寻其中三位一体的法则，理解作品背后赋予的多元文化。在作品的赏析过程中，能了解音乐体裁特征和形式法则，形成审美感知。通过歌唱、分析等艺术表现，丰富情感、充实心灵、激发想象力、培养自信心并获得成就感。通过音乐感知和艺术表现等途径，理解中国优秀文化的艺术内涵，弘扬中华优秀传统文化的艺术精神，形成文化理解。

(2)词作者刘半农是我国著名的语言学家，语言造诣十分深厚，当时旅居英国伦敦，创作《教我如何不想她》，在构思技巧上虽继承了传统的反复与比兴手法，但在语言运用上却更生动活泼，在意境上也更新鲜别致，使读者如见其人，如闻其声，而且余意不尽，余韵悠然；从诗的联想与暗示看，诗人多少接受了一点西方象征派诗歌的影响；虽词作者、曲作者当时都身居国外，但都固有强烈的思念祖国和怀旧的感情，所以，我们可以从这个方面来分析其歌词寓意。曲作者赵元任，曾留学美国，是我国著名的语言学家、音乐家，并且是最早一批将国外的作曲技法传授到中国的作曲家。他对于《教我如何不想她》的创作基于西洋作曲技法的同时还赋予了中国民族音乐的风格和特点，我们可以从这个角度来分析这首歌曲的伴奏。本首歌曲的旋律主调建立在五声音阶基础上，加上点题的乐句"教我如何不想她"，采用了京剧西皮原板过门的音调并加以了变化，从而使作品的民族风味格外鲜明突出，四段歌词在音乐处理上采用分节变奏的形式，谱以

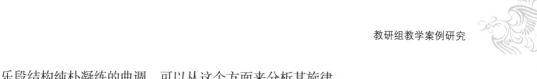

乐段结构纯朴凝练的曲调，可以从这个方面来分析其旋律。

3. 操作过程与要求

①通过本节课中教师对于艺术歌曲三位一体定义的讲解以及具体作品的分析与指导，尝试分析《教我如何不想她》。

②成立小组，确定组长，全程负责对组内成员进行过程性评价，确保组员保持认真、负责、投入的学习态度，推进活动的顺利开展。

③组员对于作品中词、曲、伴奏展开交流与讨论，逐一解决问题。

④完成讨论，整理好文字，进行小组分享交流，就艺术歌曲《教我如何不想她》中的三位一体提出自己的观点和想法。

学业质量水平：素养1素养3为学业质量水平1。

除了小组活动设计以外，笔者选取了《教我如何不想她》的第四段（图1），尝试带领学生一起学唱并分析乐谱，体会音乐带给演唱者的不同感受，从而进一步理解艺术歌曲的形式特征。

图1 《教我如何不想她》第四段

例如，第四段描绘的是冬天的景象；调性是 E 羽调，前两句对"枯树""冷风""暮色"的描绘，主要以级进的曲调在低音区里进行，小调色彩的使用使情绪变得越发暗淡起来。随后调性又转回到 E 宫调上，最终完成了调性的回归。这段中不仅再现了一、二段的曲调，还增添了四度同向跳进和三度、六度反向跳进，为反向大跳之前的"反向"做足了功课。点睛之笔"教我如何不想她"更是用到了京剧西皮原板过门部分，多种调性布局，逐渐把情绪推向高潮。这首歌曲的调性渗透了西方大小调的色彩，但始终以中国民族调式为核心，寓意作者虽然身居海外，却不忘祖国和亲人的拳拳赤子情怀。

　　再比如"组曲——如诗如画的音乐长卷"这节课中，如何让学生认识"组曲"这一概念？为什么组曲会被称为"如诗如画的音乐长卷"？乐章与乐章之间又有怎样的联系？为了解决学生心中存在的疑惑，同样，笔者也是先给出"组曲"的释义：①是一种器乐套曲形式，由多个标题音乐组成。②由有独立意义的乐曲或乐章有机统一、连缀而成。③根据题材、体裁和曲式不同有多种类型。然后展示具体的作品《春节组曲》，并对其中的第三乐章《盘歌》进行详细分析讲解，让学生了解创作的背景意义以及这一乐章描绘的内容。运用笔者对作品分析的方法，来引导学生尝试着自己对其他乐章做同样的分析，层层引导、层层深入，使学生在实践活动中提高自主分析的能力并以此加深对组曲这一形式特征的理解。在四个乐章全部讨论结束后，再将分析结果放在一起。学生们一目了然，很清晰地就发现各个乐章之间存在的联系，从而在理解作者的创作意图和目的的基础上，从根本上理解课堂一开始给出的"组曲"定义。组曲的形式各异，不仅仅是交响乐，还可以是钢琴创作的作品；很多的艺术家们很喜欢用组曲这一音乐题材来创作作品。为了再次加深学生对组曲这一形式特征的理解，笔者还带领他们分析了另一部作品即汪立三先生创作的钢琴组曲《东山魁夷画意》。那么，汪立三作为中国作曲家，在创作时是如何解释和传达这样一幅作品的呢？为了给学生讲清楚这一点，笔者首先尝试运用绘画与音乐结合的方式，让学生在欣赏东山魁夷的作品《冬花》的同时，听着钢琴组曲《东山魁夷画意·冬花》的片段，这样让学生更能够身临其境地感受作品所要表达的内容。然后，出示《冬花》的第一小节乐谱(图2)。第一小节就出现了全曲的主调，F 都节调式(图3)。日本都节调式是日本民族调式中所特有的，包含两个小二度的五声音阶调式。

　　从乐谱来分析，汪立三在创作时，为了体现这是一幅日本作品，选择了日

图2 《冬花》第一小节乐谱

图3 F都节调式音阶

本最富有符号意义的调式体现日本音乐的特征，因此都节调式"fa sol la do re"一出现，日本音乐的感觉就立刻有了。通过这一过程，学生拓宽对"组曲"创作手法的认识与了解。

关于这两节音乐鉴赏课，或者更准确地说是高中音乐课，笔者粗浅地谈一谈个人的反思和体会：心理学研究告诉我们，激发和提高学生的学习兴趣，是提高学习效率和质量的有效途径。那么，高中的音乐课该如何提高学生学习兴趣呢？高中学生已积累了一定的知识经验，有了一定的知识面（包括文学、历史、地理等），对于事物也有自己的认识和观点。在教学时，如果还照搬照抄原来的老方法，把音乐课上成枯燥的"解剖课"，是绝对行不通的，应在音乐的内容和含义上作更宽泛的一些探索，站在音乐文化的高度欣赏作品，融入人文色彩，使音乐更贴近学生已有的历史、地理、文学知识，可能更容易被广大学生接受，也较容易激发学生欣赏音乐的兴趣，进而培养他们主动参与的积极性，加强对作品的感受体验、分析、理解，即"人文式"取代"显微镜式"。

要想采用"人文式"教学，"学科综合"是至关重要的，也可以说，只有把几个学科的知识综合起来，才能实现教学内容的"人文式"。两者的关系犹如繁花与绿叶，是相辅相成的。

信息技术教研组

以"编程应用助健康"为项目的"算法和程序实现"单元设计

张　琛

一、单元设计

1. 单元名称：算法与程序实现

2. 单元内容要求

（1）从生活实例出发，概述算法的概念与特征，运用恰当的描述方法和控制结构表示简单的算法。

（2）掌握一种程序设计语言的基本知识，使用程序设计语言实现简单的算法。

通过解决实际问题，体验程序设计的基本流程，感受算法的效率，掌握程序调试与运行的方法以及一般过程，描述抽象与建模的实质和意义，描述调试的作用和意义。

3. 单元教学目标

（1）掌握编程解决实际问题的过程和方法。（信息意识）

能概述算法的概念与特征，运用恰当的描述方法表示算法；能描述算法的三种基本控制结构的特点和适用情况；能复述编程解决问题的一般过程，描述抽象与建模的实质和意义，描述调试的作用和意义；能概述程序与指令的概念和区别，描述程序设计语言的分类及其特点，描述变量命名的基本规则；独立完成赋值语句的书写，复述三类运算符的作用及其运算规则；能描述字符的分

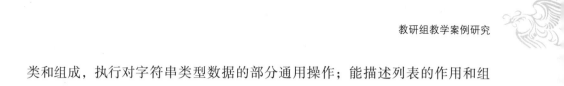

类和组成，执行对字符串类型数据的部分通用操作；能描述列表的作用和组成，执行常用的列表操作。

（2）能根据需要设计和描述解决问题的算法，并能用 Python 程序设计语言实现该算法并解决问题。（计算思维）

设置合理的分支判断条件和循环结构要素，区分分支的两种结构，区分当循环和直到循环结构；能规范绘制分支嵌套结构、循环嵌套分支结构、双重循环结构的算法流程图，描述执行过程，推算运行结果，运用恰当的算法的三种基本控制结构表示算法；能区分常见的 Python 数据类型，并能进行数据类型转换操作，区分常量和变量，根据运算符的优先级计算表达式的值；能描述函数的作用，执行导入模块及调用函数操作；运用枚举法解决问题；针对同一问题，体会不同算法对程序效率和问题解决效率的影响；能根据实际问题，分析关键步骤，设计、优化枚举法。

（3）掌握 Python 程序设计语言的基本知识和运行环境，能使用 Python 程序设计语言实现简单算法。（数字化学习与创新）

能独立完成单分支语句、双分支语句、多分支语句、循环语句的书写；能根据实际问题需要，体验顺序结构、分支结构、循环结构设计的基本流程，完成程序调试与运行。

4. 单元项目

（1）项目主题：编程应用助健康。

（2）项目任务：

任务一：算法与算法的描述

学习智能跑步机"时间跑模式"的算法，理解算法的概念，通过运用多种方式描述时间跑模式，理解算法的描述方式和基本控制结构。

学习智能跑步机"心率跑模式"的算法，通过结构化分析，熟悉编程解决问题的一般过程，能够通过抽象与建模进行问题分析，通过设计算法理解算法的基本控制结构，通过算法描述进一步理解算法的特征。

任务二：Python 程序设计语言的实现

学习使用 Python 程序实现健康指数的计算、显示和简单统计，熟悉 Python 常用数据类型、常量、变量、赋值符、运算符与表达式、内置函数与模块导入、字符串和列表，以及算法的三种基本控制结构的程序的实现。

任务三：常用算法及其程序实现

使用枚举算法，设计全年级学生 BMI 健康指数筛查算法，理解枚举算法的基本原理和程序实现。

二、项目任务三的活动案例

1. 活动名称

编程助健康之"全年级学生 BMI 健康指数筛查"——枚举算法的认识与应用。

2. 活动概述

通过编程助健康之"全年级学生 BMI 健康指数筛查"这一活动的开展，认识枚举算法，掌握枚举算法的特点和基本控制结构（计算思维）；能够分析具体问题，应用枚举算法生成统计数据，解决同类问题（数字化学习与创新）；体验计算机高速、准确、自动的特点在枚举算法应用中的重要作用，以及枚举算法的意义（计算思维、信息意识）。

3. 活动情景引入

学校最近组织了体检。医生抽样选取了 10 位学生的身高和体重数据，计算出了每位学生的 BMI 健康指数。小张使用信息技术课上学习的 Python 语言编写了程序，帮助医生完成了计算。请根据输出结果（图 1），分析程序中产生问题的原因。

Python 程序	输出结果
``height=[1.6,1.58,1.65,1.73,1.61,1.76,1.6,1.7,1.62,1.63]
weight=[69,55,67,70,700,66,51,57,55,61]
bmi=[]
i=0
while i<=9:
bmi.append(round(weight[i]/height[i]**2,1))
print(i,"号学生的 BMI 数值为：",bmi[i])
i=i+1```	0 号学生的 BMI 数值为：27.0 1 号学生的 BMI 数值为：22.0 2 号学生的 BMI 数值为：24.6 3 号学生的 BMI 数值为：23.4 4 号学生的 BMI 数值为：270.1 5 号学生的 BMI 数值为：21.3 6 号学生的 BMI 数值为：19.9 7 号学生的 BMI 数值为：19.7 8 号学生的 BMI 数值为：21.0 9 号学生的 BMI 数值为：23.0

图 1　运用 Python 程度输出的结果

学生找出了产生问题的原因：4 号同学的体重数据误输入为 700。

医生的问题：能否提前对输入的体重数据进行检测，找出不合理的数据。

4. 活动流程(图2)

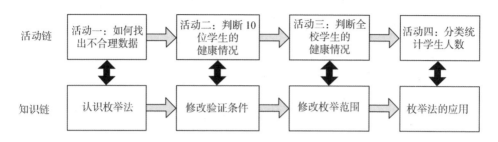

图 2　活动流程图

活动一：找出不合理数据

确定验证范围：weight[0]~weight[9]

确定验证条件：高中生的体重个体差异较大，一般在30~100 kg。

设计算法：学生在学习单上将任务流程图(图3)补充完整。

| 步骤一：
一一列举并输出 weight[0]到 weight[9]的数据 | 步骤二：
weight[i]是否在 30 到 100 之间，若"是"则输出"正常"，否则输出"不合理" |

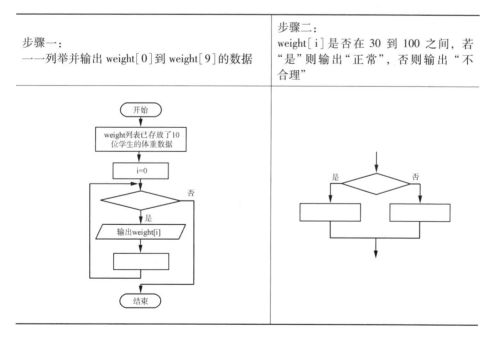

图 3　任务流程图(1)

教师合并两个分解任务的流程图，组成解决问题"找出不合理数据"的完整算法。对照流程图，教师演示程序实现。

结合活动一教师讲解枚举算法的定义，并分析实现枚举算法的两个要点和基本控制结构。

活动二：判断 10 位学生的健康情况

通过运行程序，医生已经计算出了 10 位学生的 BMI 指数。医生需要根据 BMI 指数，判断每位学生的健康程度是"正常"还是"需注意"（正常 BMI 指数范围：18.5<BMI<24.9）。（图 4）

设计算法：请把流程图空白处填完整	编写程序：请打开"学生素材"文件夹中的"活动 2. py"，参照流程图完善程序
| 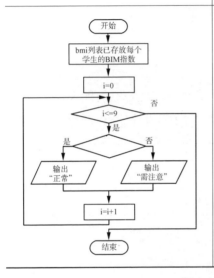 | ```
bmi=[27.0,22.0,24.6,23.4,18.3,21.3,19.9,19.7,21.0,23.0]
i=0
while i<=9:
    if _____:
        print("正常")
    else:
        print(_____)
``` |

图 4　任务流程图（2）

教师小结：（1）通过修改验证条件，可以应用枚举法解决同类问题。

（2）验证条件应该和程序的后续处理在逻辑上匹配。

活动三：判断全校学生的健康情况

"学生素材"文件夹中已有"某校学生健康信息统计表. csv"文件，存放了某学校 1000 位学生的 BMI 指数，医生需要根据 BMI 指数判断每位学生的健康程度是"正常"还是"需注意"。每位学生的 BMI 指数已经被读取并存放在程序文件"活动 3. py"中。

教师分析"活动 3. py"中读取的 csv 文件中的数据的程序段：
```

```
import pandas as pd

#使用pandas库的read_csv()函数，读取文件中的数据
df=pd.read_csv("某校学生健康信息统计表.csv",encoding="utf-8")
df_bmi=df["bmi"]

#输出bmi列表数据，即每个学生的BMI指数
bmi=[]
for i in df_bmi:
    bmi.append(i)
print(bmi)
```

学生完成全校学生健康情况判断的算法和程序设计（图5）：

设计算法：请把流程图空白处填完整	编写程序：请打开"学生素材"文件夹中的"活动3.py"，参照流程图完善程序

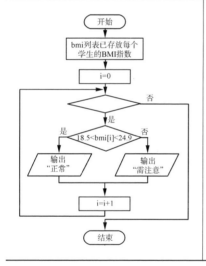	```
	import pandas as pd
	#使用pandas库的read_csv()函数，读取文件中的数据
	df=pd.read_csv("某校学生健康信息统计表.csv",encoding="utf-8")
	df_bmi=df["bmi"]
	#输出bmi列表数据，即每个学生的BMI指数
	bmi=[]
	for i in df_bmi:
	    bmi.append(i)
	print(bmi)
	#全校1000位学生健康情况判断
	i=0
	while i<=____:
	    if 18.5<bmi[i]<24.9:
	        print("正常")
	    else:
	        print("需注意")
	    i=i+1
	``

图5　任务流程图（3）

教师小结：

通过修改验证范围，我们可以对不同数量范围的数据进行处理。

活动四：分类统计学生人数

读取每位学生BMI指数的程序段已存放在程序文件"活动4.py"中。小组讨论，完善程序，完成统计（表1）：

表 1　全校学生 BMI 指数"正常""需注意"人数统计表

统计全校学生中 BMI 指数"正常"或"需注意"的人数	
正常	（　　　）人
需注意	（　　　）人

教师小结：

应用枚举法，可以通过变量对符合验证条件的记录进行计数，实现分类统计。

教师总结：

今天，我们学习了枚举算法和实现枚举算法的基本控制结构。枚举算法的应用在我们生活中比比皆是。但是在面对大量数据时，只有借助高速、准确、自动的计算机，枚举算法才能完成人工统计不能完成的任务。这也是我们信息技术课学习枚举算法的意义。

体育教研组

体育学科核心素养视域下"青春太极拳：云手"的教学实践研究

秦明珠

一、研究背景与意义

太极拳在上海市市北中学已经有 20 多年的文化底蕴，"青春太极拳"作为学校的传统特色体育项目，是一套符合青少年身心特点和个性化发展的太极拳套路。青春太极拳立足于学校课程的活动实施，创造以学为中心的常态课堂，将太极拳的传承融入早操锻炼和课程教学，成立以学生为主导的太极拳社团，激发学生个性化发展，达到人人会太极拳的目标，具有深厚的教学基础和人文底蕴。

（一）传承传统文化，激发学生创造力

青春太极拳课程融合生长发育与青春保健、心理健康与社会适应、疾病预防、安全应急与避险等方面的知识与技能，在武德武礼中渗透德育思想教育，整合并体现课程目标与内容、过程与方法等多种学科核心素养价值，重点强调青春太极拳的文化载体功能，激发学生创造力，促进学生个性化发展，引导激励广大青少年学习弘扬中华优秀传统文化，坚定青少年民族文化自信，使得太极拳的文化辐射浸润作用更加显著。

（二）加强课程构建，关注学生个性化发展

校本课程青春太极拳通过构建课程教学基础，多维度、有层次地进行综合性研究，从硬件设施的建立到文化软实力的发展，以培养学生的专业能力、方

法能力和社会能力为目标，充分发挥学生主体能动性、自主性的选择和思考，强化过程性评估，培养学生核心道德素养，鼓励学生敢于挑战和展现自我的意志品质。积极引导学生主动参与、乐于探究、善于实践，从根本上实现学生学习方式的转变，把学生的学习过程转变为主动建构知识的过程，为青少年的终身发展奠定基础。

（三）立德树人，提升身心健康

青春太极拳以太极拳的文化背景为主线，勾勒出每一个动作的由来，让太极拳立德树人的深厚道德品质浸润到学生的言行中。以形养意，立德树人，规范动作以培养学生的中正大气，养成持之以恒的意志品质；以太极拳的攻防练习，培养学生勇于进取的钻研精神。对每一个年级的教学内容都因材施教，高三的太极推手以两人合作进行练习，做到身心兼修，谦和忍让，体悟与人为善，懂得中和仁义之美，达到德术并重。

二、案例分析："青春太极拳：云手"

（一）课程标准解析

青春太极拳以现行的高中体育课程标准为依据，以"健康第一"的指导思想突出高中生"青春"的性格特点，形成技能水平与体育品德并重的教学目标，通过情境化教学与攻防技击进行结构化教学。

"云手"作为青春太极拳中典型的陈氏太极拳动作，是太极拳教材中的基础动作，是以锻炼身体上下肢力量、培养身体协调为主。通过"青春太极拳：云手"的教学设计，紧扣"云转缠绕，上下相随"的教学重难点，进行教学目标设立与教材教法分析，提炼出教学关键问题，制定与学科核心素养相契合的单元教学目标与评价方式。以组合衔接的结构化进行情境教学设计，优化研究和实施方案，细化教学目标，形成以激发学生创造力和个性化发展为目标的太极拳案例。

（二）"云手"的教学设计

1. 片段一：追溯"云手"的文化渊源

活动设计：在课程开始部分讲解"云手"的式名，以多媒体为载体，介绍"云手"的由来，因中国画惯以螺旋状表示云之随风旋转，而此式中两手交互

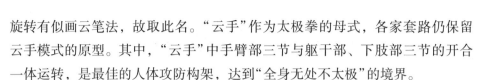

旋转有似画云笔法，故取此名。"云手"作为太极拳的母式，各家套路仍保留云手模式的原型。其中，"云手"中手臂部三节与躯干部、下肢部三节的开合一体运转，是最佳的人体攻防构架，达到"全身无处不太极"的境界。

设计意图：根据云手"云转缠绕，上下相随"的教学重难点，以描述传统国画和"云手"两手交互旋转有似画云笔法相契合的特点，引出本节课的重难点，使学生在中国传统文化的共通点处形成初始的动作架构。

2. 片段二："云手"劲法与攻防的应用

（1）"云手"的基本劲法。

教学设计：分析"云手"技术动作时，想象两手在水中左右云转，水之势形成小旋涡，一手向上托掌翻掌云拨，一手随腰转动，左右旋转，上下相随。并以口令配合步法：托掌翻掌，插步左云；开步推掌，插步右云。

设计意图：以情境化意识形态的融入加入口令教学，通过教师的完整示范，使学生尝试练习、体验学练，建立起正确完整的动作概念。

表1 "青春太极拳：云手"的主要观测点

评价维度	评价内容	主要观测点	评价者
学习习惯	观察	仔细体会教师的示范动作与"云转缠绕"的方法，观察体验动作的专注度	执教教师
	学练	分层掌握"云手"的技术动作要领	
学业成果	表达	能说出"云手"动作的重要技术与攻防要点	执教教师
	技能	形成"内旋向上，云转缠绕"的动作要领	

（2）"云手"的攻防技法。

教学设计：教师示范讲解，再两人一组，分为甲、乙双方进行近身攻防技法的练习，同时教师随组指导。甲用左手向前拿住乙的右手腕；乙即身体左转，松沉右肩肘，左手收回，扶按在甲的左手背上，右手在胸前掤住，右肘向前画弧压住甲的左臂，将甲拿住，依次往复练习。

设计意图：创设攻防实战情境，以实用性强的攻防含义为切入点，在内化为徒手动作要领中，远比强调动作要领要来得扎实，让学生知其所以然，内化于心。同时以同源文化背景的传统民乐为背景，能振奋人心，激发学生练习的兴趣。

表2 "青春太极拳：云手"的学生活动评价表

"云手"动作评价表		
"云手"动作的分层练习	能完成 ☺	不能完成 🚫
"云手"基本要领的掌握		
"云手"连贯动作的练习		
"云手"动作音乐的配合		
"云手"攻防技法的应用		

（3）"云手"的评价标准。

依照"青春太极拳：云手"的教学评价（表1、表2），在通过循序渐进的动作练习之后，根据每一个学生掌握的情况，与学生身体素质的差异等情况进行综合考评。根据课程标准的评价标准，并结合课中设计的教学活动，评价标准如下（表3）：

表3 "青春太极拳：云手"的评价内容与方法

	运动能力	健康行为	体育品德
评价内容	能掌握"云手"的基本动作要领与运动路线，并与音乐协调契合的连贯，学会"云手"内旋缠绕的发力与攻防应用的方法	在学练中保持自信向上的心态与积极的学习态度，养成持之以恒的终身体育意识	具有勇敢顽强、超越自我的体育精神，对团队和他人的理解与尊重，体现交往与合作精神
学习表现	能积极主动参与，并能展示"云手"的基本动作与组合	能掌握"云手"所学的基础动作以及攻防，配合音乐，连贯流畅	在练习中乐于进取、积极探索、敢于挑战，具有团队精神
评价方法	自我点评、组内互评、教师点评，将学习习惯、学习态度与武术文化礼仪等进行综合评价		

三、实施要点

（一）文化同源，构建文化底蕴

由同源文化背景国画"云"的画法引出"云手"的"云转缠绕"，重点在教授学生云手动作时，以太极拳的文化背景为依托，引出典故，挖掘其深厚的文化渊源，以及各式太极拳动作中不同的做法，引导学生去探究文化深厚的底色，让太极拳立德树人的深厚道德品质浸润学生的练习，培养太极拳练习者的中正大气，养成持之以恒的意志品质，以太极精神辐射终身体育的坚持。

（二）分层评价，优化学习过程

体育教学评价是依据体育教学目标，运用科学的评价方法，对体育教学过程的结果进行的价值分析和价值判断的过程，也是对体育教学进行优缺点改进和价值评定的过程。在教学过程中，运用科学的方法对体育教学过程和结果进行的价值分析和价值判断，为体育教学目标的实现提供有效的支撑。通过分层优化学习过程，有助于学生根据自己的运动能力进行分层练习，提升学生自信心和成就感。

（三）结构连接，情境中育素养

通过太极拳教学研究，厘清"青春太极拳：云手"的学习目标，把握教学目标的整体性与全面性，从育人目标、课程目标和学习目标三个方面实施面向学生运动能力、健康行为以及体育品德的目标设计，梳理出整体与整合、情境与问题、思维与过程、反馈与评价多维度思考，梳理激活创造力的资源背景，立足于单元教学课程，设计出"青春太极拳：云手"文化渊源、动作含义与攻防应用的可实施的路径方法与活动方案，提升"青春太极拳"课时目标与模块目标的内在逻辑性，助力于太极拳教学新形态的生成，推动民族传统文化的传承。

基于核心素养的高中排球单元教学实践研究

——以"排球正面扣球"单元教学为例

赵亚杰

依据《普通高中体育与健康课程标准(2017 年版 2020 年修订)》基本理念与教育部 2021 年印发的《〈体育与健康〉教学改革指导纲要(试行)》的指导要求,努力落实立德树人根本任务。以学科核心素养为导向,将"教会、勤练、常赛"的体育与健康新课程教学模式贯彻单元始终,围绕排球项目的技战术特点和实际运用价值,进行结构化的设计,促进运动能力、健康行为和体育品德三方面课程育人目标的达成。

本单元以扣球与接发球、传球等多样技术结合实战进行组合串联,并与多人进攻战术相结合组成的"中一二"进攻战术为主线,从基本排球知识、扣球动作原理、垫传扣技术组合、不同位置扣球技术运用以及裁判法和比赛等方面出发,通过扣球动作技术的学练,设计对抗比赛,增加学生对排球运动的兴趣,促进学生全面发展。通过"学、练、赛、评"一体化教学设计,磨炼学生意志,发展个性和体能;使学生在探究性、合作性学习过程中,培养团队精神和集体主义品质;能在比赛过程中了解并遵守规则、养成公平性竞争的体育品德,并在多样评价的过程中养成自尊自信、正确的胜负观,使学生懂排球、爱排球、愿意去参加排球比赛,为运动习惯的养成、终身体育意识的树立打下坚实的基础。

一、基于核心素养的高中排球单元教学的基本策略

(一)明确目标,基于学情,充分研究教材教法,注重知识迁移

扣球是排球比赛中最积极有效的进攻手段,也是得分的主要途径。正面扣球是最基本的扣球技术,由于面对球网,便于观察来球和对方的防守布局,因此击球准确性较高,经常练习可以增强身体的协调性和弹跳能力。(1)本单元

的教学目标是让学生学会排球正面扣球技术，领会直臂满掌击球的重要性，感悟助跑起跳时机把握的关键技术。使学生基本掌握助跑起跳扣固定球和扣抛球技术，并且能够初步在技术组合练习或比赛中有效运用，发展体能。合理地调控自己的情绪，提高心理调适能力，并展现出良好的责任意识与排球规则意识。（2）高二基础班的男生，他们具有较强的求知欲，且思想活跃，虽然在生理和心理上趋于成熟，但是他们的排球技术及体能水平存在着一定的差异，同时他们都对扣球技术的学习有着浓厚的兴趣。学生经过之前排球基础课的学习，初步掌握了一些垫球、传球的方法，具备了进一步学习排球技术的基础与热情，为本课的学习做了良好的铺垫。（3）以直臂满掌最高点击球为教学重点，以助跑起跳时机为教学难点，进一步加强手臂摆动、下肢蹬地起跳动作、引臂击球动作协调连贯，引导学生能够在技术组合中运用排球正面扣球技术。通过合理设计排球教学内容，系统地搭配好教材，有效提高学生的运动兴趣和学习效率。

（二）学、练、赛、评一体化，设置低中高情境，以生为本安排分层学练

主题教学环节中，结构化、情境化和问题化的导向贯穿课的始终，充分地激发学生学练的兴趣，让学生更加直观地了解、模仿、掌握和评价正面扣球技术动作。（1）课的准备环节中，从热身跑引入滑步、交叉步和拦网、助跑起跳挥臂技术练习，使学生热身充分；而后组织学生进行专项准备活动：将持球抛球挥臂练习、扣反弹球练习进行组合，使学生快速进入状态，为正面扣球技术学习做准备。（2）以扣球的正确击球动作为切入点，采用两步助跑扣吊球——网前扣固定球——扣抛球练习方法，让学生由易到难地解决合理的击球点和助跑起跳时机结合的问题。（3）正面扣球的菜单练习中，根据自评、互评情况，设计"助跑扣固定球、网前扣固定球、抛扣技术组合、传扣技术组合"四种不同难度的结构化技术组合练习内容，通过多媒体示范供学生进行自主选择学练菜单，让学生在最后进行教学展示，从而树立学习榜样。（4）设计扣球比赛情境，强化正面扣球技术在实战中的运用。例如教学比赛环节规定：利用正面扣球得 3 分，扣球被防起得 2 分，无攻过网得 1 分，失误不得分，同时在扣球或比赛中提醒学生不要触网和脚过中线，培养学生的规则意识，使学生在尝试、交流、讨论、评价中提高排球的正面扣球技术。

（三）教师引导精讲多练，正确示范技术动作，将共性问题集体讲，个别指导巡回纠，评价方法交代清楚

（1）借助标志线、色块区域、移动吊球的牵拉绳、问号夹球器及利用多媒体视频辅助学生学练，通过两步助跑扣吊球帮助学生找准扣球的起跳点和击球点，体会空中挥臂击球的感觉，随后两步助跑上网扣固定球，培养学生的空间感觉；组织学生进行扣抛球时，可增加一定难度，使练习更加接近于实战，需要学生做好预判，找准助跑起跳时机，练习时要求抛球的学生抛球到位，同时给出语言提示，如"准备—走"等口令；扣球的学生要集中注意力，看好抛球的高度，找准扣球时机，通过重复练习逐渐提高扣球的成功率。（2）教师通过提炼运动技术的关键词语，尽量将课堂教学设计得生动活泼，使每个学生都积极参与学习，是培养学生兴趣的重要途径，也是帮助学生建立正确动作概念的有效手段。例如，在基础部分进行扣吊球的过程中，通过教师集中示范讲解和个别小组做动作，使学生了解击球手型与步法如何协调配合，通过提炼"一小二大、一慢二快"的助跑节奏技术、"人类的翅膀"的摆臂技术与"直臂满掌最高点击球"的击球点提示进行技术巩固，提高学生助跑起跳能力与正确击球点的应用能力。（3）多种评价结合，在扣球学练中进行多种形式的评价，培养学生的主体意识。通过"什么是一个好球？""助跑起跳的节奏是怎么样的？""击球的时机如何把握？"等问题的引导，让学生进行自评和互评，利用多媒体技术进行课中学练自评和课后互评，这既能够使学生体会到学习的乐趣，又能够培养学生之间的竞争向上的精神，使学生对于自身扣球学练水平和动作技术有较客观的认知。

（四）分组轮转重学练，次数、组数、密度是关键，根据重难点安排合适的学练方法，场地设置要合理，一物多用显能力

（1）在设计基础部分教学时，强调练习的强度与密度，设计主要的分组分层的练习方式：①让学生练习扣吊球，要求助跑扣吊球 10 次以上，熟悉助跑起跳节奏和击球部位。②扣网前固定球的练习，强化学生的扣球动作。要求学生扣球 10 次以上，体会上步节奏与扣球的时机，并且注意不要触网和脚过中线的规则。③进行小组比赛时，比赛时间 5 分钟左右，让每个学生在小组中先进行接对面的抛掷球 2~4 次，然后进行四号位扣球 2 次，最后在对面场地防守 6 次，依次轮流两轮比赛，进行四号位的强攻扣球比赛。（2）扣抛、传球的学练菜单中，要求扣球 8 次以上，重点强调扣球的时机和击球部位，解决本次课的重难点：直臂满掌击球和起跳时机的把握。（3）体能练习是根据多媒体提示的四个练习站的锻炼动作，要合理利用器材，在每个器材上设置 2~4 种练习方法，轮流进行绳梯脚步训练——波速球腰腹核心训练——跳箱弹跳训练——健身筒腿和手臂的训练，每个动作依据多媒体上提示的次数和组数进行练习，教师适时参与指导，学生间相互激励，提高练习热情，活跃课堂氛围，同时发展学生速度、力量、灵敏性等体能。

二、基于核心素养的高中排球单元教学的案例分析

本单元的教学内容是《普通高中体育与健康课程标准（2017 年版 2020 年修订）》必修选学中球类运动排球模块的内容，以学科核心素养为导向，注重"教会、勤练、常赛"一体化，以促进学科核心素养育人目标的达成。授课对象为高二普通班男生，经过高一排球课的学习，他们初步掌握了排球运动中垫球、传球等基本技术，为本单元学习奠定了良好的基础。依据学情和相关教材的实际情况，笔者通过设计相关教学活动，促进学生学习排球扣球知识与技能的掌握，提高课堂学习效率。

【主要环节一】

解决问题：

（1）如何做到击球部位准确？

（2）如何提高鞭打技术？

活动实施：

（1）教师通过问题引导，结合信息技术分析视频播放的慢动作和画面定格的核心技术，帮助学生掌握动作的核心技术即正确的击球部位和鞭打技术，提高学练效果。

（2）组织学生进行原地挥臂和持短绳向上挥臂练习，让学生体会鞭打技术。

（3）组织学生进行原地扣固定球练习，让学生掌握正确的击球部位和鞭打技术。

（4）学生分组展示和交流助跑起跳挥臂的技术动作以及挥臂路线，小组成员进行互评，取长补短。

（5）在集体学练和分组学练的过程中，教师选择一些典型的个性问题及诸

如挥臂路线不正确等共性问题拍摄视频，组织学生评价、纠错。

评价要点：击球的中上部，同时挥臂时要做到快速鞭打。

【主要环节二】

解决问题：

(1)如何掌握正确的击球点？

(2)如何找准合理的助跑起跳时机？

活动实施：

(1)教师在每一个教学环节都制作了教学视频，引导学生学习、对比、纠错、评价。

(2)组织学生进行原地自抛自扣球——助跑扣固定吊球——网前助跑扣夹球器固定球练习，让学生体会并找到合理的击球点。

(3)组织学生进行助跑起跳在最高点接抛球——助跑上网扣抛、传球练习，让学生体会并探究合理的助跑起跳时机。

(4)根据学生自评、互评和师评的结果，有针对性地选择教师提供的学练菜单，并可根据学练的情况进行升降级学练。

助跑扣吊球

网前助跑扣固定球

抛——扣球

传——扣球

4vs4 的教学比赛

评价要点：

(1)击球点在起跳最高点和手臂伸直最高点的前上方；

(2)助跑起跳的时机合理。

【主要环节三】

解决问题：

如何把握合理的扣球时机？

活动实施：

(1)利用自抛自扣球、助跑起跳扣二、四号位抛或传球的慢动作视频，介绍完整的动作构成，在关键环节采用正常节奏、慢节奏或定格画面，并配合关键词的要领提示，帮助学生正确把握合理的扣球时机。

(2)组织学生进行自抛自扣球——助跑扣二、四号位抛球练习，把握扣球的时机。

组织学生进行助跑起跳扣二、四号位传球，让学生体会并探究合理的起跳时机和全身协调用力。

（3）根据教师和同伴拍摄的学生助跑起跳扣二、四号位抛或传球的视频进行自评、互评和师评，并根据评价结果选择相应的练习方法进行针对性的练习。

助跑扣二、四号抛球

助跑扣二、四号传球

扣球积分比赛

评价要点：

扣球时机把握得当。

【主要环节四】

解决问题：

（1）如何提升"中一二"在实战中的运用能力？

（2）如何根据评价标准进行自评与互评？

活动实施：

（1）学生通过观看比赛，设计、研究"中一二"进攻阵型及其变化；

（2）模拟真实比赛情境，安排队长、裁判、记录员等，体验实战；

（3）iPad拍摄比赛过程，教师学生共同观看，赛后进行分析反思；

（4）组织本单元的积分赛，增加运用"中一二"的得分算2分的形式，鼓励学生在实践中运用所学知识进行比赛；

（5）教师点评，引导学生自评、互评。

评价要点：

（1）合理的战术运用。

（2）能够合理自评、互评。

本单元通过情景创设和问题导向，了解并学习排球扣球技术和"中一二"进攻战术配合，激发学生学练兴趣。在小组探究和比赛等学练过程中，践行顽强拼搏、勤学苦练、团结协作等排球精神，促使学生在民主、和谐、宽松的学习氛围中掌握助跑起跳、挥臂、空中击球、组织等基本二、四号位扣球技术动作，并能搭配传球进行比赛串联，通过不同人数的接发球阵容的设置，提高接发球能力，学会并组织小组进行"中一二"的战术演练。学生通过本单元的学习，能正确掌握接发球"中一二"进攻战术的方法、特点与运用时机，懂得合作配合、互帮互学，能够在实战中充分运用所学的扣球技战术，培养互相协助、合作助攻、团结友爱的良好品德，增强主动合作的团队意识，激发勇于挑战的意志品质，促进学生身体心理健康发展。

三、基于核心素养的高中排球单元教学的思考

1. 创设情景教学，发挥教师主导、学生主体的作用

学生是课堂的主体，教师是教学目标达成的重要推动者，从学生的活动参与情况和感受可以判断课堂的效果。在教师主导作用的充分发挥下，学生的主体地位得以凸显。在课堂中，适当参与学生的练习，给学生做标准、正确的示范动作，加深师生感情，融洽师生关系，使学生在轻松愉快的气氛中学习。在学习过程中，给学生传授或纠正技术动作时，精讲多练，将教材用语以更加贴合学生学练的方式进行讲授，这样更利于学生掌握技能。集中示范讲解，共性问题集中指导，个别动作单独纠正。

通过小组合作学练，学生的练习热情高，练习积极性高，能充分发挥主观能动性，因此，学生的生理、心理得到一定锻炼，很好地达成教学目标。通过设置小组长、裁判员等角色，将学生的排球素养发挥出来，让学生体验不同的角色，使互帮互学的氛围更加融洽。并通过自主、合作、探究等教学方法，注重学生对知识认知能力的构建，提高学生分析、解决问题的能力。

2. 学练赛评一体化，落实核心素养

科学的运动技术学习讲究知识技能本身的规律与"序"，技能学练强调从学生的起点出发，从认知能力、社会需要及国家教育目标出发并结合体育知识技能的"序"的要求去教育人、发展人，所以体育既是核心素养的内容，又是核心素养的载体。

基于结构化、情境化、问题导向化，将体育学习活动进行一体化的设计，体育单元课程的结构设计过程要清晰流畅，滑步—交叉步—拦网和助跑的热身、自抛自扣球专项热身——助跑扣吊球——网前助跑扣固定球——分层学练菜单(扣抛、传球)——小组挑战赛——体能练习——放松等各个环节的设计做到结构严谨、内容条理清晰，教学环节也要相对衔接自然、流畅。教师在教学过程中能够及时发现错误，及时纠正，并在练习中注意循序渐进原则，层层

深入，逐渐加大练习的难度。

在体育学习活动中要多种评价相结合，如运用自评、互评、师评等评价方法，培养学生的主体意识。如利用多媒体技术让学生进行互评，这既能够使学生体会到学习的乐趣，又能够培养学生之间竞争向上的精神，让学生对于自身学练水平和动作技术有较客观的认知。

3. 信息技术赋能，助力运动技能提高

运用多种手段促进知识点和技能结合，各教学环节合理应用信息化技术，使学生对运动技能有更加深入的了解。（1）课前教学过程中充分利用多媒体现代信息技术，将上课内容借助希沃助手或者钉钉等发送至班级群中，促使学生做到课前充分预习，课后不断巩固扣球技术，将教学内容由课内向课外延伸。（2）利用 iPad 或者摄像机拍摄学生学练过程并进行回放，提高学生学习的积极性。另外，借助 iPad 拍摄同伴动作，通过大屏幕直播的方式进行自评、互评、纠错，便于学生提高扣球的关键技术。教师也可拍摄共性问题进行实时分析，以丰富课堂教学手段，提高课堂效率。这样，还可以帮助学生掌握正确的正面扣球动作，采用慢动作回放，加深对动作的印象；直观地分析学练过程中的问题，及时纠正错误动作，从而弥补教师不能及时指导等相关问题。

参考文献

［1］张庆新，陈雁飞. 新课标视域下体育大单元教学的内涵、设计依据与要点［J］. 首都体育学院学报，2022，34（03）：275-282.

［2］《普通高中体育与健康课程标准（2017 年版 2020 年修订）解读》权威出版［J］. 体育教学，2023，43（03）：69.

［3］邵荣. 体育学科大概念教学的实践探索：以高中乒乓球教学内容结构组建为例［J］. 上海教育科研，2022，（04）：70-76.

［4］张庆新，陈雁飞，黄春秀. 大概念、大单元、任务群：实战能力进阶导向下重构中小学排球教学内容体系［J］. 首都体育学院学报，2021，33（04）：378-383.

［5］邵伟德，何鲁伟，邹旭铝，等. 核心素养融入体育课堂教学的逻辑与策略：以 2022 年版课程标准为视角［J］. 首都体育学院学报，2023，35（01）：10-20.

[6] 竹怀涛，张庆新，张金玲. 新课标背景下初中排球大单元"学、练、赛"一体化设计与实施[J]. 体育教学，2022，42(09)：31-34.

[7] 孙卫华，刘萌，许梅. "学练赛"一体化初中排球大单元设计与实施[J]. 体育教学，2022，42(02)：14-15.

[8] 王乐，熊明亮. 体育课结构化技能教学的内涵阐释与应用路径[J]. 体育学刊，2020，27(01)：104-110.